地理学评论

（第一辑）

——第四届人文地理学沙龙纪实

刘卫东　柴彦威　周尚意　主编

商　务　印　书　馆

2009年·北京

图书在版编目(CIP)数据

地理学评论．第一辑，第四届人文地理学沙龙纪实/刘卫东等主编．—北京：商务印书馆，2009
ISBN 978-7-100-06735-5

Ⅰ．地… Ⅱ．刘… Ⅲ．①地理学—文集②人文地理学—研究方法—文集
Ⅳ．K90-53 K901-3

中国版本图书馆CIP数据核字(2009)第133417号

地理学评论(第一辑)
——第四届人文地理学沙龙纪实
刘卫东 柴彦威 周尚意 主编

商务印书馆出版
(北京王府井大街36号 邮政编码 100710)
商务印书馆发行
北京瑞古冠中印刷厂印刷
ISBN 978-7-100-06735-5

2009年10月第1版 开本787×1092 1/16
2009年10月北京第1次印刷 印张12¼
定价：33.00元

致　谢

“第四届人文地理学沙龙”的举办以及本刊的出版，得到了科技部科技基础性工作专项“地理学方法研究”之课题二（经济地理学方法研究，2007FY140800-2）和课题三（城市与社会文化地理学方法研究，2007FY140800-3）的支持。特此表示感谢！

第四届人文地理学沙龙

2008年12月19～20日

承办单位：中国科学院地理科学与资源研究所
支持单位：国家自然科学基金委员会
　　　　　中国地理学会
协办单位：北京大学城市与环境学院城市与经济地理学系
　　　　　北京师范大学地理学与遥感科学学院

目　　录

前　　言

《地理学评论》第一辑终于以“第四届人文地理学沙龙纪实”的形式正式出版了。大约六七年前，当一群志同道合的学者在谋划出版一本具有批判主义精神的不定期地理读物时，没有想到它要经历那么长时间才得以“出生”，而且第一辑是借助人文地理学沙龙的成果与世人见面的。两者的结合，既是偶然也是必然。我们期望这本不定期读物能够持续地出版下去，将来成为一本有价值的地理学术期刊，对中国地理学的健康发展起到推动作用。

缘　　起

地理学的发展，至少是人文地理学的发展，一直是在实践派(Practice-based)和学院派(Academic)之间摆动的，尽管两者之间有时并非划分得那么清楚(我们姑且这样划分)。在大多数国家，两者都存在，只不过是此强彼弱或彼强此弱而已。对于很多地理学者而言，在研究生涯中可能都做过这两种类型的研究工作。粗略地区分，实践派注重实际问题的解决，研究工作服务于特定的目标与需求，在世人面前容易显示出“有用”；学院派则注重学术研究的独立性，强调具有批判(Critical)精神和知识的积累过程，研究成果未必马上“有用”。尽管两种学派看起来似乎是竞争性的，但实际上大多数情况下是相辅相成的。一方面，学术研究所产生的知识积累到一定程度，必定会对实践产生影响；另一方面，解决实际问题需要科学知识的指导或应用，实践中发现的科学问题也会推动学术研究的发展。因此，地理学要健康地发展，两种学派都不能少，也就是说要“两条腿走路”。

实践派和学院派的强弱对比是由一系列因素塑造的，包括文化传统、发展阶段、制度环境等。在东方文化特别是儒家文化中，根深蒂固的等级观念和群体意识与学术研究需要的自由探索精神之间是存在冲突的。即使是在引入“德先生”和“赛先生”100多年后，在中国张扬自由探索的科学精神仍然有一定的文化障碍。文化是骨子里的东西，很多时候是下意识的，并不那么容易克服。另外，社会经济发展阶段也会影响研究取向。高速发展时期，社会经济问题多，存在着解决实际问题的巨大社会需求，“饭碗”会把地理学者吸引到实践工作上。这正是战后繁荣期欧美地理学者大量参与各类规划实践工作的原因。中国目前的态势，就更不用提了。当然，学院式研究离不开相关制度环境的支持，特别是研究经费的申请程序、评价标准等。这涉及一个国家为什么要“养”一批学者，目的是什么。作为一个大国，如果要对人类文化做出贡献、引导世界科学发展方向，是需要一些学院式研究的。

中国地理学的发展走过了一条“以任务带学科”的道路。无论是从学科队伍扩张的角度，还是从满足国家需求的角度，这条道路都是成功的。尤其是近20年来，随着中国社会经济的高速发展，地理学家们发现了一个“精彩的世界”，广泛地参与了各种实践工作，特别是各种地域空间规划，既获得了相对充足的经费，也获得了政府和社会的认可。我们不能否认，这在学科发展历史上是了不起的成就，值得为之欢呼。但是，随着地理学者越来越多、越来越深入地参与实践任务，地理学研究的天平几乎是一边倒地倾向了实践派，以至于有些学生和大部分社会人士认为地理学就是做规划。正如保继刚教授在“第四届人文地理学沙龙”的“总结性评论”中提到的，我们作为学者心中曾经有的那个“恋人”被外面“精彩的世界”取代了！

正是在上述大背景下，2000年秋，一群“杞人忧天”的学者开始关注“失衡的天平”，希望在“精彩的世界”中尽可能客观、冷静地看待我们学科自身的价值，倡导要“两条腿走路”。虽然大家认为应该出版一些具有批判精神的读物来推动学院式研究，但在传统文化的影响下读物的进展一直彷徨不前。在中庸的文化传统中，批判是一件多么难的事情！尽管这里所提的批判不是人身攻击，而是英文“Critical”想要表达的意思。地理学思想史上的第四大转折就是“批判地理学”(Critical Geography)，它带来了20世纪70年代以来西方地理学百家争鸣、流派纷呈的局面。经过多次讨论，在2005年左右，大家终于达成共识，计划出版物的名称为“地理学评论”，而不是“地理学批判”。在2006年兰州举办的地理学会年会上，大家甚至已经形成了比较具体的方案，先在某个地理期刊上开辟“地理学评论”专栏，但之后仍然没有实质性进展。终于，借着“人文地理学沙龙”和“地理学方法研究”的东风，《地理学评论》起航了！

大沙龙与小沙龙

本辑《地理学评论》是“第四届人文地理学沙龙”的纪实。这个沙龙是2003年底由国家自然科学基金委员会地球科学部地理科学处的宋长青主任和冷疏影博士发起的，第一届由当时还在南京大学工作的顾朝林教授具体组织。正如宋长青主任所言，发起这个沙龙的大背景是我们的人文地理学研究如何迈向国际——找差距、找问题。这个沙龙在地理学界特别是人文地理学界产生了很大的影响，起到了推动学者们重视学术研究的作用。第一届沙龙的具体产出是2004年《地理学报》增刊(59卷第0期)。应该说，这一期增刊的总体水平非常高，也具有纪念意义。之后，人文地理学沙龙具有了品牌效应，成为学者们半自发地组织的一个学术活动，而且基本保持了“批判”精神——在沙龙上出现了多年来少见的激烈学术争论。第二届沙龙于2004年底在中山大学举办，由保继刚教授具体组织。第三届于2006年底在华东师范大学举办，由曾刚教授具体组织。2008年底，沙龙移师北京，在中国科学院地理科学与资源所举办，由北京大学城市与经济地理学系和北京师范大学地理学与遥感科学学院协办。虽然有100多人参加的这次沙龙似乎不是原本意义上的“沙龙”，但大家讨论的热烈程度和自由氛围实现了沙龙的精神。这一辑《地理学评论》原汁原味地反映了沙龙的场景；它是现场速记的结果，发言者没有刻意进行修饰和修改。

需要指出的是，《地理学评论》是“第四届人文地理学沙龙”(大沙龙)的结果，也与一个大家知之不多的“小沙龙”紧密相关。这就是由北京大学王恩涌教授在2000年秋发起组织的一个小规模的、不定期的人文地理学沙龙。热心者通过聚会或聚餐等形式，讨论中国地理学发展中存在的一些问题。经常参加这个小沙龙的是北京大学、北京师范大学、中科院地理资源所和商务印书馆的一些中青年学者和编辑。每每有国内外学者到北京讲学或参会之后，通常会有这样一个“煮酒论道”的机会。正是这个小沙龙埋下的“种子”，使大家开始谋划出版具有批判主义精神的读物。

“自主创新，方法先行”

科学界是一个有意思的圈子。既需要知识的传承，又需要不断地创新；既存在学术权威，又需要不断打破权威。正是在这样的对立统一中，科学才能发展。在很多情况下，创新和打破权威思想意味着斗争和艰辛。当然，也有例外。那就是学术权威自己不断突破自己原有的思想，在地理学界如哈维(David Harvey)。科学创新取决于一系列因素的共同作用。其中，研究方法既是重要的推动力，也是创新本身的一种体现。很多科学发现和研究进展，都是方法进步和创新带来的。这一点在实验科学领域更为明显。

2006年，刘东生等三位老科学家给温家宝总理写信提出要重视研究方法，总理批示了八个字“自主创新，方法先行”。之后，科技部将科学方法研究作为一项重要的科技基础性研究工作，并联合教育部、中国科协等单位来推动这项工作。其中既包括企业技术创新方法，也包括科学研究方法，后者是以学科为单元来支持的。地理学方法研究是科技部支持的第一批科学方法研究项目，由北京大学蔡运龙教授负责。除了总体集成课题外下设四个课题，即自然地理学(许学工和李双成负责)、经济地理学(刘卫东负责)、城市与社会文化地理学(柴彦威和周尚意负责)和地理信息与计算(王铮和齐清文负责)。“第四届人文地理学沙龙”就是为了唤起人文地理学界关注学术研究方法问题而举办的，由“经济地理学方法研究”和“城市与社会文化地理学方法研究”两个课题共同支持。

研究方法并不仅仅指具体的技术方法和工具。一般来说，它包括三个层次的问题，即哲学思维层面、方法论层面和技术方法层面。哲学思维是一个学科观察世界的独特视角，是这个学科存在的根本；如果一个学科没有自己特色的观察视角，就失去了存在的意义。例如，空间分异、地方综合、区域间相互依赖等就是地理学观察世界的视角。一个学科的哲学思维与其研究对象和过去的知识积累有关，也有一个逐渐发展的过程。方法论是在认识论基础上规范科学研究的一些程序，即如何进行研究才被认为是科学研究，或者如何进行研究所产生的知识才是有效的。方法论并不是某个学科独有的，而是一批学科所共有的，而且它也在学者们的思辨中不断发展。具体到技术方法和工具，既可能是一个学科所创造的（如地理学的GIS方法和区位分析方法等），也可能是从其他学科借鉴来的。所以，不能用技术方法来区分学科。

研究方法问题很少被学者们在正式场合提起；"只做不说"似乎是中外地理学界的一个学术传统。西方学者发表的论文中经常会有研究方法（Methodology）一节，但也只是讲一讲本文所使用的技术方法而已。因而，有一个项目、有一个平台能够正面研讨研究方法三个层面的问题，实属难能可贵。对于中国的地理学研究，这种讨论尤为重要，可以起到端正学术态度、规范学术研究的作用。由于长期、大量地参与实践工作，一些学者混淆了规划方法和学术研究方法之间的区别，几乎不知道该如何用另一条腿走路了。所以，在研究方法上做一些反思和争辩是必要的。学术研究，不能以政府认可和赞许作为知识有效性的标准。

谈及人文地理学方法，就难免出现"主义"之争，也难免出现"本土"与"西方"之争。的确，半个世纪以来，西方人文地理学发展多次出现新的思潮和流派。尤其是近20年来，各种"转向"不断涌现，可谓"百花齐放"，给人眼花缭乱之感。搞懂这些"转向"出现的背景和它们的实质，并不是一件容易的事。另外，坚持本土学科特色还是要借鉴西方研究方法，也存在很多争论。本辑《地理学评论》对这些问题都涉及到了，这里我们不再赘述。相信读者们看后自有判断。

尽管这一辑《地理学评论》是以"第四届人文地理学沙龙纪实"的形式出现的，而且今后还可能再以沙龙纪实的方式出版，但《地理学评论》将不局限于这种组织方式。它会以各种不同的形式不定期地出版下去。唯一不变的是，它将保持批判和思辨的特色。

最后，我们要感谢商务印书馆的李平先生和田文祝先生。他们既是大、小沙龙的"常客"，也是出版《地理学评论》的支持者。没有他们的努力与坚持，就没有今天《地理学评论》的正式出版。

祝愿中国的地理学持续健康地发展，取得更大的辉煌！

刘卫东　柴彦威　周尚意

2009年9月

开幕式致辞

刘卫东：各位同事，大家早上好！时隔两年，我们人文地理学沙龙再次召开。应该说我们是很兴奋的，因为沙龙这个品牌非常有号召力。从今天来参会的学者人数大家就会知道这一点。有来自30多个单位的近100位学者，还有50～60名学生。我想这个沙龙对我们来说是非常难得的机会，我们可以借这个机会深入讨论人文地理学的一些前沿问题。

下面有请地理资源所刘毅所长致欢迎词。

刘毅：各位领导，大家早上好！今天非常高兴，在2008年接近岁末的时候，我们地理学界，特别是人文地理学各位同仁，来自全国30多个单位的近百名的学者专家，到地理资源所畅谈和研讨人文地理学方法问题。在这里，我代表地理资源所全体职工和领导班子对大家到来和参与表示衷心的感谢和热烈的欢迎！

对于我们这个年代，我还是有点感慨的。可以说在座的包括老一辈的地理学家，我们是生逢盛世，我们处在激情的年代。大家都看到这两天是纪念改革开放30年、纪念十一届三中全会的日子。胡锦涛总书记发表了重要讲话。大家可以想象，在30年以前我们经常讲一句话"读万卷书行万里路"，这对普通的国民基本上还是一个梦。但是，改革开放30年来我们物质极大地丰富了，体制极大地进步了，思想不断解放，为我们亲近自然、思索造化、大胆创新，提供了坚实的物质和社会基础。我国的快速发展，生存与发展的压力，人与自然的和谐，可持续发展，都为我们学科的发展提出了众多的挑战和需求。人文地理学应该说是，至少是在新中国成立以后，处在一个历史发展的最好时期。不知道大家同意不同意我的看法？我们学界和同仁为满足国家和地方的需求，通过以任务带学科，人文地理各个分支及总体都获得长足的进步。它的主要表现是：我们的队伍和学科领域不断壮大，任务相对饱满，对国民经济和社会发展建设做出了卓有成效的贡献。没有在座的同仁，以及学界同仁的共同努力、辛勤劳动和热情奉献，就一定不会有今天人文地理学的大好局面。

人文地理学，包括经济地理、城市地理、社会文化地理、旅游地理等，是地理学最活跃的分支学科之一。但是，相对于实践任务取得的长足进展而言，我们的理论总结，我们的学术研究，我们的学术方法，我们的观测手段等，还显得相对比较薄弱。今后人文地理学应更加重视理论总结和学术研究以及方法探讨。大家都清楚学术研究离不开科学的方法，科学方法是推动科学技术创新的武器。2006 年，刘东生等三位老院士给温家宝总理写信，提出要重视研究方法。总理对此有重要的批示："自主创新，方法先行。"之后，研究方法问题正在逐渐成为各个学科的关注热点，科技部也给予了大力的支持。第一批支持的方法研究项目就包括了地理学方法研究。今天的沙龙将重点讨论人文地理学研究方法问题，相信会对我们人文地理学界的学术研究起到积极和巨大的推动作用。

祝愿本次沙龙取得圆满成功，祝大家新年快乐，身体健康！

刘卫东：非常感谢刘毅所长！刘所长也是人文地理学者。下面我们有请基金委的宋长青主任讲几句话。他是这个沙龙的"始作俑者"，大家欢迎！

宋长青：还没准备好，就轮到我了。我还以为前面有那么多学者要讲呢。随便讲几句。2003 年我们发起第一届中国人文地理学沙龙。当时有一个时代背景，这就是我们在思考人文地理学如何迈向国际。就人文地理学国际前沿而言，我们的现状和今后若干年人文地理学应该面对的研究问题是什么。在沙龙上，大家围绕主题开展了非常热烈的讨论。随后，从 2005 年到 2006 年，又到了 2008 年，人文地理学沙龙跨过大江南北，从东到南，从南到北。这个足迹留在了中国的东半部，当然也有西半部的人文地理学者参加。有一个好的现象，大家看到了，我们人文地理学沙龙的形式越来越开放了。第一届时，我们选了 40 个人参加，范围很小。第二届到了广州，就是开放式的，有许多学生参加。第三届在上海，我们吸纳了海内外的同仁参加。今天我们到了中国的地理学研究中心——中科院地理资源所，我们不限制任何人参加。

人文地理学沙龙健康地走过了 6 个春秋。从我们谈论的主题看，第一届我们是寻求问题，第二届我们谈到了许许多多的国外学派，第三届我们谈论人文地理学的各种流派。今天我们要谈人文地理学的方法建设。实际上，每一次人文地理学沙龙之后，中国人文地理学研究都有一个新的热点。每一个热点都激发我们每一位人文地理学者进行深入的思考。所以，不断地把人文地理学沙龙办下去，对我们中国人文地理学事业来说是一个好事。当时我们发起这个事，现在我很自豪地讲它是成功的。

祝贺这次大会取得圆满成功，祝愿中国人文地理学沙龙越办越红火！

刘卫东：谢谢宋主任！没有当年你们的努力，就不会有今天的沙龙品牌。这个沙龙见证了我们人文地理学近年来的发展，成为一个非常好的学术品牌了。下面有请中国地理学会秘书长张国友研究员讲几句话。这个活动也是学会支持的一项活动。

张国友：尊敬的各位领导，各位来宾，各位朋友，大家上午好！第四届人文地理学术沙龙，今天在我们中国的地理科学研究大本营——中科院地理资源所隆重召开了。在此，我代表中国地理学会向这次沙龙的成功举办表示热烈的祝贺！

大家可能会感到奇怪，中国地理学会理事长陆大道院士，还有我们几位副理事长在座，怎么请秘书长出来致词。昨天卫东请我讲几句话时，我也觉得有点奇怪。但是，实际上也不奇怪。因为学术沙龙有学术沙龙特殊的含义。我们这个学术沙龙，刚才长青副理事长也讲过，从发起到现在大家讲究的是一个平等自由，各抒己见。所以，今天我们的理事长不以地理学会理事长的身份，而是以学者的身份跟大家进行学术交流。这是一个历史背景。另外，刚才长青副理事长也讲了，第一届沙龙是由基金委来促成的，推动了人文地理学的发展。后来大家注意到，从第二届开始，主办单位不是基金委，也不是地理学会。这里边也是想营造一个比较宽松自由的学术氛围。当然，大家注意到，基金委地理学科组的同志们每次都积极地参与，而且提供支持，也有很多的见解。地理学会也是积极地配合来推动这项工作。但是，前边唱主角的是我们全国的地理单位，我们一线的地理学家。

学术沙龙一般有几个特点。刚才长青副理事长讲了，我们越来越开放。从一般的沙龙来讲，规模比较小，时间比较固定，发言比较自由。我想大致回顾一下。我们第一届沙龙是2003年12月在南京，第二届2004年12月在广东，第三届2006年12月在上海，第四届2008年12月在北京。这里面，大家可能会看到，我们巧合到12月。好像我们是定期，但是间隔期不一样。前面是隔一年，后来也隔一年，中间是连着的。刚才我非常高兴听到，东北师大几位教授联合提出明年他们也要办一个。但是，长春12月份是比较冷的，大家可以再考虑。总之，这个事情大家要积极地支持、继续做下去。

另外，大家看到从第二届沙龙开始人越来越多，参与者越来越踊跃。这里，我感到既担心又高兴。担心的是我们沙龙的本质，一般来讲三四十人的规模大家可能讨论得更充分一点。人多了，这种氛围可能有点缺失。但是，高兴的是看到我们这么多人文地理学家，积极踊跃地参加。我想可能是大家认同这么一个价值体系，感到意义非常重大。我们参加这个学术交流，有那么几个方面的目的可以实现：一个是发表自己的成果和学术见解，追求同行认可；第二个是会见一些老朋友，结识一些新朋友，这也是我们沙龙的一个重要的方针；再一个是大家想了解国内同行做些什么，国际上领先的成果和前沿问题。所以，我也非常高兴看到大家踊跃参加。

这个沙龙通过学术交流对我们学科的发展是一个很大的推动。我也希望通过学术交流，有更多的地理科技工作者脱颖而出。作为学会，我们需要按照同行认可的价值体系来积极开展学术交流活动。这里我还要做一个宣传，因为跟沙龙有关。最近，中国科协举办了一系列学术沙龙。去年我们中国地理学会有幸得到中国科协的支持，在宋长青和蔡运龙两位副理事长的主持下，主办了一届“中国科技发展的文化基础”学术沙龙。那是个真正的学术沙龙，大家基本没有什么稿子。三十几位学者坐在那里，开展讨论，最后速记整理出版一本文集，刚刚出版。

再一点大家可能已经知道了，明年是中国地理学会成立 100 周年。我们正在积极地策划和筹备，结合我们的学术年会搞一个大型的庆典活动。时间大致在国庆之后，10 月的中下旬。希望大家到时候积极地参加。

在此，我特别感谢刘卫东研究员以及他的科研团队，为本次沙龙作出重要的贡献，付出大量的精力和财力。也感谢中科院地理资源研究所对这次活动的大力支持。最后，祝愿本次沙龙取得圆满成功！

刘卫东：谢谢国友秘书长！我想强调一点，虽然这个沙龙的准备主要是由我们操办的，但是也离不开北京大学城市与经济地理学系，还有北京师范大学地理学与遥感科学学院的协助支持，特别是柴彦威教授和周尚意教授。没有他们的协助，不可能办成这样子。

在正式开始我们的沙龙之前，请允许我再啰嗦几句。首先，这个场合是沙龙，大家不要太拘谨，觉得非得是什么学术报告的味道。我们不要那种态度，希望随意一些。这个沙龙本身的传统就是这样。刚才国友秘书长讲到，我们没有请陆理事长、蔡理事长、顾理事长等讲话，就是为了营造一个沙龙氛围。我有一个印象非常深刻。我记得在广州的沙龙上，李蕾蕾和陆理事长一起争论学术问题，给大家留下了深刻的记忆。感觉在沙龙上可以不分权威、不论资排辈，不管你有没有威望，是不是初出茅庐的学者，大家可以平等地进行学术讨论。我想蕾蕾和陆先生的学术争论，应该是给我们的沙龙留下了自由交流氛围的遗产。所以，今天我没有请陆先生在开幕式上讲话，想让大家觉得陆先生今天是以一个学者的身份来参加这个学术讨论的。大家可以放开一点，感觉随意一些。

第二点，刚才国友秘书长拿出了一本我们去年参加的那个沙龙的文集。这次沙龙，我们也想出一个文集。所以，大家看到这也有一个速记员。请大家在讲话的时候，站起来先报一下姓名，讲话速度稍微慢一点。这样我们的速记员可以更好地记录发言。我们不求出版一个非常严谨的东西，就把原始讨论记录下来。争取让大家见到有一些火花可以产生出来。

第三点，既然是沙龙，大家可以随意一点。渴了可以出去享用我们的茶歇，喝点东西。累了抽根烟，出去转一会儿也没问题。你想出去休息一会儿也可以。大家随便一点，不要觉得这是一个非常正式的场合。我们为什么把场地摆成一个圆形，就是希望大家有一个面对面的机会。

第一部分

人文地理学及其研究方法

主 持 人：刘卫东　中国科学院地理科学与资源研究所
主题发言：陆大道　中国科学院地理科学与资源研究所
特邀发言：蔡运龙　北京大学城市与环境学院
樊　杰　中国科学院地理科学与资源研究所
宋长青　国家自然科学基金委员会地球科学部
顾朝林　清华大学建筑学院
吴绍洪　中国科学院地理科学与资源研究所
虞孝感　中国科学院南京湖泊与地理研究所

关于人文—经济地理学的性质及方法

陆大道

（中国科学院地理科学与资源研究所）

各位同事，大家早上好！沙龙安排我发言，我觉得有点“计划经济”的意味。今天早晨6点多钟，我看到长春的几位教授，一共七八位同志从北京站刚下火车过来。这个地方还挺冷，他们在转悠，也没有进到楼里来。对此我感到非常抱歉！另外，我感觉到他们到这里开会，确实对这个沙龙非常支持。非常感谢大家！对大家来参与沙龙表示欢迎，特别是香港大学的林初昇教授、深圳的刘会远教授，刘教授长期支持我们的事业。刘教授并不是地理学家，而是区域经济学家，在深圳工作，也是地理学会的常务理事。感谢地理资源所的支持。另外，感谢组织这次沙龙的学者，你们把这个工作坚持下来，能够作为自己的事业来办。我也希望今后能够继续下去。这些话都是计划外的，不占用我的时间。下面我要讲的内容，在郑州河南地理所50周年所庆那个座谈会上我已经讲了。相同的内容在四五年以前，我找个别同事、共十几个人都谈过。这次我稍微系统地总结了一下，用了大概一个星期总结了这么个内容。跟大家讲一下：关于人文—经济地理学的性质及方法。

一、由因果关系论到相互作用论。地理学是一门自然科学和人文学科之间的交叉科学，其研究对象是地球表层的自然地域系统和“人—地地域系统”。这两个系统所表现出来的特征如果用数量化来表达的话，也与一些纯自然科学不同。而这两种系统的特征也是不同的。“人—地地域系统”主要是人文地理学和经济地理学研究的对象。“因果关系论”，支配了18世纪至19世纪一系列自然科学的伟大发现。达尔文的进化论的发现经历了这样的过程。近代地理学的奠基人洪堡发现了植物垂直分异性和水平地带性分异规律，也是经历了先观察现象，然后探求现象形成原因的过程。18世纪、19世纪支配自然科学一系列重大发现，包括我们在中学里学的一些物理学化学公式、实验过程都是这样。先观察现象，包括实验现象和事物的现象等，都是观察现象然后人们研究现象形成的原因是什么。追求原因，最后形成了一系列伟大的发现。这是科学发展的方法论的基础。因果关系论，在18世

陆大道，男，1940年出生。中国科学院院士，中国科学院地理科学与资源研究所研究员，中国地理学会理事长。长期从事经济地理学和区域发展研究。ludd@igsnrr.ac.cn。

纪和19世纪对于人文科学的发展,也产生了巨大的影响,最明显的是马尔萨斯人口论的形成。马尔萨斯不是主张用战争和瘟疫来解决人口问题,他不是这个主张。他是用统计的方法总结了过去历史上欧洲人口增长、土地(耕地)、战争、瘟疫等现象之间的关系得出的规律,并指出:战争或瘟疫使人口减少,使土地(耕地)压力松了一点,然后生产力发展。但生产力发展以后人口又大量增加。人口大量增加导致耕地不足,导致争夺土地,形成战争。战争或瘟疫,又导致人口减少。然后整个人和地之间取得新的平衡。这是建立在当时的经济技术水平所形成的理念基础上的。当然现在人们和自然的调适过程已经有很大的发展。今天仅仅以因果关系论来解释事物的变化发展,已经大大不够了。支配现代科学发展的基本原理是强调要素、因素之间的相互作用。解释相互作用需要有系统的方法,但是系统的方法的运用不是孤立的。地理学包括人文地理学、经济地理学当然也是如此。从自然科学和人文科学交叉的角度考察更是如此,要以相互作用论作为指导。

二、由自然因素引发的环境变化,转变为由人类因素引发的环境变化,这是在过去100多年发生的变化。20世纪后半叶以来,地球表层出现了严重的态势。特别是20世纪70~80年代以来,经济工业化和社会城市化的急剧发展以及强大的技术手段的运用,强烈地改变了各地区的经济结构和生态环境结构,资源被加速消耗,许多地区的环境恶化。在这样的背景下地理学研究开始进入一个新的阶段,即注重由自然因素引发的环境变化,转变为由人类因素发展的环境变化,即转移到自然过程、生物过程和人类活动过程间相互作用方面的研究。过去可以单纯地去研究一些要素、一些纯自然要素之间的关系。IGU前主席B. Messerli在2000年汉城发表的论文中,谈到人类因素引发的环境变化时指出,过去研究自然因素引发的自然生态系统的变化,这种变化是局部性的变化。即由自然因素本身变化导致自然环境的变化,往往是局部的不是全球性的。而人类因素引发的环境变化往往是全球性的。20世纪以来,你们可以看到人类因素的影响规模和强度大大增加了。

三、地理学与"人—地地域系统"。地理学研究的是区域间的差异性和区域间的相互依赖性。这是一个英国地理学家所做的定义。当然,每个人可以从不同角度上作定义,因此定义是很多的。但是,这个定义我觉得是不错的,它是从现象之间的相互关联来考察学科的性质而得出的结论。从另外的角度,也可以说,地理学是研究人类社会所处的环境、环境的变迁和结构的变化以及人类与环境之间相互关系等。这是过去我国地理学家的结论。英国地理学家的这个定义是很好的,很好理解,也能够区别地理学和其他学科间的相互关系,无论是差异性和相互之间的依赖性都是要素之间相互作用的结果,是自然要素之间相互作用以及人和自然这两大组要素之间的相互作用的结果。区域之间相互依赖性当然是因素相互作用的结果。因果关系论导致环境决定论、环境可能论等。相互作用论导致人与自然的对立和统一。

四、在相互作用理论指导下进行两大类结构，即社会经济发展要素组成的结构和社会经济发展的空间结构的研究。要素组成的结构或者比例结构，这个我们大家都知道是什么意思。例如，一个地区的产业结构、人口结构等。大家说研究体系，或研究一个系统，你怎么研究这个系统呢？要通过结构来研究系统。研究各个部分的组成、各个部分之间的结构来认识这个系统。同样，"人—地地域系统"的研究，或者自然系统的地域研究也是这样，要通过结构、通过要素相互作用来研究。两大类结构，一个是要素之间的组织结构的比例关系，另一个就是要素之间作用以后形成的社会经济空间结构。通过两大类结构来揭示系统，如系统的组成、系统的变化，来认识这个系统。

社会经济在地域上的结构，是人类活动在空间上的投影。这个投影不是简单的投影，我们要认识这个投影，包括它的厚、重、稀、薄，它的空间形态，节点形态，现状的基础设施等等。通过这些，也是用投影状态来解释这个投影的结构、投影的变化。我们要问形成了什么样的空间投影，为什么会形成各种各样的空间投影？大千世界，千千万万的社会主体和经济主体，每一个活动主体的空间区位可能是没有规律的，可是在总体上仍然具有明显的规律。我们每一个人，每个经济人，每个小公司，都在空间上活动，你怎么样去把握这个投影、认识这个投影的变化呢？可能单独一个个体是没有规律的。像分子，一个分子是没有规律的。

在这样的纷纭繁杂的大千世界里，如何寻找社会因素、经济因素运动和区位的空间规律？我们探索这个原因。为什么城市有大有小，我们相信城市分布一定有什么规律、有什么法则来支配。这样提出问题应该是70多年以前克里斯塔勒的思维。城市有大有小，这是司空见惯的现象和问题，之前人们不去研究。但是，城市大小现象是受什么因素支配的呢？大家都可以说说，这个事情门槛很低啊！但是，你要把这个问题解释清楚是很不容易的。城市是区域的核心，是一个特定区域的"统帅"。世界上很少有地区没有被各种规模的城市所覆盖。大多数情况是一个地区和国家，如果从大到小对城市进行分析，那么各种等级的城市都会有。经验表明，规模最小的那一级城镇的数量最大，规模越大数量越小，这就是城市的等级规模法则。这个是很清楚的事情。

我们同样可以提出，区域也是这样的。区域为什么有欠发达和发达之分，区域间为什么竞争力不同？区域在国家中的地位也是分等级的。这个特点如何去认识，如何去理解，如何去调控？我们很容易发现区域发展影响因素的作用并不是决定论的，这是很重要的。我们很容易发现，解释一个地区、解释一个城市，有各种各样的因素，但是这个因素不是决定论的。有些因素影响区域的发展速度、规模和结构特征。这些因素发生变化，区域发展的规模速度结构也发生变化，但并不能在量的环节进行精确的测量，也是不可能精确测量的，即得出一组确切的参数。为什么呢？这是因为区域发展是一个"人—地地域系统"。这个系统不是一个纯自然的系统。"人—地地域系统"的特征决定了这个系统不可能被精确地测量。

五、“人—地地域系统”的特征。这种特征决定了其研究方法的特殊性，也决定了人文—经济地理学科的科学特性。我们从系统的特征来认识学科的特征，然后再认识这个方法的特殊性，然后再评价这个方法的水平以及是不是有效。

“人—地地域系统”就其与外界的关系是一个半开放系统。任何一个“人—地地域系统”内部的关联构成不同区域之间的不同特征，这是它封闭的一面。但它同时又与外界进行物质能量信息交流，它有交通线、能源供应线等，所以构成区域之间相互联系特征。研究这种半开放系统是地理学家的特长，因为地理学就是研究地域差异性和地域之间的相互依赖性的。另外，就系统的稳定程度而言，“人—地地域系统”是一个非稳定系统。这个系统就其变化的机制来说，即从系统的发展因素和趋势考察，属于或然性系统，就是可能论的系统（它的对立面是决定性系统）。下面我讲得慢一点，希望大家能够简单地思考一下，提出各种各样的认识。

在人地关系地域系统内，要素相互之间关系的变化，以及要素变化对于系统状况的影响，不是受决定论支配的。例如，不像水面蒸发那样。水面的蒸发量在大自然的情况下就跟两个因素有关：水面的温度和水面的风速。水面风速越大蒸发量越大，温度越高蒸发量越大。这两个量变化的话，水面的蒸发量可以有个曲线。这是个相当严格的相关。可以通过测量，测出一组参数。但是在“人—地地域系统”里面，没有这样严格的相关规律。在我们经济地理这个领域里面，没有这种状况。还有，宇宙飞船在太空的对接要求可以精确到百万分之一秒。也就是说，宇宙飞船的控制，要求在哪一刻哪一秒对接，它就可以控制在百万分之一秒之内。在人文地理学和经济地理学领域，要操纵一个地区的发展，如明年的 GDP 是多少，明年的结构中第一产业、第二产业是多少等，要精确到个位数预测明年 6 月 30 日 24 时一个地区的人口数量等，这样的问题是不科学的，事实不可能像这样的。一台机器会严格按照你给它的参数去运转，你比如说汽车你要它一分钟转 1000 转，2000 转，它耗油量是多少？你能让这个机器非常准确地按一定的参数去运转。然而，在交叉科学领域里，没有决定论的规律。在这些领域里，规律不是这样的形态，不可能这样的精确。但是，在交叉学科领域里，因素作用和对象发展，其方向、变化幅度和变化的概率等等，是可以获取的。这些当然是规律的反映。

交叉性领域里事物发展当然有规律性，但这个规律的形态不一样。例如，人口的数量和质量是区域人地关系非常重要的变量，但人口预测不可能预测到个位数。朝阳区明年 6 月 30 日 24 点我们可以预测一个个位数，但是那个时刻到来肯定会出现一个个位数，那个个位数跟我预测的个位数不可能一样。但是，你也不能说人口预测不科学。不能因为这两个个位数不一样，而认为人口预测是不科学的。人口增长是自然和社会经济两组因素作用的结果，人类本身是自然再生产的，但是受社会、人均 GDP、计划生育政策、宗教、信仰、家庭收入等因素的影响。所以，人口预测是有它科学性的。前科技部长宋健院士就是人口预测的专家。所以，我相信他要说的比我说得更加清楚。评价结果是不是科学，有哪些标准，我相信他是能讲得很清楚的。

“人—地地域系统”是半开放的系统，跟开放系统是不一样的。我们在预测和解析系统的时候，“人—地地域系统”这些理论特性需要进行深入长期的研究，还要根据具体区域的情况和数据加以实证研究。对一些特点的深入研究，是人文—经济地理学的特性，是为可持续发展提供理论基础的。区域系统发展的或然性特征带来两点问题特别值得我们注意。第一，对区域系统的研究和调控，比技术系统（如一部机器）要复杂得多，困难得多。技术系统虽然有的很复杂，但是有它高度确定性的一面。第二，仅仅是甚至主要依靠数学和计算机是不能够解决问题的。我个人认为这样，这一点要特别强调的。

社会经济要素的空间结构逻辑推理、图形分析以及在数据库基础上的空间分析，都是我们要运用的。发展态势和预测分析，运用系统动力学方法是有效的。统计和统计分析是各种分析方法的基础之一。我个人认为，还是要运用专家系统、问卷调查，还有实地考察、统计分析等，进行决策分析，解决实际的问题。我们可以编制一系列方程式进行预测，方程式中所体现出来的要素的组合和相互作用关系，要符合实际事物内部和外部的关联。数学模拟得出的结果，最后还要由专家决策，对参数的判断专家起着主要的作用。这些公式怎么列，专家系统起着作用。进行决策分析解决复杂的问题，除了要素如何组合以外，还有各种参数如何得出，如何评价。对于参数，如果没有经验，我们公式计算结果就很难判断。哪些因素跟哪些因素相关呢？不能说我的体温跟你的体温是相关的，但统计计算结果可能是相关的。这就要求我们对实际事物的结构要有深刻的了解。你只是了解计算机结构和数学结构还不行。这里所指的参数是刻画地球表层内部和各因素之间相互作用关系的量。没有参数的研究和解释就没有系统变化机制的研究和解释，各种参数的得出主要依靠参数之间相互关系和模型计算。关于参数的科学性和代表性的判断是非常重要。如果没有对实际事物的内外部结构有准确的理解和把握，对参数的判断那就是游戏。

六、人文—经济地理学家在 GIS 方法基础上，发展了基于数据库和图形库的空间分析方法。如果说自然地理学的新方法是实验地理学的话，那么人文—经济地理学的新方法就是在数据库和图形库基础上的空间分析方法。这两个方向是完全不一样的。比如说，实验地理学会关心：在哪个季节，在哪一个月，叶面的蒸腾量是多少？我们灌溉在哪个季节效果最好，对作物的长势最好？最后得出有效灌溉时间，即在哪一天灌溉，哪一天不灌溉。这是它的前提，要测量这个东西。难道人文地理也要这样去搞吗？在马路上做一些典型的交通流量调查当然是需要的。在数据库和空间分析方法的运用方面，今天我们相当一部分学者基本上掌握了，但是今后拓展的空间还很大。正是由于我们的知识结构与国家的需求很对接，在区域发展战略研究和规划方面，我们有很好地为政府服务的平台。如果没有这种服务理念和知识结构，这些年的工作，在各种研究机构、规划机构这样多的情况下，我们发挥的作用就可能是另外的情形了。我们这个知识结构，即包括运用自然科学和社会经济科学的能力，还有 GIS 和数据库的支持，是我们这个研究机构的一个特点。

七、关于统计分析方法的运用。路甬祥院长在关于中科院科技战略规划讨论会上的讲话中提到，许多重大的科学发现都是基于统计分析的，如布朗运动。微小颗粒运动是没有规律的，但是却有统计规律。统计分析是我们有用的武器。这说明，人文—经济地理学作为科学体系中的一员，是有依据的。在社会和经济领域，特别是在社会和自然交叉领域里，统计规律是重要的。不要以为统计分析方法就不是先进的研究方法，我预计统计分析方法将永远是重要的科学方法。数据怎么来，统计分析也有相应的一些分析工具和分析公式，它也有参数如何确定的工作。对此，专家系统还是很重要的。统计分析方法是研究"人—地地域系统"变化的有效方法。钢的需求曲线就是根据各个国家的数据统计分析得到的。这个曲线能说明问题，就是钢的消耗量与人均 GDP 的关系。当然，我们今天钢的消耗量有一些特殊，主要是相当一部分出口。但钢的消耗量跟人均 GDP 是有关系的，不同人均 GDP 的发展阶段，每个 GDP 单位或投资单位需要的钢材消耗量是有统计规律的。这个规律很说明问题，各个国家的决策要充分考虑这一点。不同国家财富的构成及占世界的比重，这也是统计分析。我个人看，世界上分为三种类型的国家，每个类型里边知识财富、人均自然资源财富，还有已经形成的各种资产的财富，它的比重是不一样的。

八、人文—经济地理学方法的发展与实践知识。如何看待实践知识和方法之间的关系？重要的是了解事物之间和事物内部的实际结构，这是最重要的。你不了解事物，只了解数学结构和计算机结构，而不了解实际事物及实际事物间的结构和关联是不行的。在对要素之间的作用和作用参数缺乏判断能力的情况下运用数学公式和人机对话是完全没有意义的，只能是游戏。一个系统动力学模型框架，有几十条甚至上百条连接线、箭头，可能说明我们对区域发展的影响因素及其作用不清楚。我们要预测一个地区未来的发展，10 年、20 年以后的结构，人均 GDP 或者人口的情况，可能要编制一个庞大的软件系统，由大量的公式支撑。如果决定未来发展的主要关联不清楚，主要的变量以及变量跟目标之间的关系不了解，也可以把所有的关系放在一块搞成一个庞大的体系，而且计算机是可以解决这里的数学问题。但是，它的预测很可能是不可行的。

关于实践、理论、方法之间的结合，我的看法是，学者们在研究区域发展及其空间结构时，特别是在预测未来时，希望借助数学方法和公式，借助计算机进行人机对话，编制了复杂的数学公式。但是，对于做这件工作的学者，最主要的是了解认识实际事物的关联和结构，而不是仅仅了解数学结构和计算机结构。要根据实际事物的实际关联，对计算机模拟出来的参数的科学性有判断能力，不能将不相关的因素建立相关。对人和自然相互关系的分析，以及区域系统及其预测和调控，一般情况下需要考虑较多的参数，建造较多的方程，形成多方案模拟。但是，也并不是模型愈复杂愈好，方程愈多愈好。对此可以举一个例子。20世纪50年代初，原联邦德国曾要求对1980年全国小汽车拥有量进行预测，因为小汽车对社会结构有很大的影响，任务委托给几家研究单位。20多年后实际增长过程曲线与这些复杂预测的曲线偏离颇大，而与另一条预测曲线十分逼近。这条曲线是一位学者运用类比法提出来，他以美国一个州实际发展的过程为参照，用反映原联邦德国社会经济特点的若干参数加以修正得出的。

处理实践知识和方法之间的关系，要重视实际调查研究，学习和掌握技术经济论证的方法。技术经济知识对于论证许多经济地理学问题、方案比较等，是很重要的。

九、我们学科的科学问题是很明确的。我们的目标是要揭示“人—地关系地域系统”的特性。人和地组成的地域系统，按照人类的要求进行定向调控，就要揭示和了解这个系统的特征和结构。我们在理论上的目标，是进行区域发展的环境—社会动力学(人—地关系区域动力学)研究。这是美国人在《重新发现地理学》这本书里提出来的，叫做环境—社会动力学。我们也叫做“人—地关系区域动力学”。我觉得都可以，但是我们经过一段时间的思考，需要取得一致的概念。动力学的研究是我们学科的科学问题，所以不应该说我们学科的科学问题不清楚，而是很清楚的。在区域发展和可持续发展领域中，要素之间相互作用的认识和分析，是判断未来发展、未来结构的关键，需要进行各种分析。

有时候，别的学科的学者问，你们的科学问题是什么？有些人就糊涂了，说不清楚了，不认为我们科学问题就是这个。那这个还不容易表达吗？现在我们的学科在国家申请立项，需要得到人家的评价。在一个大的群体里，多数人的部分往往有一种优越感。这个优越感的表现是什么呢？往往说小的群体不行，这是人之常情。我们小学科的人就要不断告诉别人我们还可以，阐述我们的特点是什么。举个例子，京津唐地区在20世纪80年代的10年中，GDP年增加10%，而淡水消耗年增加大约是2%。但是，后来北京市达到零增长。这个是重要的机制，揭示这个重要的参数，就是对科学问题的反映，也是研究的结果。这些重要的参数如果很清楚，那我们就是提高到一个新的等级。当然，理论上也要研究这个参数是如何形成的。我不是强调理论问题不要研究了，而是强调我们学科的基本科学问题是清楚、明确的。这个问题跟我们学科的研究对象是非常密切相关的。

十、我们学科在应用方面的重要目标是区域发展的预测预报。现在，我们区域发展研究重点在跟踪、评价和建议。我看经济地理学，也包括城市地理和社会地理学，在区域发展领域都有大量的问题值得研究。区域发展不叫区域经济发展，就是因为区域发展的范畴是一个很大的范围。对我们人文地理来说是一个很大的领域。我们现在是跟踪、评价、建议、规划，通过对不同类型地区经济增长和生态环境演变的系统分析和过程模拟，揭示长期经济增长与生态环境要素之间的作用机理和态势的相互关系，提出对不同发展阶段、不同区域的经济发展和生态环境进行协调的途径，如何应对全球变化对我国的影响，从而实现可持续发展。在区域发展领域，我们应该逐步实现预测预报。当然，这种预测预报是从中长期考虑的。这次在中国科学院的“学科发展路线图”研究里边，提出用 10 年至 20 年时间，实现区域发展的预测预报，即根据投资、项目、结构变动等因素对全国各地区的发展做出预测，包括今后增长的可能性和大致的幅度、大致的方向等，并在大屏幕上表现出来。当然，这里边的参数要事先分析得到，这个参数是怎么来的需要研究，而且这个参数也是变化的。

十一、每个学科都有自己特色的方法论。人类影响下的环境变化已经成为地学和环境科学的主要研究对象。揭示本质就要求将人类社会经济的要素与自然要素结合在一起进行研究，不能仅仅以“干扰”一词将复杂变化的社会经济要素置于一边。我们大量研究生态或自然系统的科学攻关项目，不研究人类社会经济活动，或者仅仅最后加一个课题，研究的时候彼此之间不联系。为什么人类活动仅是“干扰”？ 人类不是整个大生态系统的组成部分吗？

国家“七五”一个重大项目投入了上千万，研究新疆水资源的合理利用和生态系统问题，最后得出结论认为，要留给新疆生态用水 360 多亿方。新疆水资源每年花在生态系统方面的保障要 360 亿方！ 新疆多年平均水资源量只有 800 亿方！ 为什么生态用水就一定要这么多呢？ 河西地区的黑河流域，水资源问题研究花了大量的钱。但是，这些研究几乎都不是如何保障人类发展的需要。有些研究对人类社会经济活动根本不考虑。黑河上面的来水量年际是有变化的，但是多年平均没多大的变化。为什么黑河水环境发生变化呢？ 生态系统发生变化呢？ 水环境包括蒸发量、含盐量等的变化，周围绿洲的植被没有了，破坏了，黑河流域生态系统严重破坏。国家立项研究，这个没有错。多少个项目了！ 投入总共数千万了吧。但是研究对象和问题中，不包括黑河流域种植结构有什么变化(因为不同的种植结构耗水量不一样)，种植规模有什么变化，城乡关系有什么变化(农村人口消耗水量小、城镇人口消耗水量较大且要求集中的水源)，等等。这些东西都认为是“干扰”：是“干扰”就要排除。所以这些社会经济发展的内容被包含在一个“黑箱”里，不去研究。

我们看新疆的绿洲，为什么周围的生态系统会有变化呢？ 原因就是绿洲里增加了灌溉，或者绿洲里面灌溉系统技术结构还不到位，不可能大面积进行喷灌滴灌。喷灌滴灌要解决产品的价值问题，市场范围很大才行，是经济因素。经济因素不考虑，然后就说这个绿洲的生态变化严重，绿洲周围植被变少，因此这里生态环境恶劣，我们要研究，要立项。但这个中间老是有一个“黑箱”。人们不知道这里边社会经济变化很多是值得研究的，如经济结构、市场和技术结构等。有些东西不是想改变马上就能改变的。当然，新疆的社会经济结构正在变化，一些作物是高附加值的。新疆绿洲生态系统研究，要把这些因素充分考虑进去。对于新疆水资源利用问题和建议，要根据对生态系统和社会经济发展全面地研究，才能做出完整的解释，可以操作的解释。如果只是说生态要多少水，以满足生态用水为前提，那么你的建议和你的解释就只好放在那，谁都不去管。地方政府会说，这个地方每年种植结构和灌溉基础不可能一下子改变，改变的话投入太多，产品的价值和运输成本支持不了。所以，我不知道这些大型研究项目，成果应该交给谁？我们怎么样向有关部门领导说这个事情。我们希望参与这些类型的研究，并发挥作用。

美籍华人地理学家马润潮教授有一段话，总结了美国学者对于计量革命的总结。他认为，地理学中计量革命的成果很有限，主要是因为一些人类活动很难以科学方法来确切地量化出来。由于模型建造者将复杂的情况过度地简化，或者做了太多的不合实际的假设，使得做出的成果很少具有说服力。20 世纪 70 年代初开始，他们就受到圈外及圈内同行的猛烈批判，因此计量学派不久就因为成果不佳受到强烈批评而失去其光环。我在这里不是反对计量化的。现在我们的数据库和计量分析、空间分析是大有用武之地，在我们国家没有出现这个问题。

流体地球科学的不同现象之间的界面大，数学模拟具有较大的可能性。例如大气模拟，一个气旋和一个气团中间的界面是很大的，几百公里或几千公里。当然气团里边也不完全是均值的，这种现象间的相互作用数学模拟我认为可能性大，可以用很复杂的数学进行模拟。水文的研究，通过水文模型进行模拟可能性也较好，它也是一种较大的界面。固体地球科学应用数学模拟更难一些。固体地球，例如大的断层块之间的作用，其空间尺度比流体要小，它的界面比较多。相比之下，我们经济地理现象中，各种人类经济体之间的界面可以说是无穷的多，个体是无穷的小。经济地理学个体无限的多，界面就无数的多，有如分子的布朗运动一样，难以进行数值模拟。在这种情况下，统计和统计分析就是揭示客观规律的有效方法了。地球物理的短期预报没有解决，理论方法上还需要很大的发展，尽管有很多的伟大的科学家。实际上，政府决策部门对我们经济地理有了解，我们的影响力已经超出了我们专业的界限。我们应该具有生存权和发展权。

人文—经济地理学者运用问卷调查方法是获得真正第一手数据的重要途径之一，难度很大。为什么要歧视这个方法呢？你这个仪器测水分蒸发，就是科学的。我站在一边统计小汽车在 6 点到 7 点的通过量，就不好和粗俗吗？我认为这是科学的方法之一，得出的结论往往对决策很有重要性。在一些发达国家和地区，很多学者重视这个方法。

我们未来应巩固和进一步应用好统计分析方法，学习和扩大应用系统动力学方法。系统动力学方法是认识复杂现象及做出预测预报的有力工具。但是，是不是说搞得越复杂越好呢？不是的。另外，经济地理的分析图与自然地理的分析图是不同的。经济地理学的分析常常用行政区界限，自然地理学者往往不理解为什么要用行政界限呢？前几年，有个西部研究项目，经济地理学者参与了里边一个小的课题，研究人文—经济社会发展格局的。最后项目总结时，总课题是用等高线表达西部热量的地域分布。这个用等高线反映是可以的，因为很多自然要素具有等高线性质，是一种结构形式。但社会经济发展成果在最后评审时，就是通不过，被指责方法不科学，没有做出等高线图。最后，这个课题组长只好将社会经济现象以等高线来表示了。评审通过了，但这样的表达是不科学的。

刘卫东：非常感谢陆先生。我想陆先生这个报告，之所以在郑州受到重视，今天大家可能受启发也比较大，是因为他提出一个非常重要的问题。他从哲学层面上提出了一个问题，就是我们这个学科现在还要不要那么严格的、严谨的因果论。如果是因果论的话，那就是另外一套方法论的问题。陆先生提出现在是不是到了相互作用论这个时代，实际上也看出学科要走向融合、走向整体这么一个过程。大家可以自由针对陆先生讲的东西进一步讨论。大家可以随意发言，不要因为陆先生是院士、是理事长大家就不敢发言了。大家可以从日程安排里边看到一个特点。虽然我们是人文地理学沙龙，但是这一次在上午的讨论会里边，我们特意请到3位非人文地理学者，蔡运龙教授、宋长青主任还有吴绍洪研究员。他们都不是人文地理学者，我们特别希望从他们眼里知道我们的学科是什么样的。这样的话，下面的发言是“插花”进行的。

地理学的哲学面向及其实践价值

蔡 运 龙

（北京大学城市与环境学院）

沙龙组织者要我来谈谈哲学层面的问题，我的发言题目就叫“地理学的哲学面向及其实践价值”。“哲学面向”的“面”就是面貌，“向”就是倾向。所以，我想谈谈地理学的哲学是一个什么样子？地理学哲学的倾向是什么？我想从一些实际问题说起比较好，从我最近在研究的实际问题切入。这个问题就是中国耕地的非农化问题。显然，中国耕地的非农化跟我们社会经济的发展阶段有关。西方发达国家已经完成了城市化过程，经历了这么一个阶段。他们如何看待这样一个问题？西方地理学中应该有对此类问题的研究。这就要涉及西方地理学的发展阶段，大概有四个重要里程碑，这四个里程碑都跟它的哲学思想有关系。我们需要考察这些哲学思想对我们研究中国实际问题有什么启示。接下来再讲讲地理学的哲学面向，最后回到耕地非农化这个实际问题，看看西方哲学思潮对于解决我们的实际问题有何借鉴。

先说那个实际问题，大家都比较清楚，就是耕地非农化。中国正在处在工业化、城市化高速发展时期，这个时期耕地的转换（即当前地理学文献里出现频率很高的 Conversion）非常剧烈。那么它的格局、它的过程、它的驱动力怎么样？这是自然地理学目前的一个研究热点。还有一个重要问题就是，这种转移的后果怎么样？对中国来说，最直接的后果就是生产粮食的耕地面积减少。我们既要吃饭又要建设；既要满足食物安全的用地需求，又要满足工业化、城市化的用地需求。在耕地有限的情况下，这是一个两难的局面。此外，还需要生态退耕，保证生态安全。还有耕地非农化的区域差异，可能反映了经济发展和城市化、工业化等的区域差异。实际上耕地的问题，在中国历史上一直与很多社会问题密切相关。毛泽东有句话说“中国的问题是农民问题，农民的问题是土地问题”，我还要加一句话，“土地的问题是产权问题”。这就说明中国的土地问题非常重要。我们的改革开放，就从土地承包打开缺口。下面还有一些问题可能就更深刻了。我们耕地的非农化和农民的非农化不同步，导致

蔡运龙，男，1948 年出生。教授，博士生导师，北京大学城市与环境学院资源与环境地理学系主任，北京大学土地科学中心主任，北京大学地理科学研究中心副主任，中国地理学会副理事长。主要研究土地变化、土地资源管理、综合自然地理学、区域（旅游）开发与规划、环境变化的人类方面、可持续农业、地理学理论等。caiyl@urban. pku. edu. cn。

很多问题。农民的耕地被征用后，成为所谓的“三无农民”，就是无地、无业、无保障的农民。这是“三农”问题的一个突出表现。此外，土地转移的增值收益分配不公。大家都知道开发商获得巨大利益，地方政府的财政收益也在很大程度上依赖于此，但是农民被剥夺，这是中国贫富差距拉大的一个原因。再有就是土地的产权不明晰，政府征地很容易，以很低的代价征来了，以很高的价格卖出去。这里边有很多所谓的寻租空间，容易造成行政腐败，是一个大问题。中国的司法腐败、土地腐败、金融腐败这几大突出问题，是你们都知道的。很有讽刺意味的是，国土资源部成立以后第一任部长就搞土地腐败。另外，我们的土地管理涉及不同的部门，但相互之间并不协调，行政结构上有掣肘现象。此外，中央出于国家粮食安全和宏观调控的考虑，强调耕地保护；但是地方政府则注重经济增长和所谓政绩，需要加大耕地转换，而且“上有政策，下有对策”。所以，耕地过度转换的趋势难以遏制。这是中央和地方的矛盾，是一个社会结构的问题。这些实际问题出现在我国社会转型的过程中，出现在工业化、城市化高速发展的阶段。西方发达国家也经历了这样的过程，走过了这样的阶段，他们怎么对待这些问题呢？地理学研究的一个重要主题就是土地利用。随着社会经济的发展，西方地理学研究土地利用的学术背景发生了哪些变化？

西方地理学迄今经历了四个重要的阶段，以四个里程碑为标志。一个是启蒙运动。我们知道从洪堡开始了现代地理学，这可以说是地理学的启蒙运动，与西方社会的启蒙运动是同步的。到了20世纪50～60年代出现了地理学的计量革命，这是另一个重要的里程碑。实际上是方法论上的实证主义革命，主要是追求普遍的法则，能够预测，以指导实践，这是科学主义的重要原则。但有的东西可以预测，有的东西没法预测。实证主义不能包打天下，于是出现对实证主义地理学的反思，总的来说认为实证主义缺少社会内涵。例如，刚才我们提到耕地转换中出现的那些问题，很多是社会问题而不是自然科学问题。对实证主义地理学的反思产生了第三个里程碑。其中一个重要的反思就是转向马克思主义，代表人物就是哈维。哈维早期的《地理学中的解释》集实证主义地理学之大成，被称为地理学的“圣经”，但是他本人后来却放弃了这个立场，转向结构主义，转向激进地理学，主要研究一些社会问题，如社会不平等，不均衡发展等。刚才说的耕地转化中出现的问题，不是就反映出这样的社会问题吗？另外一个重要反思是走向人文主义。人文主义质疑实证主义的两个基本假设。一个是模式。实证主义提倡科学方法，对一切事物都要建立起模式，以简化问题。但如果对社会和人建立一个模式，就往往脱离实际，没有抓住问题的实质。实证主义社会科学的另一个基本假设，是所有的人都是理性的经济人。这两个假设都跟现实有很大的差距。人类不是机器，社会更不是机器，因此就需要研究人本身，研究社会本身。自然科学要求的“客观”在这里就并不完全适合。科学追求价值的中立，而人文主义认为这种中立是做不到的，而且本身就违反科学的基本精神。因此，出现了人文主义的地理学方法。现在西方地理学出现了第四个里程碑，叫后现代地理学，是要对传统的解释社会进步的那种哲学进行反思，对现代化进行反思，对科学本身进行反思。刚才提到的哈维，最近有本书叫做《后现代的状况》，他也在研究这方面的问题。对这个后现代主义我没有研究，下面谈的哲学面向，主要是上面所说的第二、第三个阶段的哲学途径。

哲学包括本体论、认识论、方法论和伦理学，下面我主要谈方法论。地理学的方法论大致可以归纳为两大阵营：一个叫科学主义；一个叫人本主义。科学主义以实证主义为代表；人本主义地理学就是 Humanistic Geography，也翻译为人文主义。我对人本主义地理学作广义的理解，那么上面谈到的人文主义地理学看做狭义的人本主义，把结构主义和马克思主义等的地理学也归纳进来。

传统地理学的方法论是经验主义的，到目前为止也基本以经验主义为主。哈维说“地理学长于事实，短于理论”，简明生动地表述了地理学的经验主义方法论实质。实证主义不满这种状况，要从经验走向演绎的方法。实证主义方法论有这么几个基本的要点，第一点是“形而上”。所谓“形而上”就不是一般的感性知识，不是一般的经验现象，而需要提升，需要抽象。第二点就是要建立一种规律，爱因斯坦的相对论就是规律，要建立普遍的法则，或者说定律。第三点是要“证实”，就是要用经验数据来证明假说和定律是正确的、真实的。第四，形式逻辑和纯数学，就是需要有一套严密的逻辑推导，最好能用数学公式，地理学的实证主义就追求这个。马克思在青年时期相信，任何一门学科只有用数学表达以后才是科学。大家知道马克思年轻的时候写过数学手稿，但是后来马克思放弃了这个。恩格斯对这个事情有个解释，说自然界不是数学，那么社会就更不是数学了。所以，所有的事情都要用数学来表达是有问题的，但是逻辑实证主义认为这才是正确的。第五，就是要有事实，要有可观测到的现象。这些就是逻辑实证主义的要义。现在自然地理学基本上是按照这套原则在做，经济地理学有些东西也在按这个做。

为什么后来要对实证主义地理学进行反思呢？因为逻辑实证主义有一些固有的问题。第一个问题，逻辑实证主义是以物理学为基础的，那是严格意义上的自然科学。但是有些学科，尤其是地理学这样的学科，还有很多社会科学乃至地质学、生态学之类的自然科学，都不是像物理学那样严格意义的分析性科学，而是综合性科学。它们的研究对象很复杂，很难限定，很难建立定律。例如，大家知道有一个地理学第一定律，是美国地理学家 Tobler 提出来的，说每一事物都跟其他的事物有联系，越是相近的事物联系越紧密。这个地理学第一定律引起了很大的争议。什么叫联系？按照物理空间的距离衡量，按照物质联系衡量，这个陈述可以算得上一个“定律”，但是又有点像常识。如果说精神空间上的距离和联系，我举一个例子就可以推翻它(这就是我后面要说的一个概念叫“证伪”)。我跟我的邻居可以老死不相往来，物理空间的距离很近但没有什么联系；但是我跟我的兄弟姐妹相隔千里，关系却很亲近，联系很紧密。地理学第一定律不能解释这种“距离”和“联系”的关系。所以，对于综合性科学来说，要按照实证主义方法论建立普遍规律是比较难的。

第二个问题，要用观测到的事实来证实定律，但观测是依赖理论的。这就是说，你观测到的事实和数据并不一定是客观的。想想我们地理学研究的所有数据。你要采集什么数据，首先要有一个设计，这个设计必然要根据一定的理论。你获取数据的时候，采集数据的仪器设备，也是按照一定的理论和目的设计出来的。在什么地方采样，在什么时候采样，都有一定的主观性，所以观测到的事实并不是绝对客观的。我最近接触到的一个例子可以说明这个问题。我参加了两个项目的评审，都涉及黄土丘陵沟壑区小流域输出泥沙的来源判断。一个研究结论说主要来源是沟谷；另一个研究推翻了这个结论，说主要来源是坡地。这两个结论都是通过严格的数据采集、数据分析、模型模拟等过程得到的，但是结论截然不同。这是什么原因？可能在于他们采样的理论不一样，手段不一样，仪器不一样。从这个地理学的例子可以看到逻辑实证主义还是有缺陷。

还有一个重要的问题，它要建立普遍的法则，建立定律，还要充分证实。这个充分证实就是我们平时说的那句话：“实践是检验真理的标准。”这句话从经验的角度来说不错，但是按照实证主义自身要求的逻辑严密性来说就有漏洞。因为现在看到的事实只是已经看到的，还有很多没有看到的事实，你什么时候也不敢保证以后出现的事实跟你现在看到的这个事实一样。我举一个简单的例子。说“这只乌鸦是黑的”，这是一个“单称陈述”，很容易证实，但只是事实而不是法则，不是定律。如果说“天下乌鸦一般黑”，这是一个“全称陈述”，可以说是一个法则，是一个定律。你可能看到一万个、十万个乌鸦都是黑的，但是你还是不能保证所有乌鸦都是黑的，不能保证不出现白乌鸦、花乌鸦。这就是逻辑实证主义方法本身的一个逻辑矛盾。

科学主义的一个核心就是这个实证主义。后来有很多科学哲学家想来修补实证主义的这些缺陷，出现了批判理性主义、科学范式、科学研究纲领等学派。今天没有时间介绍了，只能简单指出，所有这些科学主义的方法论主张，都不能完全充分地自圆其说。后来出现一种主张叫“科学多元主义”或翻译为“科学无政府主义”，认为科学中唯一正确的法则就是“任何法则都会过时”。科学家应当采取一种兼收并蓄的态度，要能容纳所有的思想，因为任何思想都有加入到知识体系中的潜力。科学多元主义主张方法的多元论、理论的多元论、科学地位的多元论，实际上对科学主义本身提出了质疑。

地理学对科学主义进行反思的结果就引入和发展了人本主义。其中一种就是人文主义地理学。段义孚是人文主义地理学的开创者，他批评科学主义“从先前的解放者变成了检察官”。什么意思呢？就是说，科学本来是社会进步当中一个很重要的东西。比如说中国倡导科学、民主，这才进入了近代社会。我们用科学来解放我们的思想，解放我们的社会，这就是科学的作用，是解放者。但现在变成了检察官，就是刚才陆先生说的自然科学家有一种群体优越感，要由他来判断你是否科学，是否正确，是否有用。但是正如前面已经说的，科学本身并不绝对正确，那怎么能完全按照它的标准来判断呢？

段义孚认为人文主义关注“人是什么”和“人做什么”之类的问题。科学主义强调客观，比较忽视人。科学主义即使研究人也把人作为机器来研究，但人不是机器，前面已经说到。人本主义着重知识的主观性，认为人是一种有思想的生灵，人的意向性创造了他在其中行动的世界，因此要联系人本身来看世界。人文主义虽然对科学主义持一种批判的态度，但是并不抛弃科学方法，并且认为科学方法是人文主义的一个基础。人文主义地理学探索的主要问题是人和环境的关系，但与科学主义不一样。科学主义可能更多地注意环境这一方面，而人文主义更多地是从人的角度考虑。人文主义地理学还探索人与人在其特定空间关联域内的相互关系。人文主义地理学目的不是提高解释和预测能力，而是增进认识和理解。所取得的认识被用来帮助各种人理解他们自己，从而增进他们自我知识的深度，并使他们能够改善他们的生活质量。从社会功能上看，与工程规划技术类相比，人文主义地理学的实践作用不那么明显、不那么快捷。它通过首先改变思想意识和文化价值观念，进而渗透到其他学科和人的实践活动中而发挥作用。

结构主义地理学也是地理学反思实证主义的一个结果。主要针对实证主义缺乏社会关怀，所以我把它归在广义的人本主义地理学中。结构主义地理学同时对上面提到的那种狭义人文主义地理学过多地强调人的主观性也有所批判。结构主义地理学主张研究社会结构和外部环境，特别强调整体性的研究，强调结构。这跟实证主义把现实分解为各个部分和还原类那种思想不一样。结构主义也强调通过模型和运用符号来使我们知识形式化，更强调研究深层结构，就是研究现象背后的机制。在结构主义地理学中，我觉得对我们解释实际问题比较重要的就是马克思主义地理学。马克思主义提供了对很多对社会不平等、不均衡发展现象做解释的可能性。因为马克思主义解释当时的社会，而现在社会发展了，有很多马克思不能预料到的事情，所以只能说他提供了这种解释的可能性。我们可以用他的一些理论和方法来解释现实世界，而不是断章取义地用他的一些语录。马克思主义地理学的代表人物是刚才提到的哈维，他的著作有《社会公正和城市》、《资本的局限》、《资本的空间》、《资本的城市化》等，都是对马克思资本论的应用和发展。哈维在霍普金斯大学地理学与环境工程系开的课就是“资本论”。前面我说的耕地转换问题也好，现在我们的社会主义初级阶段也好，资本的原始积累实际上是一个很大的问题，是一个很值得研究的问题。西方地理学家在这方面做了很多研究，但我们中国有多少地理学家在研究类似的问题？我们可以问一问。

现在总结一下，科学主义有很多流派，人本主义有很多流派，两者的基本途径有一些本质的不同，各有各的用处。科学主义侧重事物、侧重客体、侧重自然，希望用一种客观的态度，要建立普遍的规律，要有一个因果的解释，而且这种思维方式非常有逻辑性，要实证，要有理性，这是科学主义一些大概的基本特点。而人文主义正好相反，可以说每一个关键词都跟科学主义的相对，它偏重人，偏重主体，偏重人生，承认主观性，还强调个体特征，承认自由意识，尊重价值、直觉体验、情感等。激进的科学主义夸大科学方法的功效，遭到一些批评。例如，我看到一本书叫《科学也疯狂》，说搞科学的人也搞出了很多荒唐的事。还有一本书叫《科学的终结》，这大概是后现代主义的一种反思。我是搞自然地理的，很尊重科学，但是我们要注意，科学主义在研究社会问题的时候，研究人生问题的时候，存在一些缺陷。激进的人本主义也不行，它顾及了一些人本的问题，但是如果把人的主观性强调到极端的话，就会走向唯意志论和无规范的浪漫主义，无助于解释和理解世界和人生。因此，在我看来，没有人本关怀的科学主义是盲目的和莽撞的，没有科学精神的人本主义是蹩足的和虚浮的。我们要把两边的优势发挥起来，把各自的劣势避开出去。

再回到我开头说的实践问题，就是耕地转换问题。大家应该熟悉，目前地理学研究积极而广泛地参与了国际上的IHDP，就是全球环境变化的人文因素计划。其中与耕地转换问题直接相关的是LUCC，就是土地利用与土地覆被变化，现在发展为GLP，就是全球土地计划。着重研究耕地变化的趋势与动力机制，研究耕地变化的后果，研究耕地资源的可持续性，采用集成分析与模拟的方法。这里边强调分析和模拟，有很强的逻辑实证主义色彩。IHDP还有其他一些课题跟我们这个实践问题有关，比如说全球环境变化与人类安全、全球环境变化的体制方面、产业转型等，那就不是用实证主义方法能全部解决的了。研究与中国耕地转换相关的问题，我们可以考虑借鉴前面介绍的三个基本途径。

一个就是实证主义途径，它的基础是先建立科学假设。当然这个假设是从我们经验的基础上来建立，不是凭空而来。到目前为止整个社会包括中央决策层对这个问题的基本假设是这样：第一个假设，必须将耕地面积稳定在一定水平上才能保证食物安全，守住18亿亩耕地的底线，就是出于这个假设；第二个假设，城市化、工业化必然会不断蚕食耕地，因此保证粮食安全的耕地会不断减少；因而有了第三个假设，工业化、城市化的用地和粮食安全用地必然发生冲突。我们看到现在我们的耕地管理政策基本是按前面这些假设来制定的，但是这些假设有没有经过科学证实？按照这些假设制定的政策有没有依据？18亿亩的底线是怎样定出来的？如果我们都去诠释已制定出来的政策，我想这不是科学研究的精髓。科学研究的精髓应该是独立思考，而不是跟着决策走，这样才对解决实际问题有用。因此，我们可以提出另外的假设。第一个假设，我们认为保证食物安全的耕地需求会不断地减少；第二个假设，城市化工业化对于耕地的占用是一个动态的、阶段性的过程，到了一定的时候就会趋于停止，这个过程类似罗杰斯蒂曲线，我们称之为耕地非农化的罗杰斯蒂假设；第三个假设就是，城市化、工业化的用地需求和粮食安全的用地需求未必冲突，而是可以兼顾。

接下来就需要证实这些假设。保证粮食安全的耕地需求会不断减少,这个假设是根据经验来的。因为随着科学的进步,随着技术的进步,随着投入的增加,单位面积耕地的生产力在提高。比如说袁隆平研究出来的超级稻,就使水稻的单位面积产量大大地提高了。为证实这个假设,我们提出一个概念,叫做最小人均耕地面积,就是养活一个人最少需要多少耕地,这说明了保证粮食安全的耕地需求。另外一个相对的概念就是耕地压力指数,养活一个人需要多少耕地,现在实际上人均有多少耕地,两者的比值说明耕地所受到的压力。我们采用实际数据做了很多计算,结果显示了最小人均耕地面积的变化趋势,虽然有波动,但总的趋势是减少的。耕地压力指数,也有波动,但是总的趋势也是在下降。这就用经验数据来证明了我们的这个假设:满足粮食安全需求的耕地面积不断减少。当然这里边有一个问题,按照土地经济学里边的一个经典定律叫报酬递减律,即随着投入的不断增加,你会遇到一个进一步增产的"瓶颈"。但是,古典土地经济学的这个报酬递减律现在已经受到挑战。著名的经济学家舒尔茨提出一个命题,叫做报酬递增。他有一本书《报酬递增的源泉》,说明了报酬递减律已不适用于当代社会,总的趋势应该是报酬递增。

第二个假设是耕地非农化的罗杰斯蒂曲线。这是我们根据中国历年实际耕地数量统计和订正得到的一个曲线,把它倒过来就显示了耕地减少和耕地非农化的趋势。我们可以看到已经出现逻辑斯蒂曲线的趋势,这是经验数据的证明。我们还用形式逻辑和数学的方法来证明这个假设,推导了一般耕地转变的罗杰斯蒂模型,然后用中国的经验数据确定其中的参数,再分析这个模型的变化趋势,得到耕地非农化的趋势曲线。从这个曲线上可以看到三个拐点,一个拐点是耕地非农化加速的点,一个点是耕地非农化停滞的点,中间还有一个点就是由增长加速到增长减缓的拐点。我们的结论是:我国耕地非农化加速点出现在 1980 年,耕地非农化停滞点将会在 2050 年出现,由增长加速到增长减缓的拐点将出现在 2015 年。此外,我们也用一些区域的数据来证明这个假设。浙江省从 1978 年到 2006 年的耕地面积变化可以揭示出非常明显的罗杰斯蒂曲线趋势。我们也建立了一个模型,按这个模型来推导今后的浙江省的耕地变化就是这样的,完全符合耕地非农化的罗杰斯蒂假设。

这是我们用逻辑实证方法来研究的中国耕地的变化问题。但是前面我们所说的那么多与耕地非农化有关的问题,不是全部都能用逻辑实证主义方法来解决的。我们设想用另外两种途径,即人本主义途径和结构主义途径来研究。时间已不容许作详细介绍了,只能简单提示一下。例如,农民对耕地转换的感知,农民的生计和失地农民的就业和社会保障,政府官员对耕地转换的感知,中央政府对耕地转换的感知。诸如此类的问题可以借鉴人本主义的途径来切入。农民非农化与农地非农化不同步的问题,增值收益分配不公的问题,行政腐败的问题,产权的问题,行政掣肘的问题,中央与地方矛盾的问题,可以借鉴结构主义的分析方法进行研究。

刘卫东：感谢蔡运龙教授。我想他用简单的语言把西方地理学里的方法论跟大家讲了。可能在座的不少人对于逻辑实证主义、人文主义、结构主义这些不是很清楚，或者听起来很陌生，但是实际上我们在做研究的时候或多或少都受这些思潮影响，只不过这种影响很多时候是潜意识的，我们没有明确意识到自己被影响了。大家可以再反思，思考我们到底是一个什么状况。我觉得蔡老师讲的和陆先生讲的是相互支撑的。大家可以看到西方已经走出了科学误区，所谓科学误区就是以自然科学的尺子来衡量所有的事情。西方在20世纪70年代就已经走出了这个误区，但是中国恰恰还在这个误区里边。这就产生了陆先生刚才讲到的，为什么那些主流学科要用他们的尺子来看我们的学科。现在大家可以拿这些东西来思考一下我们以后怎么办。陆先生刚才强调了，我们的学科不是因果论，而是相互作用论。如果是因果论，我们就不得不采用实证主义或逻辑实证主义这些方法来研究。如果是相互作用论或者其他哲学方法的话，我们又该用什么方法研究？刚才蔡老师讲到了很多方法论的东西，可能对我们产生一些启发。大家可以结合这些东西去思考。

经济地理学机理研究的有效途径

——企业区位选择

樊　杰

（中国科学院地理科学与资源研究所）

正像刘卫东教授所说的，自己不知道是什么主义，可能潜意识已经在运用一些主义。下面我讲完之后大家诊断诊断。

我想谈的是经济地理学研究的一个有效途径。经济地理在微观研究上，它的基本单元究竟应该是什么？我在这里用企业来说明，因为我过去是做工业地理的。用企业这个词，实际是想说它是经济地理研究的一个基本单元。对它的一些区位选择的探究，是作为经济地理学研究的一个有效途径。想揭示两个结论：①20 多年前，我们的地理教育，包括基础教育，特别是大学地理学的教育，以及像地理所这样的研究所研究工作的组织方式，基本上是依托企业部门为主的技术经济模式来进行教育和分工协作的。放到 20 多年前这是一个老题目，非常容易被人接受；但是，恰恰在 20 多年过程中，这件事情被逐渐淡化，甚至于很多在学科教育层面上可能都被剔掉了。这是我想说的第一个结论。②为了正确地阐释像陆先生刚才说的一些重要的参数，要理解它内在的一些结构。怎么抓住经济地理学内在的机理，我自己感觉可能还是在于经济地理这些基本单元的区位选择以及区位因素变动的机制探究。这依然是阐释经济地理学宏观结论和把握经济地理宏观规律的核心。我想阐释这两个方面的结论。

1999 年做全国基础教育课改和地理教材的时候，我读了国外一些中学地理课程，特别是日本的经济地理学课程，我是认真读了一下它的教本。经济地理学，大家知道从类型来说是非常多的。日本经济地理学教育并没有把所有的经济地理内容教给学生，它是强调把握经济地理的基本规律，培养地理的能力，最后能学会科学认识世界的能力。他们采用的是什么办法？日本整个经济地理就讲工业地理，工业地理只讲了一个钢铁工业地理。讲钢铁工业本身的区位因素，然后把区位论引用进来，谈这个区位变动和它的作用机制。例如，燃料、

樊杰，男，1961 年出生。研究员，博士生导师，中国科学院可持续发展研究中心主任，中国科学院地理科学与资源研究所人文地理与区域发展研究部主任，中国地理学会区域规划研究分会主任。长期从事产业布局、空间规划领域的研究和战略咨询工作。fanj@igsnrr.ac.cn。

能源、各种辅料的各种配比变化，导致一个区位合理选择的变动所产生的基本机制，进而揭示理解世界的钢铁工业分布的格局。提出未来的不同区位因素的变化，即工业布局将会引起什么样的一个空间结构变化？以及日本如果继续强化钢铁工业在日本工业体系中的地位，稳定这样一个地位的话，应该采取什么途径？所以，日本的基本途径是一个应用基础的教育，也就是说区位和区位位置变化的作用，实际上是应用基础的领域。日本一直在中学教材里讲工业布局调整的重要政策和思路探究。从应用基础到应用贯穿的整个过程，从微观到宏观、从微观的机制到最后宏观的一个基本把握，他们学习了地理学一个基本的规律；从区域到空间结构，培养了地理能力。那么这样的学生最终在理解这个世界的时候，掌握这样的方法，可以理解建筑材料工业、纺织工业以及一些不同的工业部门，进而扩大到对整个经济地理事项的整体理解。

我的导师李文彦先生，对他的研究特色我做了一个总结。我说他的研究特色是部门加因素加类型，最后达到综合的这样一个模式。接下来我把他的研究阶段做一个基本梳理。李先生最早是研究工业地理，而且只是选择了煤炭工业、机械制造工业和钢铁工业，阐述每一个工业企业自身区位选择的自然因素和技术经济因素，谈这些因素对这些部门的基本作用机理。而后，进一步拓展到对各个工业布局空间在中国空间格局中形成的一些基本因素和基本格局的阐释，进而升华对工业体系和综合经济区划的一个综合经济地理问题的阐述。这是他从部门角度选择了若干个具体工业部门，从企业的区位因素入手，阐述它内在的一些作用机制，进而到布局以及地域类型，最终达到了一个区域经济地理的综合。

再看看魏心镇先生的工业地理教科书，这本书具有值得继承的价值。魏先生的工业地理教科书的一大部分内容是谈什么呢？是分部门去谈。每一个部门，比如说煤炭工业，这个工业的生产工艺过程是什么，然后实现这样的生产工艺过程，它的实践条件是什么？在这个生产工艺过程中它的投入产出是什么？通过这样的实践条件和投入产出状况，然后再去理解一个企业布局下去对资源环境有些什么样的利用、有些什么样的扰动，以及基础设施和公共服务设施所需要配套条件，生产要素和它在产业链中所处的功能、企业组织方式等；这种企业未来可能更趋向于集中化、协作化、联合化、集团化，或是趋于一个别的什么样的组织方式等；进而谈这类部门企业的区位特点。对工业部门地理所产生的作用，上升到理解不同工业部门地理的一个分布格局，以及形成这种格局的基本过程。

所以我觉得李文彦先生的研究特色和魏心镇的教科书，依然值得借鉴，依然存在有价值的内容。

基础地理学、提升把握经济地理学的基本规律和提升地理学思维能力，这三个方面是我自己对经济地理学的机理研究的理解。特别是从方法论的角度可能要经历这么一个过程，就是从区位到区划到空间结构这样一个过程。区位，实际是谈到经济地理事项的一个基本单元,对区域依赖性的一个微观机理反应。所谓区划,强调的是区域以功能突出特色的一个地域的分异过程。空间结构是经济地理事项的相互关联。刚才陆先生谈到了英国对地理学的一个基本定义,是区域的差异性以及区域之间的相互作用关系。我自己理解如果是从经济地理学方法论的这样一个基本的三个模块架构来看,可能恰巧是微观机理的区域依赖,区域功能所表达的这种空间差异,及其地理事项或者是地理事项集成之后所构成的区域之间相互作用的关联。那么这三个基本模块所要研究的基本对象就是企业的区位因素及其作用机制。因为这个事项,微观钻研的一些功能的形成,就是一个区域的综合功能往往是由综合集成微观单元的一个重要功能的组成部分,还有企业外部形成的汇总所构成的经济地理事项的相互关联的一个重要方面。

那么经济地理学方法论的一个基本特点,作为学术沙龙的探讨,我觉得是受它的知识结构基本特征所制约的。从知识结构上来说,我没有做更多的工作,只是从自己中小学过来的见识进行梳理。我觉得可能有两个大的知识结构:一个是带有层级结构的;一个是网络结构的。那么我们经济地理是属于网络结构的知识结构,像数理化更多是侧重于层级结构的。

数理化层级结构的突出表现是什么呢?就是它的知识点。如果用一条线来代表知识点和知识难度,它是从最基层到最高级;其知识点的难度是递进的一个过程,只有学会一加一等于二,你最后才能学微积分,反过来是不成立的。所以它这个知识结构本身需要递进的一个过程,它是层级递进的结构。它的内在的机理呢,却不是说一加一等于二的机理可以解释微积分的内在机理。学了力学的机理去解释什么量子学、分子学的机理,不是这样的。所以,在不同层级的知识点位上有阐释它机理的特殊方法及其特殊范畴,知识结构的难点是逐渐上升的。但是,知识这样解释它机理的只是平行的、并列的,可能是并行跟并列,并联跟串联所共生的一个结构。所以它形成一个什么样的结构,对外界什么反应?当你没有基本的知识说明,你无法对高层的这个知识有发言权。我们不懂基本物理的时候,就没办法去接受相对论是怎么回事。我们没有基础的小学数学教育,谈不上对高等数学有任何发言权。所以,这就使得你必须有循序渐进的知识积累和学习过程,最后才能达到一个高级的阶段。

那么,经济地理学的知识结构是不是这样的?经济地理学的知识结构是个网络结构。网络结构的基本特点是说我从任何一个点位切入进去,无论这个点位是一个企业的布局的问题、中国经济的格局问题,还是世界经济全球化的问题,这些知识的点位之间的联系都是网络状的联系,从任何一个点位入手都可以把其他的知识点位拎起来。我可以从一个具体的新农村建设,去牵扯到知识网络,又牵扯到它和城乡的关系,也可以把经济地理学所有的内容网罗起来。我们也可以从一个外国企业的布局,开始谈到它的原料的一些配比关系,谈到它的基础网络和社会的软环境系统,然后谈到它的城乡关系,谈到它的一系列问题。任何一个点位我都可以把它整体地拎起来。这个结构过程中,包括高层的一些知识,比如全球化或者全国整体格局问题，以及基础的一些问题，包括企业的区位、城市的区位、农业地域类型功能的分异等。它的难点是什么？难度从知识的难度来说，每一个都有一个它的浅层知识层面，也有它的内在深层知识层面。并不是因为它的知识深度的提高，而要求对这个理解，它的深度在同样提高。也就是说理解全球化也有它浅层的内容，深层次研究全球化也有深层次问题。区位论也一样，对一个小孩去讲小学为什么布局在这里，也可以讲清楚小学选址的区位的一个基本的概念，距离的问题，距离最短的问题。

但是，你要了解区域的深层次，就有它深层次的问题。所以在这样的知识框架下，从内容难度来说，经济地理是从外层向内纵深的一个过程。所以也导致了实际的表象是什么，任何一个人可以不需要所谓的基础的知识，都可以对经济地理的任何一个事项发表他的意见。任何一个人都可以谈中国的经济格局如何变动，任何人都可以谈西部开发战略他的意见是什么，因为在任何一个命题上都有表层知识范围的东西。但是经济地理学本身的内在机理的探究，就像刚才陆先生所说的，参数和内在结构研究的把握，它的这个过程却是一个纵深的过程。只有对一些微观机理有准确把握，才能深入准确地去理解宏观的一些结构问题。所以，我理解在经济地理的方法论从基础、微观机理到宏观规律的阐释，它不是一个简单的方法论问题，而是支撑未来经济地理学究竟能不能构建出它自己的学科理论架构和学科理论体系，以及经济地理整体的规律把握之后，实现陆先生刚才提出的，未来真正能够达到成为一个预测性的学科。所以，方法论问题已经上升到了支撑理论和未来实现学科真正转型的根本性问题。

基于这样一个思维，我自身虽然大量的工作是在做着一些空间规划、区域规划，但是在基金委我始终把重点放在企业上，核心是放在中小企业上。第一个资金申请的是农村工业企业的问题，2001～2002 年我选了 6 个省的 7 个镇，每个镇选 8 到 16 个企业作为我的案例点，对这些企业进行了两个月的调研。看每个企业内在的从职工构成、收入构成、地方经济贡献构成、原材料构成、产品构成。然后，去分析阐释中国在这 10 年中农村工业可持续发展能力的体现、表现，及最终中国的农业工业未来将会发生什么样的格局，把它作为一个重要的切入点。

中小企业技术创新存在区域依赖性问题。中小企业最大的特点是，企业规模比较小，资金投入少但对资金需求非常大。从技术创新来说，能够延长中小企业生命周期的核心动力是技术创新能力。但是恰巧中小企业自身对这个技术创新的投入及其关注是没有达到要求的。那怎么办？中小企业在技术创新这个层面上以及资金融资技术培训等方面，对区域的依赖性尤其显得比大型企业更大。所以基于这样的切入点来看中小企业，企业的特征不同、企业部门的结构不同、企业发展阶段不同，对区域依赖性在强度上在运用方向上有什么不同？反过来掌握这样的基本依赖性、主要结构特征和它的需求之后，反过来，我对政策上提出了什么建议？就是政府应该把面向中小企业读物放在一个重要地位，这点恰恰是中国在工业布局中被区域领域方面所忽略的。政府要进行宏观调控和企业布局的时候，忽略了中小企业服务体系的建设。国家发改委设立的中国编制第一部中小企业领域的五年规划，即中小企业政府服务体系建设是由我来主持的。基于基金委这样的一个对机理研究基础上，反馈到政策层面上所提出来的，中小企业具体在哪几个方面有依赖，在不同类型、不同区域、不同发展程度上有什么样的差异性。

微观地理学一般规律的研究有几个难点。一个就是微观的这种研究案例结论的转换，也就是刚才我理解的蔡教授所说的实证主义问题所带来的，你不能说一个结论能代表这个事情的全部。你要把所有的点位都要能够点到，这确实是困难的。通过这种对企业单元的调查，这是一个在方法论上需要解决的问题。另外，空间尺度转换产生的一些变化也是一个难点。由于宏观问题和微观问题在有些问题上是一脉相承的，但是在许多问题上又不是一脉相承的。那么，如何把握它转换之后的结论可能发生的一些新的变异，而不是简单地把它过渡过去？通常我们教学的时候说，产业结构不能随便归纳为产业结构的一、二、三产业；产业结构的转型不能随便在地区层面上用、在县一级层面上用，这是不合适的。这是一个道理。还有，时空分异的问题也是一个难点。所有的这些过程往往带有统计性和对过去的理解，那么未来在不同时间发展阶段及其不同空间由于因素和机制的变化，只能带来一些新的现象。新的机制给从微观机理上的研究转换成时间整体规律的研究，带来一定的难度。

最后，衷心地感谢！

刘卫东：非常感谢樊杰教授。他从经济地理学的角度讲到思维特点和研究特点。我想我们一般提到研究方法，可能包括三个层面的事情，一个是我们这个学科它本身的一个思维特点，或者哲学层面、哲学思维上的一个特点。像刚才陆先生讲到到底是因果论还是相互作用论等，都是哲学思维层面的事情。再下一层，就是关于方法论的层面。所谓方法论层，就是我们到底认为做哪些步骤算是学术研究，或者我们怎么样证明我们说的话是正确的方法。再到下边是我们具体的一些方法，或者是研究工具。我记得 Ron Johnston 在他的《哲学和人文地理学》里面讲到，学科之间的区分不在于方法论的区分，而在于我们的研究对象或者说思维层面的区分。所以，刚才樊杰教授讲到了，我们经济地理学是怎么观察世界的，怎么来研究这个世界的。至于说下面方法论的事情，到底是接受实证主义，还是接受人文主义，还是接受结构主义等，我们可以慢慢讨论。下面我们有请另外一位发言人，我们非常熟悉的宋主任。他也不是我们人文地理学领域的，但是他对人文地理学有很精彩的评价。

地球系统中的人文因素

——地球科学中的人文地理学

宋 长 青

（国家自然科学基金委员会地球科学部）

刚才是一个很好的学习机会。要写心得的话，我会写得比现在我要讲得好。但总要完成这个任务，既然我们一开始开创了人文地理沙龙，每次大家都盛情邀请我们，所以不得不讲一下。所以，把一些不成熟的想法讲一下，尽量避开咱不懂的，免得出丑。

刚才陆先生讲完了以后我深有感触，所以我就写了这么几句话：学科有大小之分，但是没有贵贱之差；人文地理虽然小，但是不见得不值钱；岩石多钻石少，谁更值钱？科学家之间要沟通，谁先迈出第一步？所以，我首先想讲的问题，就是学科存在的意义是什么？按照一般我们的理解，存在总要有意义吧。你自己说我多重要，这不行。我理解学科存在有三个意义。第一个是创造知识，培养人，提高人文素质。比如古生物学，我经常举这个例子。人文地理不见得用得上这个学科的知识，但是它对认识世界有好处。第二个是直接为社会经济服务。这个大家都知道，也是人文地理通常最自豪的。你看我们这个报告总理批了，那个报告省长批了，很自豪。第三个我认为在当今科学中最重要，就是学科本身要创造相邻学科对你的依赖。相邻学科对你这门学问有需求，这在学科发展过程中显得更为重要。相邻学科对你提出要求了，能促使你这个学科快速发展。所以，我认为学科存在的这个意义很重要。第二，大家刚才讲了很多主义，我认为两个主义最主要。第一个是实证主义。我们讲科学发展观，现在全国上下学习科学发展观。但是，实际上自然科学的基本方法论就是实证主义方法，对吧？去假设去论证，这种方法很实用。第二个是人文主义。构建和谐社会，什么人都要考虑到。所以，我认为这两个主义是比较重要的。

我的报告之前没列题目，今天我想来想去自己拟了一个题目，要谈的是“地球系统中的人文因素”，副标题是“地球科学中的人文地理学”。内容讲三个，地球系统的推出，地球科学中的人文地理学，自然科学基金中的人文地理学，或者说我们应该怎么对待人文地理学。

宋长青，男，1961年出生。研究员，国家自然科学基金委员会地球科学部处长，中国地理学会副理事长。主要从事国家自然科学基金地理学项目管理工作及古生态学研究工作。songcq@nsfc.gov.cn。

首先是地球系统的提出。大家在认识世界的过程中，发现这个世界的问题用简单的办法解决不了的时候，认识到这个系统太复杂了。当对这个系统有了一些初步了解后，你就想去解决这个系统。所以，随着信息论、系统论述提出来之后，我们就开始去认识整个这个复杂系统了，要从系统的角度来解决问题。表现最明显的是大气科学。在20世纪20年代，大气科学建立了天气和气候系统模型，后来就逐渐地整合起来做一个模型，叫气候系统模型，把两个问题都解决掉了。最后又改叫地球环境模型，想不单单解决气候系统的问题，把地表许多快速变化的过程都要解决掉。这里边提出一个问题，即为什么模型做不好。气候模型强调两个作用，其中一个是海气相互作用。海洋的界面比较均值，容易处理，但陆地很难解决。所以，这时候显得陆地的研究很重要。当然，在这之前，地理学家提出了陆地表层系统。陆地表层系统很重要，黄秉维先生提出这个来认为这个很重要。但是提出多年来，讲来讲去还是进展不多，为什么？原因就是里边有人文因素，要面对一个人文系统和一个自然系统的相互作用。想来想去，地球系统问题解决不了的根源是人文因素。人文因素在里边起着关键作用：大千世界最值钱的是钻石。

经过这两年的思考，我认为人文作用和人文因素实际是两个不同的概念。第一个概念是人文作用。我们经常在讲人文作用，人类活动作用，实际上人类活动作用指的是人的物质行为作用在自然物质上所留下的痕迹，而这个痕迹对整个自然环境产生了影响。所以，我们在谈论人类活动的时候，我们要看作用的方式、强度和范围。问题是怎么去识别这三个东西，怎么测量这三个东西。这是摆人文地理学面前，也是摆在自然地理学面前的东西。谁来先做这一步，谁来沟通，大家要考虑这个问题。第二个概念是人文因素。人文因素是什么？是人类组成社会之后，所产生的各种社会关系，比如制度、文化，这些叫人文因素。这种东西不直接作用于自然表面，但是它影响人们的行为，间接地作用在地球表面。这也是对整个地表系统产生影响的重要因素。那怎么办？人文因素如何量化？它的空间表现形式什么样？谁来做这个工作，谁来走出第一步？都是问题啊。举一个简单的例子，这个不是我的。大家看人地关系，我刚才也讲到人地关系，处理好这个关系就好办了。在工业社会早期，帝国主义的经济扩张占主导，无限追求创造物质财富。这时候人们以经济为主导，但是创造财富需要消耗资源。第二个阶段以保护生态为主，大家不要谈开发了，生态最主要。要协调人类行为和自然系统之间的关系，就要有能量输入，有能量输出，这是一个基本理念。若鸡蛋壳代表自然，自然的承载力，那么里边是人类活动。人类活动压力和鸡蛋壳相互作用，当人类活动冲破鸡蛋壳的时候，就互相都毁灭了。当然你要没有利用这个好鸡蛋壳内部的空间，你自己的发展又受限制。所以，实际上人类社会在这个系统中是个主系统，在这个系统中起着重要的作用。

下面也是阐述人地关系方法的一个例子。我这里都是简单的介绍。大家可以看到，这个方法分为左、右两边。左半边讲的人类需求，把人类的需求结构性地分成这么多成分。一个地区也好，一个国家也好，我们可以把每一种需求换成一个生态量，这个叫生态足迹。右半边是自然本身所具有的量，即实际上的承载力。两个一比，就成为了一个参照系。本身具有这么些生态承载力，但它需要那么多，就出现生态赤字了。我不是想说这种方法有多么好，但这给了人文研究和自然研究一个方法上的接口。还有许多类似方法，但是我们要一点点去试用。第一个问题就讲完了，我主要讲的是人地系统，是人文系统在整个地球系统中的重要作用，以及人文地理学应该面对的几个问题。

其次是地球科学中的人文地理学。我先讲什么叫学科。大家在讲流派和学科，以及与自然地理的鸿沟。这两天，接到这个报告任务之后，我猛看这方面的书，以前也学过这方面的书。看完了之后，还是学不懂。自己觉得不懂，别人也说不懂。学科应该是科学的一种分类，是人类知识的一个最基本的单元。一般来讲，科学应该具备学科门类。我们讲科学如何，如科学水平高或科学水平低，是不分门别类的。但是，说到学科就要分了，不同的学科应该有不同的研究对象。自然科学的研究对象，一般是实体对象，看得见摸得着。而社会科学和人文科学，经常研究看不见摸不着的东西。所以，不同的学科门类有不同的研究方法论。称其为学科最起码要有一个固定的研究对象，其次有基本的理论和方法论体系，这才叫学科。学科后边一般叫什么学，如地理学、人文地理学、自然地理学等。一般学科的发展围绕两个东西。其一是以对象为基础的发展，比如说固体地球科学，如地质学，它就是以石头为研究对象的。在研究这个对象的时候，使用各种方法，而且强调用交叉的方法。当然，我估计可能用不上人本主义方法去研究石头了，只能用实证主义的方法。其二是学科以技术先导发展，如地球物理学、地球化学，是依靠技术性发展起来的。实际上，这些学科的任务就是不断发展和完善这门技术。这是它的核心问题。技术发展好了，对解疑其他学科的问题更容易一些。这是学科的一般演化特征。

而流派呢，我觉得不一样了。我们第二届人文地理沙龙讲的是学派，讲了好多学派。第三届人文地理沙龙讲的是流派。今天蔡运龙教授讲了许多学派，顾朝林教授的书里边叫流派。我总结了一下，大致有这么多主义：实证主义地理学、激进主义地理学、马克思主义地理学、结构主义地理学、行为主义地理学、人文主义地理学、后现代主义地理学、自由主义政治经济地理学。这是讲的流派，我看了这些书非常受启发。但是，我在这里提醒一下，学派和流派不能作为学科分支。顾教授，是不是这样？不是学科分支！大家千万要注意了，教学生的时候，千万不能把它当一个分支来看待。它是一个观察研究对象的视角和一种分析方法。所以，在座的老师和学生要这么去理解才对。按道理，应该叫实证主义地理学研究更合适一点。

另外我讲就是人文地理学学科与自然地理学的鸿沟是什么？刚才陆先生讲了，实际上现在我们大家都认识到，在我们地球表层研究，整个地层科学研究中，如果不结合人文因素和人类活动影响已经研究不下去了。前两天也是在地理资源所开会，让我总结一下整个地球科学，地球科学现在研究态势，因为我们基金委写过一个本子，把上个世纪地球科学取得的成就归结三类：第一个对大陆动力学，对板块学可以充分证实；第二个认识到人类活动是影响地球的主要引力；第三个建设完善的监测系统。实际上我这次总结，第一个就是说整个地球科学研究的命题越来越接近国家需求了，这是一个。第二个我给他写了整个地球科学的研究，非常注重生命系统的演化，实际注重生物过程和自然地理的现在越来越清晰，我不想建立系统，其中有一条地球科学已经把人类活动影响和人文因素纳入这个学科整体的研究范围之内，这是其中一个。所以说虽然纳进来大家都知道重要，现在没有解决的办法。自然地理学家也在力求干这个事，人文地理学家在空间化和指标化问题上存在这么一个鸿沟。还有一条，谁去寻求这个办法？这是我讲的一个地球系统和人文地理学。所以人文地理学可能要分两块，一块是走我们传统的、经典的、人文地理学道路，经济地理，文化地理这个路径。另外一块是配合整个陆表系统和地层系统的相互作用的研究。陆老师讲的，第一个因果论，各学科去做好，第二个相互作用论要看相邻学科的需求和进展。

第三，我讲一下自然科学基金中的人文地理学。一看这个题目，大家可能心里就不满意了。这跟我们的定位有关系。我们工作的单位叫国家自然科学基金委员会。这个自然科学很重要，大家要有自然科学的研究方法论和特点。自然科学基金委员会有它的资助范围和职责，但是不应该用这个框框来套住人文地理百花争放的好局面。但基金支持总有它自己的范围吧？过了这条线就是超范围了。所以，我们一般理解有两种人文地理学。第一个是具有部分的自然科学属性的。这是讲方法论层面，比如实证主义也好、结构主义也好。但是，讲文化地理你不能只谈文化，不谈地理。这是地理学一个特征，应该具备的自然科学特征。是具备部分，我不是说全部。要是全部，肯定是错了，那就是纯自然科学了。第二个是具备部分地理学特征的。地理学特征是什么？最大特征就是空间差异。你不要跟我说，什么事情没有空间差异，既然什么事情都有空间差异，那么什么事情都是人文地理学的研究内容了。这是不对的。我认为一般有两个前提条件，第一个是受自然环境约束比较强烈的人文因素，另外一个是空间流动成本高、流动速度慢的人文因素。具体就不多讲了。如果这两个特征不具备的话，很难被自然科学基金资助。当然，这不妨碍人文地理学家进一步拓宽自己的视野，去探讨更深入的社会因素。但是，作为自然科学基金来讲，我们的态度不得不有本位。这些年来，大家也看到了，我们也支持了一些地理学新视角，也支持了一些管制研究。

谢谢各位！

刘卫东：非常感谢宋主任！他从地球科学的角度，从自然科学基金委员会的角度，谈到对人文地理学的一些看法。我觉得对我们是非常有意义的！其实不在乎我们的学科在做什么样的具体工作。可能像实证主义那样要寻求真理、寻求规律，对我们学科来讲可能有难度，但是我们至少要创造知识吧。那什么才能算是知识呢？你要证实它是一个知识，就涉及很多方法论的问题。我想大家后面的讨论，可以结合宋主任刚才谈的，再去进一步联想和发挥。我们下面有请顾朝林教授发言，他也是第一届沙龙的组织者，是这个行当里长期做思考的一个学者。

关于人文地理学研究方法的思考

顾朝林

（清华大学建筑学院）

各位同事，非常高兴有机会跟大家在这里谈谈人文地理学的研究方法，这也是刘卫东研究员让我做发言的题目。这个发言实际是在前不久郑州开会的延续。在郑州，陆大道院士做了很精彩的报告，上一次我没做任何准备做了一个响应。这次陆先生的发言更是做了非常认真的准备，我实际上也花了两三天时间做这个思考。尽管如此，我想不一定能讲好，因为是沙龙就请大家包涵了。

我今天想从四个方面去谈。第一什么是地理学？这个问题也正好回应刚才宋长青主任的问题，他刚才定义了国家自然科学基金的地理学概念。地理学究竟是什么？没有人文地理学，存在不存在地理学？我要讨论这样一个问题。第二人文地理学是什么？人文地理学包含什么内容？第三是人文地理学研究方法的内涵，结合我们的沙龙主题来探讨这样一个问题。第四是我们如何来研究人文地理学方法。最后是几点结论。

首先，什么是地理学？我们要回答这个问题，需要看地理学的起源和发展。在中国，地理学最早见于《易经》坤卦第二。就世界范围地理学而言，中国地理学发展最早。历史传说就有伏羲画八卦、周文王作周易、孔子修《易》等。那么，这个时间是什么时候呢？肯定在中国的西周时期就开始了。

《易经》坤卦第二，实际讲的就是地理学，以自然地理学为主题。这里边写了："坤，元亨。"是什么意思呢？就是地球一切万物来自大地之母。接着讲地势坤"厚德载物"；讲自然的水，"初六：履霜，坚冰至。"再讲"六二：直、方、大；不习，无不利。"说的是地大物博。再下面讲人文因素，"六三：含章，可贞。或从王事，无成有终。"就是你为什么要研究这个"地"呢？在当时主要是为王者了解自然条件建立王国服务的。

那么，中国地理学真正的发端是以什么为标志呢？也就是说"地理"两个字最早的文献

顾朝林，男，1958年出生。清华大学建筑学院城市规划系教授，博士生导师，中国地理学会副理事长，中国城市规划学会常务理事，住房和城乡建设部城乡规划专家委员会委员，中国城市科学研究会理事，教育部地理学教学指导委员会副主任，住房和城乡建设部城市规划专业教学指导委员会副主任，住房和城乡建设部城市规划专业评估委员会委员。主要从事城市与区域规划理论、城市地理学、区域经济学等方面的科研和教学工作。gucl@tsinghua.edu.cn。

是什么？从现有的资料看，出现在《尚书·禹贡》和《山海经》里。中国古代地理学对世界地理学最大贡献有两个部分，一个是地图编制，第二个就是地方志。地方志是以人文因素为主体的，当然里边有自然要素。

在西方，地理学（Geography）是希腊语中关于地球和书写两个词的复合词，主要研究人类生活空间的地球表面。那时将人看成自然的一部分，地理学则对所发现的生物和非生物进行描述记载。古希腊的这个时间我查了一下相当于我们的东周时期。这也就是说，西方的地理学发端晚了我们一个朝代的时间。

现在再来谈谈现代地理学发展。实际上应该说是从德国开始的，到了 20 世纪初才在英、美国家出现。泰勒的研究表明：19 世纪 70 年代德语国家开始出现零星的地理系，英、美等国直到 20 世纪地理学教学才得以普及。

即使假定西方的现代地理学孕育于洪堡时期，才多少年？不到 200 年。那古代地理学（中国的西周、古希腊）有多少年了？应该是 3 000 多年。我们不可能把前面 3 000 多年的东西全部抛弃来承认现在的 200 年。古代地理学应该可以说是人类的共同文化遗产，中国的地方志就是如此。

我们再从现代地理学的定义看看地理学的内涵。麦金德早在 1887 年就曾将地理学定义为"描述社会中人与环境相互作用的科学"。美国地理学家理查德·哈特向在《地理学的性质》一书中指出："地理学是对地球表面变化的特性进行正确、有序、合理的描述和解释。"这种地球表面特性的变化发生在不同尺度的区域：全球、大陆、区域和地方等，而"地球表面"则是人类赖以生存的空间环境。1968 年雅特斯将地理学定义为"是一种有关解释和预测地球表面各种特征的空间分布和区位的合理发展和实验的科学"。1981 年丹福德认为："地理学是研究历史上由生产方式所确定产生的空间形式和结构的科学。"1990 年在英国和美国地理学家学会研究组的中期报告中系统地描述了现代地理学的内涵，"地理学通过研究地方、空间以及环境来探索地球与人类的关系。地方的研究主要在于地球上人类特征与自然环境之间的区位关系的研究。空间的研究在于探索地方与人类利用其所居住和工作的地方的自然秩序和活动类型之间的关系。环境的研究包括了自然和人类两个方面。它强调自然资源，尤其是稀缺资源研究，以及人类活动对这些资源的影响。"

再回到科学的意义上的地理学。上面我的概括并没有前面宋主任概括得好。但不管怎么说，将地理学发展的脉络理一理应该是有好处的。我们不难发现，地理学是"地球科学"的重要组成部分。地理学研究什么？研究百年、十年以来自然环境变化，人地相互作用的过程，这里边包括自然和社会共同作用的过程。从这样的历史视角来看，离开了人文地理学的地理学并不存在，也就是说从来就不存在一个纯自然科学的地理学。

第二，人文地理学是什么？我们首先要看人文地理学的萌芽。大学地理学的发展一开始就受到自然科学和人文社会科学两大类学科分化的影响，研究自然环境的地理学称为“自然地理学”，研究人工环境的称“人文地理学”。甚至在一些斯堪的纳维亚大学和所有荷兰大学内，还出现了分别设立自然地理学系和人文地理学系的现象。这种地理学的“生不逢时”，严重地抹杀了地理学固有的既不是纯粹的自然科学，也不是纯粹的社会科学的学科属性。但从总体上讲，人文地理学始终扎根于自然地理学的基础之上，因此并未进入人文社会科学阵营，相反逐渐走上远离人文社会科学主流思想的道路。也就是说，你要做人文地理学研究，你必须有自然地理学的基础。你如果没有自然地理学的基础，你就不是人文地理学专家。比如说，你研究人文，有人文科学；研究历史，有历史学；你没有好的自然地理基础，你就不可能研究好人文地理学，我是这样理解的。再就是我上次讲了，我们知道爱因斯坦是20世纪最伟大的科学家。他在大学的时候，首先学地理学，他认为地理学太难了，后来改学物理学。这不是笑话，不相信你可以去查爱因斯坦通信录。早期德国的地理学应该是很难学的，他改了物理学以后，提出了相对论，成为最伟大的科学家。我们今天地理学别看是描述，实际上里边关系很复杂。在20世纪海量数据难以取得，相互作用的关系搞得不是非常清楚，所以爱因斯坦认为地理学非常难。

再看看人文地理学的发展历程，最早也是德国发展快。到了20世纪60～70年代的地理学计量革命，引进数学模型是美国的华盛顿大学地理系。地理学的数学模型应用是从人文地理学开始做起来，不是从自然地理学。把德国克里斯塔勒的六边形模型翻译成英文也是人文地理学家，从而开启地理学中的“类型”、“模式”的归纳和研究，也是华盛顿大学的计量地理学派。后来是区位分析、区域科学的发展。学科发展为什么是这样的进程，因为是社会的客观需求。区域规划那时候发展很快，所以导致了人文地理学向区位分析和区域科学方向走。在走的过程中，加了定量的方法，加了模式这样的归纳手段。我们知道今年克鲁格曼得了诺贝尔经济学奖，你说他是地理学家还是经济学家？在经济学领域，空间经济学一定是自然科学，经济学一直视区域经济是经济学的边缘，不是主流，难登大雅之堂，跟我们人文地理学在自然科学里的地位是一样的。为什么今年他得了诺贝尔奖呢？就是全球化，是吧？空间这个变量在经济中变得太重要了。他在两个领域里，一个是在地理经济学，另一个是在城市化过程两个方面做出重大的学术贡献。

“二战”以后，自然地理学和人文地理学走了两个完全不同的方向：一个是走实验科学；一个是走概括分析。尤其20世纪70～80年代，人文地理学出现了内部的专门化和哲学上的多元化，说明这个学科进一步趋于成熟。当然成熟需要一个过程，就是你专门化了，你有哲学基础了，你哲学上面开始多元了，而不是过去的简单描述、概括和归纳，也不是你研究人文因素的地理学就是人文地理学，这时候没有人承认你的研究是人文地理学的研究了。正是人文地理学的内部专门化和哲学多元化，你搞产业的，你搞经济的，你搞城市的，你搞社会的，已经分门别类了，而且每个派别都有哲学的思想，分层次了。到 20 世纪 80 年代，人文地理学注重实证研究，方法论的研究和哲学层面都有突破。到 20 世纪 90 年代，人文地理学出现两大转向，一个是社会的转向，一个是文化的转向，这样的转向将人文地理学进一步拉进人文社会科学的轨道，成为影响西方人文社会科学领域重要学科。目前，在西方，你讲地理学，大家都会认为是讲人文地理学。而且地理学的地位相对高，比一般的历史学家、哲学家的位置要高。为什么？就是你融入到这个学科里边去了，你提出了相关的问题，你解决了这些问题。这就是西方为什么会出现人文地理学文化转向和社会转向的背景。

所以在这个时候，人文地理学作为一门学科和其他的学科一样都受到不断挑战，同时也存在价值观的争论。西方曾跟我国现在的情形一样。一方面，好多人文地理学家关注应用研究，比如说空间的分析、城市区域的规划、住房的政策、房地产的策划、旅游规划；另一方面，也有人在那里讲，你们这些人不专注科学研究，不关注学科的发展，而是把更多的时间投到应用研究上，提出了强力的批评。西方 20 世纪 90 年代也出现过这样的格局。怎么看这样的问题，值得我们思考。

我们从公元前五世纪以来看世界人文地理学发展，可以得出一个结论：什么时候经济发展了，人文地理学肯定发展快；如果经济在世界上没有什么地位，人文地理学地位根本不用谈。看我们中国，古代人文地理学出了多少优秀成果！但到了 1817 年，主要成果都是西方的了。到 1973 年，我们从农业地理开始有一些东西出来，慢慢开始繁荣起来。很明显，人文地理学的发展实际上跟一个国家的实力、一个国家的地位和经济社会发展的进程是密切关系的。也可以有信心地说，中国人文地理学正进入复兴时期，我们的人文地理学发展才刚刚开始。

再看看究竟什么是人文地理学？人文地理学是如何组成的？究竟怎么去划分？我认为还是应该回到地理学的二元论，即二分法。传统的地理学分为人文地理学和自然地理学。看看英国、美国这些国家，实际都是二分法。再看看法国、德国、比利时、荷兰这些非英语国家，实际上也是二分法。它的二分法不是叫人文地理学，而是叫社会经济地理。再看看俄罗斯、匈牙利这些东欧国家，他们也是二分法，但不叫人文地理学，而叫经济地理。但是我们呢？在中国地理学学科建设中，我们采取三分法，自然地理学、人文地理学、地图与地理信息系统。在我们的课程建设中，也贯穿了地理学三分法的痕迹。在实际教学过程中，人文地理学又通过经济地理学、城市地理学、文化地理学三门课程来体现，比如我们今天沙龙的分组，也体现了这样的痕迹。我对这样的划分有不同的看法，最大的缺陷是肢解和淡化了人文地理学作为地理学二元论的核心内容和学科地位，模糊了人文地理学的研究领域。以经济地理学、城市地理学为骨干课程来开设人文地理学课，是由于教材编写短缺的问题，而并不是人文地理学就是经济地理学和城市地理学的总和。假如你有这样的思想，政治地理学根本永远不可能发展起来，文化地理学也永远不可能发展起来，社会地理学也不可能发展起来，还有其他的人文地理学分支学科也不可能得到发展。

我们需要重新思考这样的问题。弗里曼曾提出地理学的四分法，即自然地理学、历史地理学、区域地理学和人文地理学。他将区域地理学和人文地理学集合在一起，进行土地利用调查和居住类型，特别是聚落地理的研究。聚落地理学再分出城市地理学。我做城市地理学研究为什么强调这个分类，因为他在归纳人文地理学的过程中，比较准确地确定了城市地理学的位置。我们不能片面地强调某几个发展快的人文地理学分支或再下一层次的学科，而耽误我国人文地理学的发展。因为我国是一个世界地理学大国，我们的人文地理学正处在发展的新时期。

说到这儿，我认为可以给出人文地理学的定义了。这个定义是什么？我想说：人文地理学，一言以蔽之，是一门探讨各种人文现象的地理分布、扩散和变化，以及人类社会活动的地域结构的形成和发展规律的学科。人文地理学是地理学中关于人类活动的空间差异和组织以及人类利用自然环境的学科，其中的“人文”二字泛指各种社会、政治、经济和文化现象。

我主张地理学应该是二分法，人文地理学应该回归。最近我们有一本高等教育出版社的教材，写的是《人文地理学导论》，围绕“空间”和“地方”这两个地理学的核心论题，介绍人文地理学的基本理论和近年来的最新研究进展，包括空间、全球化、城市化、人口、迁移、文化、景观、发展和地缘政治等内容。全书以四条线索为主线编写：①社会经济发展的全球化特征与地区差异之间的关系；②人类与其周围生活环境之间的相互关系；③不同空间尺度，包括世界、国家、地区和城市的政治、经济演化特征与趋势；④与民族、种族、性别、年龄、阶级等因素相关联的社会文化特征及其对空间发展的影响。我希望把这个观点介绍出来，对健康发展我国的人文地理学有所帮助。

第三是关于人文地理学研究方法的内涵。这是本次沙龙的正题，也是卫东给我出的题目。首先，我们需要回答探索研究方法的目的是什么？探索研究方法无非就这么三个目的：①更加准确地解释现象和行为；②解释过程中怎样区别是科学的解释还是非科学的解释？我这里讲的是非科学解释，而不是讲伪科学解释；③科学和非科学的解释区别在于什么？你解释的质量，你获得解释的途径，你的解释能不能重复？就一般性而言，历史学、哲学不会去使用科学方法进行解释，而物理学、社会学必须使用科学方法进行分析。假如说社会学研究不用科学方法那就不是社会学，因为社会学是建立在物理学基础上的人文社会科学，一开始就是用物理学的研究方法。我举一个例子，最近美国次贷危机导致世界金融风暴，这是一个全球经济波动的规律性问题，这个规律怎么用模型模拟？怎么用科学方法预测？我最近翻译一本书，科学出版社快要出版了，书名叫《城市化》，原版是2006年出版的，其中就预测到2010年代全球经济危机或萧条。这是经济学家预测出来的。那为什么今年出现经济危机

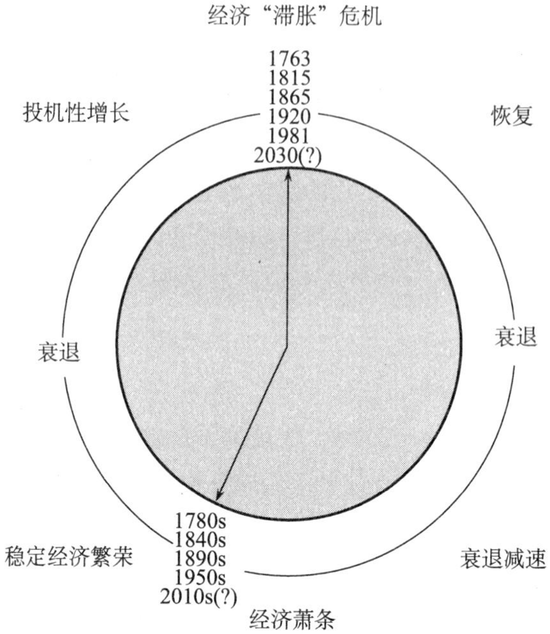

了？因为次贷风暴把危机的时间提前了。你用怎样的方法解释这种现象？解释不了，因为次贷风暴的导火索是无法预测的，但你不能否认全球经济大趋势的预测有意义。这是人文社会科学和自然科学研究精细度的差别造成的。

再谈谈什么是科学解释(Scientific Explanation)。科学解释是实证的、理性的、可检测的、简略的、概括的、暂时性的和经过严格评估的。既然是暂时性的，也就不是永久的真理，这才是科学解释。例如爱因斯坦的相对论，在科学的今天也需要重新讨论了。

除了科学解释，还有其他的解释，例如常识解释(Commonsense Explanation)。从日常生活经验发展出的解释，较为分散，倾向于接受表面价值。你说常识不是科学吗？这个肯定是武断的。另外还有以信念为基础的解释(Belief-based Explanation)。以某种信念为准则进行的解释。这种信念可能来自于“可信”、可能来自于“过去现象的概括”。证据是不必要的。如果证据与解释不一致，抛弃此证据，寻找与解释一致的证据。这也应该是科学的。比如讲流派，用马克思主义的观点解释这个问题，和用韦伯的观点解释其结果是相对立的，你说哪个是对？哪个是错？这是信念为基础。

有些东西科学是没办法解释的，需要用对立的解释(Alternative Explanation)，用假设的解释(Pseudo-explanation)。比如人类的灵魂存在不存在？你用科学的方法说肯定不存在，但是有人说它存在。另外一个例子就是野人存在不存在？你怎么解释这种现象，你当然不能武断地说这个东西不存在。你说它不存在，就是不科学。只是现在科学无法解释这种现象，你不能说它不存在。

另外，再说说调查研究方法，应该有权威的方法（Method of Authority）、理性的方法（Rationalism）、科学的方法（Scientific Method）。理性方法运用纯理性来获得关于宇宙的有效结论，建有假设—推论—结论的分析框架；科学方法则有观察—“解释”或陈述—再观察或实验—改进或再检测“解释”的分析框架。因此，不难看出科学方法是一种态度：获取知识、思考、检验、答案的全过程；科学方法不是唯一研究方法。

据此，我认为：理想的人文地理学的研究方法，应该包含五个层面。第一是多样性；第二是包容性，你应该把所有的东西海纳进来，这就是博大精深，你要学会包容；第三要有系统；第四有层次，一般认为研究方法包括哲学（思维）、方法论和具体方法（工具）三个层次；第五有概括。最近我有两本书，一个是《人文地理学流派》，还翻译了一本《人文地理学研究方法》。我估计在座有的人看过了，相应的这些内容值得借鉴，这里就不再详细说了。

第四是如何研究“人文地理学研究方法”。首先是怎样看待“充分的世界化”和“全盘西化”？为什么讲这个问题？因为上一次我在郑州听了大家的想法，讲出来的都是看西方的东西，翻译西方的著作。我们都知道胡适，在中国文化的态度上跟鲁迅是针锋相对的。蒋介石邀请胡适做台湾的科学院院长，他刚从美国回来做一个院长主题演讲。蒋介石先开场说科学研究必须为台湾经济服务、为反攻大陆服务，胡适辩解科学研究的独立精神。蒋介石听了不对路马上就要走。据说从此以后蒋介石再也没进过科学院。从他们之间的关系你可以看出来，实际上科学的应用性很重要。你光是追求全盘西化的理论方法没有价值，应该考虑中国的实际应用问题。

第二说说中国式的傲慢。这发表在最近的《环球时报》上面。所谓“中国式傲慢”，就是“中国学者的‘自说自话’”，对国外的新概念、新观点一味排斥。说白了，就是我根本不听你的，你们想做什么就是什么，我就是这样，这个事情就是这样了。乾隆58年曾经说过：“天朝无所不有，从不贵奇巧”；戊戌变法也不过“中学为体，西学为用”，后来导致中国被西方列强的蹂躏和积贫积弱。

第三种就是走“中国式的道路”。就是所谓新“左”派意识形态。最近香港大学有两个教授很出名。一个是经济学家张五常，提出“两个凡是”：改革开放30年，凡是中国自己制定的政策实践证明都是对的；凡是掺了“洋”水的都害人无数。另一个是哲学家甘阳，提出第二次思想大解放。不能再学西方，要摆脱西方（美国、欧洲）模式，走中国道路。这是在认识西方、了解西方的基础上走中国的道路。

我们再看看潘光旦，清华大学教授，当过学校教务长。早年他在回复胡适的全盘西化时，提出“应该全面的现代化（Wholehearted Modernization），而不是一个全盘西化（Wholesale Westernization）”的想法。

最后给出我今天发言的四条结论。第一条，人文地理学是地理学的重要组成部分，缺了人文地理学，这个地理学就不复存在。第二条，中国人文地理学的发展，具有重要的地位和作用。一方面，经济社会政治制度环境的转变需要中国地理学的发展；另一方面，随着中国经济国际地位的增强，中国人文地理学也能够进入到世界地理学发展的主流里面去，为中国地理学的发展做出重要的贡献。过去不能说我们这些老师，或者我们前人没做工作，是因为你国力不强，你的经济社会发展水平不够高。现在你到了这个时候，你不去找他，他来找你，他要你发表文章，让你站在这个位置上讲你中国干什么。一切都开始变了。我预计未来10～20年里，中国地理学在世界地理学的地位会提升到一个重要的位置，人文地理学的国际化和研究成果认同可能会快于自然地理学，这个我们应该有信心。第三条，人文地理学具有自身的发展规律和研究方法，需要解放思想，注意在经济学的价值规律、社会科学的社会公平价值理念、自然科学的景观分析方法和历史学的历史分析方法以及数量分析等方面挖掘，这是一个多领域的拓展。最后一条，人文地理学研究方法，既要对已有成果的概括提升，也需要有一种深度挖掘和创新的过程。既要“洋为中用”，也要“不卑不亢”，更重要的就是要注重从中国的研究实践当中总结出具有中国特色的研究方法。你仅仅把西方的东西搬来，或者一种简单的概括，我认为没有达到我想的那个目标。尽管我不做这次的研究工作，但是我对我们这个团队是有这样一种期待。

最后，用吴传钧先生在《人文地理学流派》的“序言”结束我今天的发言：为什么人文地理学的发展会如此迅猛呢？这和我们所处的这个宏观世界的巨大变化是分不开的：工业化、城市化、信息化、生态化、全球化，林林总总，不一而足。当你已经进入了人文地理学的科学王国，或你正想加入人文地理学研究的行列，你还有什么理由不为它的进步而激动？不为它的发展而贡献你的青春和年华呢？

刘卫东：感谢顾朝林教授从非常广博的角度给我们讲述了人文地理学在地理学科的位置，以及关于如何进行研究的一些建议和看法。我想其实无论我们怎么探讨，我们做学术研究的唯一目的还是创造知识。但是，什么叫知识？我们怎么样才能保证我们创造出来的东西，我们讲给别人的东西是知识。这就需要我们从方法论的角度去认真地思考、权衡、选择。下面我们再请另外一位自然地理学家吴绍洪研究员讲一讲。绍洪虽然是自然地理学家，但是跟我们有长期的合作关系。从他的视角来看我们人文地理学可能还有另外一套的看法或者很有意思的看法。

取长补短　互相学习

——从成果表达看人文地理与自然地理方法差异

吴绍洪

（中国科学院地理科学与资源研究所）

谢谢刘卫东研究员给我这个机会。我想请大家放松心情，为什么呢？你们看我这个题目是很土的，因为我是外行，我不怕土。我们可以把前面那些报告看做是学院派的报告，我这个报告按现在流行的说法，叫山寨版的发言。刚才刘卫东研究员已经介绍过了，就是近10年来在陆先生的领导下，我跟陆先生的团队有一些合作，向他们学习了很多东西。但是现在还没学到家，精髓没学到家还得继续学习，所以我的题目叫“取长补短，互相学习”。

这个题目很土，表现出我这么一个外行。所以，刘卫东研究员用我的副标题放在日程上。我想从研究成果的表达来看看方法上的差异。我接到刘卫东研究员的邀请之后，根据我跟他们合作的体会，我随机翻了陆院士的一本书，随便找一章找一节目录出来。大家看看这个目录：“第一章 城镇化发展方针演变与城镇发展历程；第二节 我国城镇化进程等曲折性与波动性；一、城市工商业恢复建设与城镇化稳定发展时期（1949～1957年）；1.城镇化发展速度平稳 2.以工业类型的中小城市为主 3.城镇畸形集中布局中沿海的局面得到初步改善”。以上是这种语言，我们往下看还是这样的这种语言：“第二 违反客观规律的城镇化大起大落时期（1958～1978年）。”他把这个时期的特点说出来了，我不一一念了，大家可以看看，都是这样值得反思的主流观点等。这是代表的人文地理非常经典的著作目录。

再看自然地理的一种非常经典的总论，里面是这么写：“第四章 第二节，海岸和岛屿，中国海岸的基本格局，我国的港湾海岸，我国的平原海岸”等等这么说下去。不知大家有没有感觉到其中有什么不一样？下面我再总结这些著作。我再翻一篇吴传钧先生1961年的论文，看他的几点意见：一、把理论研究放在首要地位，逐步建立我国经济地理的理论体系；二、加强经济地理学各分支学科的研究，专门与综合并举，促进我国经济地理学更健全地成长；三、在经济地理工作者会机构之间进行一定的部门和地区专业分工，有利于业务水平的提

吴绍洪，男，1961年出生。中国科学院地理科学与资源研究所研究员，博士生导师，自然地理与全球变化研究部主任。研究方向为自然地理学综合研究，目前主要研究陆地表层综合地域系统、气候变化及其区域响应。wush@igsnrr.ac.cn。

高；……再往下看都是这样的语言风格。我们看看现在自然地理怎么写文章呢？这是我们再标准不过的格式了。上来不管题目叫什么，首先是“前言”，把学科里头相关的知识可能综述一下；然后第二部分是“数据方法”，什么文章都是数据方法；然后是这个方法做出来的“结果”；最后是“结论”。你可以看，所有的文章都是这么一个结构，超不过这个结构。所以，这里边有很大的差异。

下面我试图讲一下差异。首先一个是手法。人文地理像律师，它的特点是很鲜明地将观点摆出来，其后有一段文字阐述和支持这个观点。自然地理则不同，像是相声演员，前边讲很多铺垫，最后把包袱甩出来，大家最后才明白怎么回事。方法论上我个人理解，人文地理更多是一种演绎的方法。自然地理主要是归纳法为主，采很多样品，最后归纳出规律。结果呢，请大家原谅我这个外行，我认为人文地理定性的偏多一点，可重复的地方不太多。自然地理的研究结果，定量的成分多一点，而且有可能重复。就像土壤样品，你可以重新采样去做。这个下面再说。另外，在我印象里，人文地理主观性强一点，强调主观就是这样，看法就是这样，自然地理的客观性又多一点。那优点分别在哪呢？人文地理旗帜鲜明，这件事就说出去了，非常容易接受。特别是各级的决策者，他看这个题目早就知道你底下说什么。自然地理就不一样，得看进去，看进去会相信确实你说得对。但是，自然地理写作方法也有缺点，就是人家可能不看，不看这个东西。像刚才提到的中国海岸那种写法，你说决策者有多少时间会看那些分析过程，等到最后才看到结论。人文地理也有一些缺点。首先，可能里边的东西不看了；第二，有个主观性的问题，所以别人很容易反驳你。

我记得在冒进城镇化问题上，陆先生跟其他人有不同观点。如果是按照自然地理的争论方式，比如说我们应不应该把大于等于 10 度积温 8 000 度作为划分热带和亚热带的界限，8 000 度是不是标准？但是人文地理在讲城市扩张是快还是慢的时候，我感觉没有这么一个标准。到底每年扩张 1%算快还是 5%才算快？（陆大道：有啊）可能是有，但是我听你们在辩论的时候没有说到这个。这是我的一种感受。这样从这里我想谈一个数据和方法的问题。当然，人文地理解决了众多的社会经济问题，甚至很多东西进入国家决策里，所以它肯定有自己的理论和方法。这是不可怀疑的。

首先是数据来源。人文地理多数依靠统计和调查。现在很多统计数据都被打上问号。我理解我们自己是无法去直接统计的。比如说诸如 GDP 等社会经济总量，我们搞人文地理的这些人是没法去统计的，靠的是统计局。统计局那边是不是有一些经济上的需要，有一些政策上的需要，大家都在打问号。第二是调查问卷。问卷的一个问题是它的代表性如何，不容易重复。另外，被调查对象的心理素质和文化素质，被调查人当时的心情，都会影响调查结果。比如入户调查，调查你们家的财产情况，我不知道有多少人说实话。存款是 10 万元还是 50 万元，谁敢说实话？谁敢说我一个月工资多少，收入多少？入户调查心理上存在问题。虽然强调给予保密,但是所有买过车的人都知道,保险快到期的时候,会有上百人给你打电话,约你上车险。为什么？你的信息暴露出去了。

我说这个事的意思是,人文地理研究或多或少有点靠别人拿数据。靠统计局的人给你统计,他统计准确了你干的事就准确;他要跟被调查的人配合得好,他可能就得到准确数据,你的研究结果就好。当然,自然地理也有数据误差,但可能大家相信一点,比如这是温度计测出来的,不是我说的。另外,你不相信的话,我还可以再测一测。所以,虽然有系统误差,但是大家相信的程度可能会高一些。这种重复做法,在人文地理是非常困难的。你调查100个人,我也调查100个人,但是这些人不一样,回答的问题你可能没法比较和重复。所以,我理解的一个问题是,由于数据上的不确定性,可能导致方法被弱化。因为再好的方法,如果你的数据都不够那什么准确,就不会太注重你的方法到底对不对？这是我的理解,请大家原谅。就是说,首先数据你都靠了别人,你方法再准确也弥补不了数据上的缺陷。

最后有一点外行建议,我们取长补短,互相学习。我觉得自然地理也要学习人文地理很多的表达方法,使我们的成果能更被别人接受。等大家琢磨透以后,这个"相声"可能很好,但可能也就晚了。在数据获取上,数据不确定性是人文地理要想办法解决的一个问题。也要避免"貌似"定量方法的干扰。我讲一个例子。前几年热衷于做土地利用变化驱动力的研究,用的是什么？主要用多元回归,基本的软件是 SPSS 软件。做完以后,第一主成分 0.6,第二主成分 0.3,好像这个是定量,其实不然。为什么？它不是真正的定量,它只是在比高低。我也做过这个事。结果说人口增长是耕地减少的第一驱动力。因为人口增多了,需要住房等。但是,还是没有做出定量来,说不出每增加 100 人会减少多少亩地。如果能达到,每增加 100 人会减少多少耕地,我认为那样才是定量的研究。另外。我想可以借助一些技术的突破。在方法论上的创新,建立一些可重复的研究的方法,最后用一些更为逻辑的方法,让外行知道结果的来龙去脉是怎么回事。比如说我刚才举了城市扩张的例子,多快算快？用一批指标、一批公正的指标来计算出来,尽量避免主观成分。谢谢大家！请大家批评指正。

陆大道:绍洪经常跟我们合作。他讲的"取长补短"实际上讲的是人文地理学的缺陷,而没讲自然地理学有什么缺陷。绍洪讲的确实不错,但是这个问题应该如何看？首先,人文地理学的数字要求不要求精确到个位数？去年我们国家的 GDP 是 24.69 万亿元,它也能精确到个位数。但那个个位数对于研究全国的宏观情况不重要。其次,人文地理的数据是可重复的,来源是精确的。你要拿自然地理的数字来衡量那就不对。自然地理也有它的问题。自然地理学者研究河流的水流特征,在这里取个样,在那里又取个样来验证河道水文公式。河道的水流可以重复吗？但都被认为是科学的,肯定也都是科学的。另外,什么叫可重复？

自然地理学可以重复了？也不见得可以重复。黄秉维老先生讲，在中国科学院只有地理学和心理学是交叉科学。不是说人文地理学是交叉学科，自然地理就不是交叉学科了。

刘卫东：非常感谢绍洪直率地讲出他对人文地理的看法。他从一个自然地理学者的角度看到我们的问题，虽然可能不是我们所有人文地理学研究都会出现的问题，但是的确是我们容易犯的错误。这一点大家应该记住。我们的确有犯这种错误的可能性。我想他里边也讲到自然地理学家应该学习我们的地方。比如刚才讲到章节标题不一样，我们先亮观点，再去论述，他们是分类，然后再去阐述。实际上是有相互学习的地方。但是我也不认同他对数据的评论，后面我再发表我的看法。非常抱歉，我的主持水平不高，所以时间拖得很长。但是这个事情的确值得大家思考。下面我们请虞孝感老师做一个综合性的评述，也是大家下一步自由发言的一个开始。

特邀评论

虞孝感

（中国科学院南京地理与湖泊研究所）

各位同事，刚才在下面听了很多非常精彩的发言，确实学到了很多知识。因为每个报告刘卫东研究员都已经点评过了，我这里就谈谈体会吧。

刚才各位的发言，从宏观说到微观，从外围讲到核心，不论从学科的横向发展还是纵向历史，讲得都比较全面。如蔡运龙教授主要从地理学的概念、哲学思想、伦理、思维模式等分析了西方地理学的发展，从马克思主义地理学到后现代主义地理学，从实证主义到人文主义。他建议，可以尝试从客观到主观不同角度来研究地理学的问题，如耕地非农化问题。宋长青主任从地球系统科学的角度来看人文地理学在科学体系中的地位、作用，指出在地球系统科学中，越来越重视人类活动的影响，如何识别、量化人类对地球系统作用的范围、强度及其空间表现，这是国家自然科学基金会对人文地理学科研究的要求。吴绍洪研究员从兄弟学科、自然地理学的角度，指出人文地理研究中的科学性和数据来源问题，对人文地理研究提了一些看法。当然，他的看法我们还是可以商榷的。他是出于好意，是来帮助我们改进研究方法，提高研究水平的。

陆大道院士从地理学以人地系统作为研究对象出发，全面总结了人文地理学研究思想发展的历程，从因果关系论到相互作用论，再到系统论，认为地理学主要研究地域差异性和联系性（依赖性）。人文地理的研究对象是一个非稳定的、非线性的复杂系统，又要进行预测和规划，难以精确定量化。因此，必须加强区域分析和方法论研究。他进一步指出，人文地理重点应该从要素结构和空间结构两方面进行研究；人文地理学未来研究的理论目标是人地关系区域动力学，研究的实践目标是区域发展的预测、预报。定量研究的关键是参数的确定。研究方法要把传统方法与现代方法相结合。樊杰研究员强调了经济地理研究中空间分析的重要性，要从微观到宏观，从企业的区位选择开始，然后进行区划和空间结构研究，他认为我们的知识基础和结构应该是网络形的结构。顾朝林教授从我国地理学悠久的发展历史

虞孝感，男，1941 年出生。中国科学院南京地理与湖泊研究所研究员，博士生导师，中国地理学会理事，江苏省地理学会理事长。长期从事经济地理学、区域与城市规划、农业地理学、产业经济与产业发展等方向的研究。xgyu@niglas.ac.cn。

出发，指出人文地理学既非纯自然科学又非纯人文科学，人文地理学要解释和预测人文社会影响下的地表现象。我们要概括出简单明了的理论和方法，现在是我国人文地理研究的最好历史时期，应该创造条件进入世界主流地理学中去，既要充分世界化，又要有中国特色的研究方法和路线。

以上几位人文地理学家从研究对象、历史、目标和研究方法等不同侧面进行了论述，讲得很好，受益匪浅。我想补充讲几点。

第一，我认为，人文地理学者来讨论关于人文地理学的研究方法非常必要。一方面国家对人文地理工作者有殷切的期望、有迫切的需求；而另一方面，我们的研究目标还比较分散，研究手段和方法还不够先进。由于人文地理研究对象有非稳定的、非线性、复杂系统的特点，精确定量人类活动对地球系统影响的强度比较困难，因此，如何不断发展我们的理论、改进研究方法、提高人文地理学的研究水平，显得十分必要。新中国建国五六十年来，国家对经济地理研究工作一直非常重视，需求迫切。可以说，国家在社会经济遇到重大事情的时候，从来就没有忘记经济地理学：解放初期实施第一个五年计划，搞铁路选线、工业布局，经济地理学者参与了；三年困难时期，吃不饱肚子，让经济地理学者搞农业区划，合理布局农业生产、增加农产品产量；“文革”中瞎指挥，不因地制宜发展生产，农业资源遭到严重破坏。“文革”后，经济地理学者又一次与其他学者一同进行了更大规模的农业区划和自然资源调查工作。80年代初期，发展经济与环境保护的矛盾开始出现，当时的国家领导人看到欧洲一些国家通过国土规划，整治环境，扬长避短发展区域经济，成效显著。于是，我国很快成立了国土规划局。同时，通过驻外使馆向我们（正在德国进修）下达了要学习、了解这些国家进行国土规划的理论、方法的任务，后来经济地理工作者成为国家从事国土规划的主力。陆院士就在那时提出了“点—轴”系统理论和“T”字形国家开发轴线的设想。现在，落实科学发展观，协调区域之间社会经济发展、进行合理的区域功能定位，从事主体功能区规划，经济地理工作者也是主要力量。刚才刘毅所长说现在是我们经济地理学最好的研究时期，从目前我们承担国家任务之饱满、研究环境和条件之好来讲，是很对的。我想，从国家对这个学科的需求来看，哪个时期都缺少不了经济地理学。只要国家要科学发展，经济地理就有用武之地。

但是我们也要看到，人文地理学发展也确实存在不少问题。研究的重点还不突出，申请国家自然科学基金的研究课题很分散，五花八门，什么题目都有。有的区域研究与规划，缺乏自然与经济的紧密结合，没有体现人文与自然科学交叉的学科特点，缺乏深厚的地学基础，也没有应用人文地理特有的研究方法和理论进行空间分析，使研究成果一般化。这些问题说明，国家对我们学科的需求愈迫切，提高我们研究水平的要求也愈紧迫。这次研讨会讨论的中心正是人文地理学的理论与方法问题。我想，这正是更好地为提高研究水平、服务国家的需要。

第二,对经济地理学的科学性我是毫不怀疑的。举例说明,地理所的程鸿研究员(已去世)原来是《地理知识》最早的主编,他是搞经济地理的。为了配合国家第一个五年计划,宣传苏联援助我国的156项工程,他根据自己的研究,提出了这些工程的布局方案,在《地理知识》上公开发表了。他的研究方案跟国家实际的布局计划基本上都符合,后来国家有关部门认为他泄露了国家机密,进行侦查,调查他怎么拿到这个方案的?把他停职审查了好几个月,最后调查结论是,他就是在分析我国地理条件的基础上,根据工业布局机理、规律,自己分析得出的研究结果,没有拿到国家计划和故意泄密。幸亏他政治条件好,解放前就参加革命,没有得到严重处分,但是《地理知识》的主编还是撤掉了。这件事影响很大,有些原来从事经济地理的学者,不敢搞经济地理了,改行搞自然地理了。这是为什么啊?原因就在于,经济地理搞到最后,符合客观规律,预测预报准确,那是和国家重大计划、国计民生紧密相关的,当然也是能够发挥重大作用的。程鸿先生在没有看到国家计划的情况下提出了这个方案,试想如果经济地理没有科学性,能提出这个方案吗?

另外,我们老一辈的和现在的人文地理学者在从事那么多研究工作时,也不是没有自己的科学理论和方法,不是单凭经验拍脑袋就可以的。我国现代人文地理研究工作者,大多接受过西方现代地理学的思想和苏联生产力布局理论的学习。改革开放以来,接受了更多现代西方地理学的思想影响。我们从事国土规划时运用的中心地理论、增长极和网络理论、集聚和扩散规律、空间分析方法、苏联的地域生产综合体(现在叫自组织理论)等,那不叫理论?我们融会贯通吸收了这些理论和方法,应用到我们的国土规划、主体功能区规划中,这也体现了人文地理研究的科学性。陆院士的"点—轴"系统理论等,就是在我国规划实践中提炼出来的。当然,如果我们进一步总结自己研究工作的科学规律,创新出世界一流的模型模式、理论和方法,那当然更好了。

第三,运用诺贝尔经济学奖获得者克鲁格曼的事例,用我们的实际行动,提高人文地理学在国家科学体系中应有的地位和作用。

现在,通过几代人文地理学者的努力,实际上,国家对我们这个学科还是非常支持的,在国家科学体系中已经确立了一定的地位。在国家自然科学基金会,在宋长青他们的支持下,我们也立足了。前几年,我参加过好多次基金委的会议,人家对我们专业并不了解。你申请国家杰出青年基金,讲得再好,他也提不出问题,但是他就是不投你的票。会后,他们私下讲,"他们搞的这个东西……也就规划规划。"很有些看不起。在这种情况下,人家不给你票,你有什么办法。陆大道评上院士很不容易,他可以在高层次会议上宣传我们专业了,这对于经济地理学更上一层楼非常重要。

最近这段时间,我觉得经济地理在科学体系里有了地位。首先,中国科学院组织的、到

2050 年科学发展的路线图研究计划里，18 个大的学科领域里有区域研究这一大块。这是很不容易的，因为有那么多学科，居然我们的区域发展研究能够占一块。这说明科学院的领导很重视人文地理学，人文地理学在科学体系中得到了较高的学术地位。今年，克鲁格曼获得了诺贝尔经济学奖，他获奖是因为他做出了两大贡献，其中之一就是用区位理论、区域分析的方法来解释世界产业群的分布和成长规律。他自己讲，他搞的就是经济地理。对此，我们可以大大宣传一下。最近，我借参加会议的时机，向中科院和国家基金会的主要领导以及一些院士，介绍了搞经济地理的克鲁格曼获得了诺贝尔经济学奖，请他们进一步支持经济地理学的发展，他们都表示赞同。这对于他们了解经济地理学科很有好处。我建议科学院、地理所可以邀请克鲁格曼到中国北京、南京来讲学，就请他讲经济地理和世界产业经济。宣传我们的学科，让大家了解和承认我们的学科，这很重要。

第四，要把定量研究与定性研究结合起来。我们学科本身是一个复杂的非线性的区域系统。刚才陆大道又补充还是非稳定的系统，要我们拿出精确的定量计算结果确实很困难。我认为，定量要与定性结合起来，首先定性要准确，然后用定量的数据来说明定性的结论。当然反过来，也可以用定量的数据进行定性，提高研究的科学性。参数的确定科学性非常强，要考虑到不同的因素。如果弄得不好，为定量而定量，有时拿出来的定量研究结果会推翻定性的结论。现在，有些文章就是搞个公式，提些影响因素，加个权重，计算出来的结果违反了常识。这种定量研究一点用处都没有。

另外，强调人文地理学既有社会科学的特点，更有自然科学的特点。自然地理学与经济地理学是兄弟学科，它有不少原始数据是间接得到的，不管是气候资料还是水位、土壤等不可能全部是你自己测量得到的，也要利用人家的研究成果、数据。经济地理实际上也用了自然地理的研究成果，如主体功能区规划，首先要考虑自然地理的研究成果，如区域生态和环境承载量。如果你这个数据是错误的，那我们的研究成果也必然是错误的。人文地理要很好地跟自然地理学界联合研究，共同发展地理学。我还要再强调人文地理既有社会科学的特点，更有自然科学的特点。我们是从地理的角度、基于自然地理的知识去研究人文、经济、社会现象，研究人类活动对自然环境和地球系统的影响与作用，这不同于其他社会科学。如果不重视我们研究工作的自然科学性的一面，我们在自然科学体系中就没有地位，在国家自然科学基金会也不会有我们的立足之地。

我们人文地理研究主题是什么？这个问题需要搞清楚。在不同时期研究的重点可以不一样，但是基本的方向应该确定下来，主要是根据国家当前的和长远的需求。我认为，经济地理、城市地理以及人类活动对环境、生态与全球变化的影响研究，是我们当前要重点发展的。要加强区域发展模拟、定位、跟踪的理论和实践研究，创造条件建立区域发展模拟研究国家实验室和不同类型地区区域发展过程实验基地。我们要利用好国家重视、任务饱满的大好时机，完成好国家任务，发展人文地理学的理论与方法。国外没有一个国家像我国的经济地理学界那样，参与到那么多重大的国家宏观决策中来。国外的同行非常羡慕我们的科研实践机会，绝不要小看了我们自己的研究实践。因此，我同意顾朝林教授的意见，我们有悠久的历史文化基础，有早期西方现代地理学的理论，有前苏联计划经济时代生产力布局原理的知识，有马克思辩证唯物主义思想，我们年青一代有丰富的现代西方地理学的知识，加上 60 年来我们丰富的人文地理研究实践，我们能够创建中国人文地理学自己的理论和方法体系，既有中国特色，又是世界主流的。我国的人文地理学将会有更加灿烂光辉的前景。

自由发言

刘卫东：谢谢虞孝感老师的评述。我想为吴绍洪辩护一句，他没有过度批评人文地理学，而是强调了相互学习。不知道大家有没有注意到他最后提出的一条建议。他说得很中肯。我们应该注意研究方法。我们在方法论上面还没有一个很好的说服人家的东西，也就是我们做到什么样的程度算是规范的学术研究了。这一点我们还有不少需要改进的地方。这就是我们开这次沙龙最主要的目的。我们希望通过这个沙龙让大家认识到或反思，我们人文地理研究怎么做才是学术研究。当然我们这个学科有自身的特点，我们不能完全按照科学实证主义方法走。但是我们必须思考怎么去做。我特别同意宋长青主任刚才讲的，我们需要具有一些自然科学的特征。当然，我们无法完全走到自然科学。其实顾朝林教授也是这么讲的。我们的研究要有地理核心，但是一些人的研究可能偏离地理核心太远了。下面请大家自由发言。大家有什么想法，尽可能地表达出来。

张　雷（中科院地理资源所）：刚才提出的一个问题是人地关系的研究方法。陆院士提到人地关系的研究，要从因果论到相互作用论。我们主观认识是这样，但是客观因素是不是这样？我只讲这么一个例子。1936 年的时候，胡焕庸先生对我们中国人口分布画了一条线，这条线现在依然存在。美国也是如此，它的经济发展是东北部强，西南部弱。这样的线说明了什么问题，是不是应该是我们认识人地关系发展的一个客观因素？这个认识直接牵扯到我们对方法的选择。我只是提出，人地关系研究从因果论到相互作用论，存在不存在？我只是提出这么一个问题。

陈　田（中科院地理资源所）：我想借这个机会说一点自己的观点。今天这个会前面的发言我觉得很好，对我启发非常大。但是，我有几点看法。第一，顾朝林提出地理学的二分法，我不觉得是这样。我觉得还是三分法，但是这个三分法是另外一套，就是自然地理、经济地理、社会地理。社会文化因素在我们发展中的作用很大，但在我们的学术研究里，大家只是把它作为不重要的东西。这个因素的作用在加大，所以我倡导加强社会文化地理研究。第二，在和谐社会，在社会多元化的背景下，我现在有一个很深的体会，就是“真理不止一个”。我举一个最简单的例子。我在大学上了一门课，是关于抽象派与写实派画作的。这个有什么好讨论的？写实画很漂亮，但是我现在一个感受就是抽象派有很独特的地方。比如说我们做一个窗帘，它很好看，抽象派画也可以把它画得很好看。当窗子和窗体改变的时候，可能要剪掉一块，这时候写实派画就不会很好，而抽象派画就会很好。当这个窗帘没用了，你要把它作为抹布的时候，抽象的画做抹布一样管用。在社会多元化的背景下，第一要我们要有包容性，第二我们考虑问题要有目的。从不同角度看问题，这恰恰是人文地理学研究的特点。

罗小龙（中国科学院南京湖泊与地理所）：我实在按捺不住要讲几句。是这样的，作为自然科学或社会科学，为什么要加"科学"两个字？科学有逻辑。有一个很有名的科学哲学家，写了一本书叫《科学发现逻辑》，里面他提出什么是科学。他认为，科学研究就是发现事实，即客观存在，通过不同的实证研究，客观事实就会越来越多，然后就是创造知识。社会科学也是这样的。那么，我们社会科学跟自然科学的区别在哪里？我读博士的时候，包括我在内，三个来自不同学科的博士有一次谈话，一个数学系的，一个搞工程的，一个是我们社会科学的。数学系这个学生讲了，他说自从上了大学搞微积分，一直到研究生阶段，他就研究两个东西，一个"大于"、一个"小于"。工程学院的学生说他一直研究"等于"，非常精确。然后，他们问我研究什么？我想了想说，我们研究"约等于"。这就是学科的差异。现在，在中科院也不大把我们作为一个主流。其实，在从事地理研究的队伍中，搞人文地理的人远远超过自然地理。所以，主流觉得被边缘了，这个是不正常的现象。但是我想，不管做不做实证研究，至少要重视研究方法。比如，我跟我们所搞湖泊的研究人员聊天，我用他们的思维解释我在做什么，告诉他们我要去发展什么理论，为了研究这个问题，我怎么收集这个数据，怎么去论证。后来他们觉得我们这个学科的研究很有意思。所以，我们自己要重视推销自己。怎么推销？按照科学发现的逻辑去包装自己。谢谢！

刘卫东：谢谢！最后一个发言，因为我们要吃饭了，咱们可以边吃边聊。

甘国辉（中科院地理资源所）：人文地理有关科学方法的讨论，使我想起来前几年我们在文献上看到所谓科学化问题，就是地理学的科学化。实际上，整个地理学是需要科学化，或者说是要不要科学化的问题。大家也都知道，地理学在国外主要应该是在社会科学中。而我们现在的学科分类最早是从前苏联那边继承过来的，地理学属于理科。但是，人文地理学又有学文科的。我当时考上南京大学的时候，我们那个班有来自考理科的，也有来自考文科的。那么，实际上不管是自然地理或者人文地理都存在所谓科学化的问题。什么是科学化？除了刚才蔡教授谈的有关哲学的问题，要成为一门科学，可能理论体系和方法论是一个非常重要的方面。那么再追问下去，什么是科学化？当然刚才大家讲到用数学语言，也谈到马克思由搞数学转向社会科学研究。实际上，这说明社会发展后，人们想追求对观察到的现象更精确的描述。当然，因为我是学经济地理学的，其他的人文学科我不是很了解。这几年我一直在搞信息技术，刚才谈到有关电子空间(Cyberspace)问题。实际上，在信息时代空间的概念发生了很大的变化。

那么我们就回到吴绍洪提出的问题。其实，整个地理学仍是观察科学而不是实验科学。大家都想往实验科学，但是人文地理现象能够做实验吗？肯定是没办法。但是，中国有人做过，那就是邓小平，他先用一个特区来做实验。人文地理学做这种实验可以吗？当然不行。人们就想到用数学模拟的方法，把人文现象用数学的方法表达出来。既然用数学方式来表达就可以模拟，可以进行各种情景分析和比较，那么这条路是不是真正走得通？我做了这么多年，我现在表示很大的怀疑。可能最终几百年后会实现，但目前来讲这是非常艰巨的任务。因为人地系统是一个复杂巨系统，既然是复杂巨系统，有没有规律可循？所以，我认为，不管是自然地理还是人文地理，要做到像物理学化学那样精确表达到增长到几个人，那是完全不必要而且是不可能实现的。我们搞人文地理学的，达到能够用数量的办法来验证定性的分析，做到这一点就足够了。我的建议是，我们要朝着科学化的方向前进，但不要去钻牛角尖，不要追求我做出来的模型可以预测未来。我们整个地理学的科学化任重道远，要看现在年青的一代的努力。

宋长青：时间特别宝贵，所以我上来讲一下。一般我发言都保证不超时间。这段发言时间是我提议的，也是我主动冲上来的。上午我讲话的时候就没超时。说到沙龙啊，大家就是要从批判中得到进步，从批判中产生真理。上午尽管有批判，但是是学科之间的批判。我认为批判得不对，像陆先生批判自然地理，实际上没批判到点子上。原因是什么？有这么一个说法，科学研究是创造知识的过程，应用研究是使用知识的过程。吴绍洪教授把人家使用知识的过程当成创造知识来批判。陆先生写的"区域发展报告"中的东西，实际上不是一个学科上的总结，所以这种批判是没道理的。他不深入了解人文地理学的精髓。

第二个批判是我们今天上午探讨的许多方法论的问题，探讨学科发展的问题。但是，有一个问题大家要注意，科学本身是有时代性的。今天对科学的理解本身就是基于我们现代科学特征的一种科学理解。现在科学特征是什么？肯定不是文学。早期的地理学就是一种文学描述，一种游记，虽说那也是地理学的前身，但不是具备现代科学特色的地理学。如果你还拿着那个骄傲作为我们的传统教给学生，那将回到我们只知道使用炸药却不知道炸药原理的时代。所以，我认为顾朝林教授拿着我们5 000年地理传统在今天来骄傲，这也是没道理的。

到这里,我已经批判了俩了。但是,我批判的还是拣轻的批判,希望把深层次的、我看不到的由大家今天下午来批判。包括今天下午作报告的人,你们也可以使劲批判。再批判顾朝林教授的一个观点,他就说用什么方法研究都是正确的,那不对。科学研究本身的过程就是一个选择方法、创造方法的过程。现在科学是靠数据,靠数据来支撑阐述现象的规律。用不同的方法,所分析的数据和产生的结果是不一样的。我们会选择最接近事实的方法。所以,方法论的筛选过程是研究的核心过程,这也是考察研究好与不好的核心因素。我想不是所有的方法都是正确的。

我今天非常欣赏樊杰教授的报告。他把人文地理科学看做是网络化或阶层化,这点他说得很清楚。基于这个不同网络结构的差异,以及网络对象的复杂性,可以选择不同的人文地理方法,如实证主义的。实际上,方法本身没有优缺点之分,具有时代的适用性,它就是可被选择的。如果你水平高,就选择恰当简单的;你水平低,选择稍复杂一点,但是也要恰到好处。但是,总的目标是你这个方法能够表达客观事实。这是我们所要求的。时间到了给大家发言。

樊　杰:这个不是批判了,是商讨。宋主任上午讲了一个很重要的问题,就是地球科学系统。在地球科学系统研究中,应该说人文过程是重要组成部分。但实际上,现在在地球科学系统研究中我们没唱主角,没被摆在一个应有的地位。不是要靠别人把咱摆到重要地位,而是我们自己要主动融入地球科学系统的研究当中去。在这方面,我要批判宋主任是什么呢?过去近10年中,我参加了两个重大的自然过程中人文因素的研究,就号称是做地球科学系统吧。在这个科学系统研究中,始终把人文作为一种因素,或者作为一种作用,没有在真正意义上把它作为地球科学系统一个有机的组成部分。按理说,人是系统里一个有机组成部分,而不是外在的影响因素。我很理解黄秉维先生说,地理学搞综合搞了这么多年,还是一个混合物而不是化合物。所以,地理学一直没有实现真正意义上的综合。我觉得主要的原因是我们一直把人文作为一个外在因素。

我参加的两个项目,其中一个是土地利用重大变化过程中人类的因素作用。参加后确实感觉到宋主任所倡导的,一定要参与到重大自然过程研究中去,才能真正理解我们这个学科的真正作用。确实有实质性的作用。我举个例子:比如吴绍洪上午讲到土地利用,他举的例子中有一个提到,人口增长是土地利用变化的一个驱动力。驱动什么呢?是因素还是驱动力?他们把它定义为驱动力。在做这个事情的时候,我就做了一个假设:如果人口不增长,人这个因素是不是也影响土地变化。结果很显然,虽然人口不增长,但需求结构发生了变化,依然导致土地利用在变化。比如说内蒙古高原这些年来的土地利用。所有人的需求满足都是来自土地利用,原来满足基本需求,养多少羊只满足吃喝和温饱就行了,但现在不行了。他也想买计算机,也想买电视机。买电视机的收入从哪来?他没有别的收入来源,只能把牛羊多养一点。所以,人口在这里是一个驱动因素,不是驱动力。那驱动力是什么呢?是人的需求。这个驱动力就解释了,为什么人口不增长仍然会导致土地利用的变化。或者,即使人口是增长的,但如果需求增加部分来自于在外打工收入,那也可以不增加载畜量。结果是土地利用并没有因为人口数量的增加而变化。

好!时间到了,我就不多讲了。

第二部分

经济地理学研究方法

主 持 人：杜德斌　华东师范大学资源与环境科学学院
主题发言：林初昇　香港大学地理系
特邀发言：曾　刚　华东师范大学资源与环境科学学院
　　　　　贺灿飞　北京大学城市与环境学院
　　　　　苗长虹　河南大学环境与规划学院
　　　　　胡智勇　中国科学院地理科学与资源研究所
　　　　　陆玉麒　南京师范大学地理科学学院
　　　　　刘卫东　中国科学院地理科学与资源研究所

Playing with Words or Playing with Numbers? The Arts and Science of Research in Contemporary Economic Geography

林初昇

（香港大学地理系）

谢谢刘卫东教授和各位同仁给我一个这么好的机会。我想我是唯一一个港澳同胞，跑到我们首都来向各位请教，觉得很荣幸。特别在现在金融海啸这样一个很困难的条件下，香港同胞个个都在北望神州，满怀豪情和期待，这时候我能到北京来感到非常的光荣。

我觉得举办人文地理学沙龙是一个很好的主意，这给我们人文地理学的研究提供了一个很重要的平台。我听说前面三次的论坛，充满了争论。这次论坛选择的命题，专门讨论人文地理学的研究方法，我觉得这个问题非常重要。这个问题，在最近西方的地理学界的研究也引起过很大的争论。那么有关争论的焦点是什么呢？争论双方的论点有什么不一样呢？他们各自的哲学基础，思维方式有什么不一样？各自的研究方法又有什么不一样？争论的双方在经济地理学发展中各起到什么样的作用？各自的长处和短处在什么地方？我们从中能够学到什么？我想把今天下午我所读到的和所思考的跟各位分享，当然我要先说明三点。

第一点，今天上午各位专家的发言非常精彩，我学到很多东西，我只希望我今天下午能够为大家提供多一点信息，让我们更好地讨论。第二点我向大家道歉，我虽然是个中国人，也在大陆受过教育，但是我不会打中文。我不是故弄玄虚用英文，我确实有困难打不了中文，所以希望各位原谅。第三点我很赞同顾朝林教授的观点，我们对西方的很多东西不能照搬。但是我知道有句话叫“知己知彼，百战百胜”，我们要在国际人文地理学研究中有所建树，要在世界学术研究之林占领地位，必须知己知彼，才能百战百胜。

我今天讲的题目，英文叫“Playing with Words or Playing with Numbers? The Arts and Science of Research in Contemporary Economic Geography”。我这里讲的“Arts”不是讲文学，而是指艺术。我们有时候说，某个人处事方式很巧妙，很有艺术性，英文叫很“Ar-

---

林初昇，男。香港大学地理系教授，博士生导师，中国地理学会经济地理专业委员会副主任，曾任香港大学地理系主任、美国地理学会中国地理组主席。主要从事城市与区域发展、土地产权与土地开发、跨国主义和海外华人族群、社会地理、公共政策、香港—广东一体化等方面的研究。gcslin@hkucc. hku. hk。

tistic"即很巧妙。这讲的是巧妙的意思,有艺术性的意思。当今西方经济地理学(其实中国的地理学也不例外)的研究中基本有两种不同的研究手法:第一种是比较注重文字的,重视理论的、比较巧妙的、比较有艺术性的;第二种研究手法则是比较注重现实的、事实的、实证的。可能有些同学会讲这还用你说吗?这两种我们都同时采用。但是我想说我们千万不能低估这两种手法的难度。这个问题在最近的西方地理学界,引起很大的争论。几年前,美国一位著名的区域经济学家 Ann Markusen 在学术期刊 *Regional Studies* 上发表了一篇很有趣的文章,题为"概念模糊、证据贫乏、政策缥缈"。Markusen 认为当今区域经济地理研究中时髦的手法,存在的问题是提出的概念模糊不清,采用的证据十分贫乏,研究的结果与政策相距遥远。这篇文章很尖刻,被指名道姓批评的包括 Allen Scott, Michael Storper, Jamie Peck 等等,这些都是当今经济地理学界的领先人物,文章发表一年以后,美国城市地理期刊的编辑 James Wheeler 在《城市地理》上发表了另一篇文章,指出我们是不是因为当今经济地理学流行的这种研究办法,让我们丧失了一代城市地理学家。两年以后,2003 年 *Regional Studies* 邀请那些被 Markusen 点名批评的学者作回应。

美国 Berkeley 大学里有位著名的教授 Manuel Castells 在 1996 年写了一本书《网络社会的崛起》,很多人不一定读了这本书,但是几乎所有的人都引用书中提到的一个重要的概念,就是"Space of Flows"。再举个例子,在座很多人可能都知道 Terry McGee 教授,一提到 Terry McGee,大家都会想到他提出的一个概念叫"Desakota",影响很大。"Playing with Words"的手法非常非常困难,你想要提出一个概念,能够让大家引用,觉得你这个概念非常精彩,这是靠功夫的,不是每个人都能做到。"Playing with Numbers"同样不是那么容易做,我举大家知道的例子,马润潮教授和崔功豪教授 1987 年在《美国地理学会会刊》写的一篇文章,讲的是什么呢?讲的是中国的城市化跟城市人口究竟是个什么东西。1985 年陈金泳和许学强教授在英国的《中国季刊》发表的另外一篇文章,谈的也是一个同样问题。这些都是很经典的文献,没有什么重要的概念,但是解决了学术研究中最基本的问题。

经济地理学是一门年轻的学科,起源于 15~19 世纪的商业地理,1888 年"经济地理"这个词儿首先在美国出现,12 年以后即 1900 年,第一本以"经济地理"命名的著作在美国出版。英文版《经济地理》刊物是 1925 年开始发表的,作为一门年轻的学科,经济地理学很受经济学的影响,传统的经济地理学都是强调逻辑实证的研究,很受启蒙运动的影响,主要有四个哲学基础。第一个哲学基础强调逻辑推理的重要性,认为世界是有理性的,是不断进步的,我们后现代化社会肯定比现代社会要先进,人是很理性的,如果你发现圣诞节要到了,准备买个新的电视机,我们假定你肯定找价廉物美的,肯定找一个质量最好的,价格是最低的,不会很笨挑一个质量差价格贵的,人是很理性的。第二个哲学基础是相信人是主宰事物的主体,人定胜天,人可以改变自然。第三个哲学理念是相信自然界和人类社会是有规律可以寻找的，客观存在规律，我们任务就是寻找客观规律。第四个理念相信存在放之四海而皆准的真理，真理是存在的，而且这个真理是放之四海而皆准的，中国是这样，印度是这样，欧洲是这样，真理一旦被找到，放之四海而皆准。

传统的或者正统的经济地理学研究手法它的优势在哪里？它比较实在，我们做老师要培训研究生写论文，不停地告诉我们学生你面对选择“Playing with Words” or “Playing with Numbers”，选择“Playing with Numbers”基本上是比较扎实的，不能说你错，只能说你做的功夫不到家。如果选择“Playing with Words”你有可能给人家否定。所以“Playing with Numbers”比较扎实、可靠、准确，很多都是基础性的研究，做得好长久不衰。例如，马润潮先生和崔功豪先生，陈金泳和许学强教授的文章长久不衰，几十年人家都引用。其他的研究包括争论明朝清朝的时候中国究竟有没有资本主义萌芽？中国三年经济困难时期究竟死了多少人？中国究竟有多少耕地？中国究竟有多少流动人口？中国城市化水平究竟有多少？这些都是“Playing with Numbers”研究的问题，它的短处在什么地方？很辛苦。我有一次跟杨伟聪两个人刚好住同一个房间，在美国纽约的哥伦比亚大学开会，晚上我们两个谈起经济地理学两个不同的流派，他用了一个很好的比喻，他说你讲的就像一个矿工在挖矿，要找金找银要筛选很多矿石，最后找出一点出来，在经济地理我们说有四个产业：第一产业、第二产业、第三产业、第四产业。“Playing with Numbers” 就像第一产业，它的增值恐怕是比较低的，而且比较机械，比较呆板，不够精彩，比较乏味。

第二个研究手法，我讲的“Playing with Words”，它的哲学基础比较着重概念的建立，这个流派的哲学基础跟刚才讲的完全相反。第一，认为事物的发展不是线性的，而是上下不定的，不一定是永远进步的，比如我们现在大家都是依赖电脑和手提电话，你说我们现在人类真的是比以前古人进步了吗？如果两三百年前放一个人在森林里边他的生存能力，跟今天一个人在森林里的生存能力相比，你看哪一个人的生存能力强，所以社会不一定是完全进步的，不一定是理性的。如果你想买一个新的电视机，谁会去整个北京做调查，看看哪一个电视机的质量最好，价格最低，我们往往都是通过周围的同事得到消息，很少做过调查就会去买，可能你买电视这个决定是一个很笨的决定，所以人不一定是理性的。人也不是自由自在的，超自然的，不是超社会制度而存在的，而是受到社会制度约束的，人的行为受外部条件的制约，这个就是西方所说的“Social Theory”，其意思就是说人是受到很多社会制度、文化制度所制约的，是不能自主的，自然和社会不存在一个超人意识的规律，规律不是客观存在的，单一的，而是因人而异的，多种多样的，所以按照这个流派很多英文的字都不是单数而是复数，比如说 Geography 变成 Geographies，是字典上查不到的，美国的经济地理跟中国的经济地理，跟印度的经济地理，跟新加坡的经济地理，跟香港的经济地理都是不一样的，我们现在没有一个单一的经济地理。还有就是认为世界不存在放之四海而皆准的规律，规律是因时因地而异的，这种流派的研究方法不是靠大量地搜集数据，大量地做统计分析，而是通过面谈和个案的深入研究，所以你看最近很多地理学刊物发表文章里有很多个案研究，通过采访某个人，让当事人把事情讲出来，这种手法的长处是比较能够揭示事物的复杂性和不规则性的引用的概念听起来令人振奋，非常精彩、非常时髦，相对比较高增值，很快被很多人引用，永远站在学术争论前沿。其短处是觉得这个世界不存在一个放之四海而皆准的规律，令人摸不着头脑，琢磨不清，否定事物的规律性等于任何可能性都可以存在，通过采访、访谈、个案的研究，其代表性和可靠性往往受到人家批判，容易以偏概全。

Playing with Words or Playing with Numbers? 这两个流派，我觉得就像我们中国的阴跟阳，两个是相互对称的，阴跟阳在不同历史时期，各自处在不同的上下位置。你看阴阳八卦，阴阳不停地转，整个经济地理学学术研究不断地向前发展。今天上午有的专家谈到洪堡，洪堡就是一个科学主义的鼻祖，当然别忘了我们有另外一个鼻祖叫李特尔，代表文学传统的，经济学我们有亚当·斯密，我们也有马克思，都是相互对称的。17～18 世纪的启蒙运动，到 18 世纪、19 世纪的工业革命，促使了科学流派的蓬勃发展，顶峰时期是在 20 世纪 50 年代，代表作是美国总统经济顾问 Walter Rostow 的著作，认为经济增长 5 个阶段的模式是放之四海而皆准，所有国家的经济增长总是经过 5 个阶段，不管你是哪个国家。到了 60 年代、70 年代才有新潮，拉丁美洲的研究对西方世界的研究提出挑战，所以到了 80 年代、90 年代出现后现代化理论。强调多样性，不规则性，不确定性，强调事物的复杂性，强调社会文化制度环境的重要性，所以今天早上陆先生讲的我们可能由因果关系向相互作用的转变，正是反映了当今世界经济地理学研究发展的新潮流。

我还有 5 分钟，因为有些东西讲起来很抽象，所以我简单举几个例子，然后我就可以结束了。我举几个“Playing with Words”的例子。第一个例子是很多人知道的 Terry McGee，他的贡献在哪里呢？1971 年他在东南亚做研究的时候写了一本书，这本书代表了当时很新的思潮，挑战当时正统的城市化和现代化理论，当时正统的理论认为城市化是有规律的，西方的城市化理论应该同时可以应用到东方的城市化，Terry McGee 第一个对理论提出挑战，他认为东南亚城市化跟西方城市化的理论是两回事。McGee 最近提出的“Desakota”是以前工作的延伸。第二个例子，搞社会学研究的，可能知道黄宗智，曾是 UCLA 中国研究中心的主任，1990 年写了一本书，研究长江三角洲农村的发展跟城市化，他挑战一个什么样的理论呢？马克思和亚当·斯密都认为农村土地集中经营与资本主义的产生是相辅相成的。我们说大鱼吃小鱼，大鱼吃小鱼才会有资本主义，黄宗智在长江三角洲做了研究觉得这个理论不对。在长江三角洲，那里没有大鱼吃小鱼，但是同样有资本主义元素，有生产效率的提高，所以马克思的理论、亚当·斯密的理论可能是不对的。另外一个例子，Dorothy Solinger 在 1999 年写了一本书，挑战另外一个理论，我们通常认为资本主义的形成跟民主应该是相对应，没有民主不可能有资本主义，有资本主义一定会有民主，Solinger在中国的研究发现，有资本主义的成分，但是没有民主。美国康奈尔大学的Victor Nee教授，1989年提了一个叫Market Transition的理论，揭示并预测中国的社会变革。我再举几个“Playing with Numbers”的例子。基础性的研究，我刚才讲是很艰苦的过程，但是其实在学术研究里很值得，做得好会产生名牌效应。女孩子买化妆品一定买香奈儿，一定要买哪个名牌。我们做学问也一样，在学术圈里，谁谁谁最近又写了一本书，谁谁谁最近又写了一篇文章，我一定要看，因为他(她)的学问很可靠，信得过。例如，加拿大一个很著名的教授叫Vaclav Smil，是个地理学家，他写的有关中国环境、土地和能源的著作，大家都公认是靠得住，信得过。英国伦敦的另外一个学者Robert Ash，专门研究中国农村跟农业，他写的东西大家也认为非常靠得住。Nicholas Lardy是美国经济学家，专门研究中国经济的，美国白宫决策者作中国决策时经常咨询的专家。还有我的合作者Samuel Ho教授，他写的台湾经济发展的著作也是百年不衰的经典。当然还有我们熟悉的马润潮教授等有关中国城市化的研究。

我想做一个简单的结论，多年来经济地理学深受科学学派的影响，70年代以来后现代理论的盛行为经济地理学提供了新的研究途径，但是新的产生并没有完全取代传统学派，展望未来，我觉得两大学派会像阴阳相互交汇，推进经济地理学的不断创新。这两大流派对我们有什么启示呢？对一个研究生也好，一个学者也好，只有三条道路可供我们选择。

第一条道路是走“Playing with Numbers”，刚才讲你通过努力功夫到家了，你写的东西大家都觉得靠得住。第二条道路“Playing with Words”，你博览群书，勇于创新，想出一个概念或者想出一个理论大家认同引用。当然还有一条道路，那就是你要心里边很明白，谁在做什么，你在做什么。谁在“Playing with Numbers”，谁在“Playing with Words”，你都心中有数。我觉得有两点可以提供大家讨论。第一点我们应该在现有的基础上，着重概念化的创新，概念化是经济地理学研究的第一步，我很高兴今天上午听到20世纪50年代吴传钧先生已经提到了经济地理学第一个任务就是搞理论，没有理论不行，我觉得这是第一点。第二点我们要有勇气向现行的理论提出质疑跟批判，我们要有勇气重新构造适合我们中国国情的理论，我们要毫不含糊地在我们所有的研究中，澄清我们的研究方法，我们的概念是什么，我们的资料是如何搜集的，我们的资料有多可靠，有什么局限性，坚持走实地研究，避免在象牙塔里钻牛角尖搞闭门造车。我觉得在全球化的今天，中国的崛起为我们研究中国地理提供了一个非常宝贵的机会，我们中国有句话“英雄造时势，时势造英雄”，我相信人文地理学沙龙为我们提供这么好一个平台，各位专家云集，大家能够取长补短，集思广益，一定能够为我们中国乃至世界经济地理学的研究开创一个新的纪元。最后我用英国历史学家Edward Gibbon的一句话来结束我的演讲，他说所有的科学都建基于两个东西：一个是推理，一个是事实。如果没有事实，我们的研究是空谈的，如果没有推理，我们的研究是盲目的，我想以这句名言结束我的报告,谢谢!

杜德斌:谢谢林教授的报告!他的报告给我的体会很深。香港和澳门回归祖国了,大家都是中国人了,以后林教授应该多参加我们的会议。但是,香港和澳门跟我们还是有些不一样,在学术上与西方的联系仍然更紧密一些。刚才林教授实际上用我们中国人的思维和中国人的文化,对西方的经济地理学研究方法进行了一个阐释。我看所有的人听得都很认真。我非常欣赏这句话——会议通知里讲到这次沙龙讨论研究方法,其中提到温家宝总理批示的一句话——"自主创新,方法先行"。对我们来讲,引进、消化、吸收、再创新这个过程很重要。我们之所以听得这么认真,是因为我们对西方的东西可能知道得还是相对比较少。当然,最重要的还是在我们的再创新。下面欢迎华东师范大学的曾刚教授作报告。

中国经济地理学实地调研的点滴体会

曾　刚

（华东师范大学资源与环境科学学院）

首先非常感谢北京地理所的邀请，让我们又有机会围绕人文地理学，特别是基本方法问题做一些交流。首先我想做点说明，我开始准备了另一个题目的报告，后来刘卫东教授跟我联系，希望我围绕本次沙龙三个层次的方法问题准备报告，一个是哲学思维，一个方法论，还有一个具体工作方法。我今天主要向大家汇报具体工作方法的感受和体会。

人文地理学沙龙会议的核心与魅力在于争鸣，在于人文地理学者之间相互"揭短"、找问题，以提高学者研究水平，推动我国人文地理学的发展。从这个视角出发，我觉得刚才香港大学的林初昇教授发言很精彩，但我却不同意他的观点。我认为，人文地理学或者经济地理学的研究，绝对不是简单定性或者定量的东西。作为一个科学，定性与定量是密不可分的，是阴阳也好还是因果也好，离开了这个另外一个也就不存在了。定性的东西假如没有定量分析就很难运用在实践中，很难进行实践检验，也就很难说服别人；定量没有定性的归纳和概括，就没有理论深度，没有依据，也就不能称为科学。定性分析、定量计算是经济地理学方法相互依存、缺一不可的两个重要组成部分。

关于人文地理学的具体工作方法，我觉得必须重视人文地理研究对象的地域差异性。就经济地理研究而言，从方法上来讲有室内室外两个部分，室内也有文献评述、统计分析，室外部分的田野调查也有很多种方式方法，需要指出的是，室外调查并不仅仅是为了获取定量数据，而首先是为了了解研究对象。因此，经济地理学研究工作的第一个阶段应该是一个学习的过程，假如没有对研究对象的必要了解，就没有资格对其说三道四、评头论足，就根本不能称其为研究。

在经济地理学田野调查中，企业问卷调查占据十分重要的位置。工业在我国经济生活中占据特别重要的地位，刚才科学院地理研究所的樊杰教授已经论述了它的重要性，我这里就不再重复了。经济地理学是一个应用色彩十分浓厚的学科，其研究对象大多来自我国经

曾刚，男，1961 年出生。华东师范大学经济地理学教授，博士生导师，华东师范大学资源与环境科学学院院长，中国地理学会理事，中国地理学会经济地理专业委员会副主任。主要从事经济地理学、区域规划等领域的教学工作，主要研究领域为技术扩散与高新技术产业、区域发展与规划、产业集群、企业网络研究等。gzeng@re. ecnu. edu. cn。

济发展现实中遇到的各种显性、隐形问题，在中国开展经济地理学研究必须结合中国发展实践，必须对中国基本情况有所了解。

然而，我国是一个幅员辽阔的国家，尽管北京有很多中央政府的研究机构，聚集了很多高水平的学者，围绕宏观的全国性问题也开展了较为系统的分析和研究，但由于我国地域差距太大，北京的研究成果还难以满足我国社会对中观、微观空间尺度研究成果的需要，需要国内外众多学者从经济活动的“基层”、“第一线”、“草根族”开始深化研究。在两年前上海华东师大召开的人文地理沙龙会议上，中山大学保继刚在其发言中指出，人文地理学是一门必须通过用脚走路来开展研究的科学。他强调亲临第一线开展调研的重要性，我非常同意。实际上，我们每个人走的地方不一样，看到的情况不同，我们之间的感受体会、分析结论会有区别。然后，像盲人摸象一样，通过讨论交流的方式，把我们每个人的调查心得“拼接起来”，形成综合理论研究成果。没有深入各地调查、扎实可靠的工作经历，就无法将我国经济地理学理论创新建立在坚实的基础之上。

中国是一个发展中的大国，领导阶层、精英阶层的大多数人经济地理学素质不高，而社会对经济地理学研究成果需求量大、需求层次较高，中国经济地理学者研究机会多，工作条件好，引起了很多国外同行学者的羡慕乃至嫉妒。高质量地完成经济地理学研究任务既是中国社会对我们的期待和要求，是我们肩负的社会责任，也是我们快速发展中国经济地理学的优势所在，是我们的幸运所在。而优秀经济地理学研究成果离不开扎实的工作基础。清华大学的顾朝林教授认为我国经济发展给我国人文地理学发展创造了良好的条件，我非常同意。在现阶段，我国中央政府十分关注解决经济发展问题，对经济地理学研究成果十分重视，并且与其他大多数国家相比，中国政府占有的行政资源、社会资源总量很大，为我国人文地理学者提供了非常好的研究条件，国家主体功能区规划、城镇体系规划、长江三角洲一体化规划、西部大开发战略等项目和计划就是证明。

由于受目前多因素的综合影响，国家公布的部分统计数据“水分”不少，加上统计指标系统不能经常变动，很多新的经济活动没有纳入统计范畴，或者说统计数据不能准确地反映现实经济活动的数量和质量，因而单靠统计数据难以进行深入的经济地理学研究。为了克服这些不足，我们需要通过实地调查，去伪存真，对实际状态有一个准确的把握和了解。也可以间接地帮助统计系统改进工作质量，为国际同仁的研究积累更多的素材。

问卷调查是经济地理学进行定性和定量分析的基础。对海外那些没有开展过企业调查的学者所撰写的中国产业发展方面的学术论文，我个人对其质量和水平一直持怀疑态度。对国内有条件而不开展企业调查，仅凭个人主观臆断撰写论文的经济地理工作者，我也不是很理解其行为。当然，在中国开展企业问卷调查困难重重，我在经济地理学研究工作中碰到的问题大致有以下几类：

第一，政府支持态度、宽容精神的缺失。由于我国目前仍然处在政府主导社会的阶段，企业资金筹措、市场开拓、税收减免、公共资源利用、社会纠纷处置等方面都有求于政府，企业发展离不开政府相关部门的支持，企业不敢不支持政府的调查包括问卷调查。但在政府内部，职责不清、追究责任机制缺失，盛行盲目“听上面”、“听领导”的“哈巴狗文化”。而学者不是政府官员、不是领导，没有“发令权”。加上政府工作人员为了避免“犯错”，多持“少做少犯错”、“不做不犯错”的心态，对学者开展问卷调查的计划缺乏必要的热情和支持，在有些情况下，甚至持否定态度，以避免学者调查结论与政府公开宣传的内容不符的“尴尬”，避免由此带来的领导叱责。问卷调查需要政府支持，但政府管理部门不愿支持，造成企业问卷调查困难。

第二，企业家素质总体不高，对学者开展问卷调查研究的意义认识不清。国有企业在我国现阶段经济生活中占有重要地位，国有企业领导有行政级别，大多通过党委组织部任命，是政府官员，不一定是企业家，对企业发展的专业性问题缺乏了解，政治“敏感性”远远超过其专业敏感性，对学者制定的问卷内容难以理解、缺乏热情，当然也就不予支持和配合。而民营企业家的“家庭”色彩浓厚、专业素养不高，不能理解学者问卷调查内容，难以在短时间内完成问卷填写的任务。加上当前我国社会诚信不足问题突出，部分学者诚信不够，出卖企业商业信息的事件时有发生。为了避免不必要的损失、保全自己，很多企业选择了拒绝配合学者的问卷调查。

第三，学者开展问卷调查的主观意愿不够强烈，方法不够科学规范。当前，受考评制度、社会风气等多方面因素的综合影响，国内人文地理学界抄袭之风并没有完全停止，部分经济地理工作者一是抄国内外已经发表(甚至是没有发表)的论文，二是抄国内的政府工作报告、政府文件，抄袭文章发表的成功率不低，导致学者理论创新动力不足，偷懒、堕落诱惑不小。加上对经济地理学调查方法重视不够，标准、规范化的调查手段缺乏，随意性太强，过于强调调查方法的创新、标新立异，不少调查所取得的信息、数据难以与其他学者所做的调查进行比较分析，问卷调查没有给开展问卷调查的学者在论文、论著发表和出版、研究成果评奖等方面带来预期的收益，影响了学者开展问卷调查的积极性和主动性。此外，我这里还想指出的是，国内外部分学者委托调查公司开展调查，由于质量控制力度不够，调查结果不能完全满足学者开展经济地理学研究的需要。

第四，相关法规建设滞后。在一个诚信不足的社会，法规建设、依法行事具有十分重要的意义。由于缺乏必要的行为规范约束，企业提供信息的可靠性、准确性值得怀疑，学者对问卷调查所取得的数据、信息的处理、应用范围随意性过强，加深了作为调查者的学者与作为被调查者的企业之间的猜疑，直接影响了企业问卷调查活动的开展和问卷调查的质量。

尽管在国内开展企业问卷调查存在以上诸多困难和问题，但仍然存在开展企业问卷调查的可能性。从我个人的研究经历来看，如果能将学者的研究活动与政府的需求结合起来，获得政府部门的支持、协助，实现学者的专业素养与政府管理部门行政资源的结合，这一方面将保证问卷的科学性，另一方面也保证问卷的回收率，那么在国内开展企业问卷调查是完全可行的。1997 年，我在武汉开展过一次高新技术企业问卷调查，由于借助政府管理部门力量，将企业问卷填写回收与政府对企业的"年审" 进行"挂钩"，保证了问卷的高回收率。2003 年、2006 年我们与上海市浦东新区政府相关部门联合开展了高新技术企业问卷调查，将学者设计的企业问卷纳入政府部门的工作计划，利用《统计法》的权威，成功地开展了问卷调查，取得了良好的效果。

此外，根据当前情况，我提议集中国内各方面智慧和资源，建立几个经济地理学调研基地。华东师范大学资源与环境科学学院已经与上海市浦东新区发展和改革委员会签订了长期合作协议，着力将华东师大"211 工程"、"985 工程"创新平台的经费资源与浦东新区政府行政工作对科研的需求结合起来，根据人文地理学科学、规范的实地调研体系和方法要求，共同打造服务于经济地理学研究的浦东新区信息、数据库基地。我认为，这在一定程度上将缓解我国经济地理学研究中定量分析不足的问题，也可以在一定程度上消除其他学者对经济地理学研究实验手段缺乏、科学性不够(结论的不可重复性、无法科学证明)、不用花钱的误解，为国际人文地理学的理论创新、提升我国人文地理学者的科学地位做出应有的贡献。

杜德斌:谢谢曾刚教授。他用自己工作的切身经历谈了有关研究方法的一些体会或者经验。下面欢迎北京大学贺灿飞教授。

关于经济地理研究方法的一些思考

贺灿飞

（北京大学城市与环境学院）

各位专家，各位同事：大家下午好，其实我觉得我还不够资格来讲经济地理研究方法这个问题，但是既然卫东邀请了，盛情难却，我还是答应就经济地理研究方法讲一些个人的粗浅思考。我想，借用刚才林教授对于经济地理研究方法的概括，我应该属于那种“玩数字游戏”的学者（Playing with Numbers）。今天发言的学者里，我可能是一个比较典型的玩数字游戏的。我其实越来越觉得，数字游戏和文字游戏（Playing with Words）两者都玩好才能写出好文章。以下是根据我从事经济地理研究的经验，对于经济地理研究方法的一些拙见，仅代表个人观点，不一定正确，请大家批评指正。

既然是谈经济地理研究方法，我觉得有必要先关注一下我们的研究对象，以及这个研究对象所在的地理空间，也就是必须要强调地理尺度的重要性。经济地理学的研究对象简单地说就是某一个地理尺度上的某种经济活动或者参与某种经济活动的经济主体。研究对象在什么地理尺度上我觉得对于研究方法的选择很重要。对我来说，一个宏观的地理尺度，经济活动的空间规律是存在的，需要科学方法去发现它，但是一个很小的地理尺度，比如研究中关村里边的企业，那它企业之间的行为可能很难琢磨，这个企业与那个企业的行为可能差异显著。所以当我们争论不同方法论的时候，地理尺度应该是一个很重要的概念。西方的经济地理学流派的发展，也是在不同尺度上，在计量革命的时候，我感觉是一个比较大的地理尺度即国家尺度，或者区域尺度来说的，这样的话空间经济规律是可以被发现的。我们有很多人批评克鲁格曼的新经济地理的“核心—边缘”模型，说他没有把信息溢出机制包含在模型中，他的理由是这个东西不能观测到，也就没法模拟，其实他模型中考虑的是国家内部尺度，或者超国家尺度的产业集聚现象，这种尺度的产业集聚机制跟在微观尺度上的集聚机制是有差异的，信息溢出效应基本上只在微观尺度上能够促进产业集聚的。所以说，在研究

贺灿飞，男，1972 年出生。北京大学城市与环境学院副教授，北京大学-林肯研究院城市发展与土地政策研究中心副主任。主要研究方向为产业区位与产业地理、外商直接投资与跨国公司、国家贸易、人口与劳动力迁移、城市与区域经济发展。hecanfei@urban. pku. edu. cn。

方法上，需要根据地理尺度来选择。我的理解是在小尺度上，很多所谓的规律可能是存在，但可能是或然的，也可能是暂时的，所以这样的规律可能很难是稳定的，但是我们可以通过访谈、实地调研去认识、去理解这些微观现象，这是必要而且有意义的。

当我们谈研究方法的时候，我觉得对空间的不同理解也很重要。对地理空间有不同的看法，有人认为它是个视角，比如现在新经济地理论就很多时候把它当成一个视角，区别于其他社会科学，用空间视角去观察经济现象，这就是经济地理学家做的事情。而经济学家更多地把地理空间当成一个变量，研究空间怎么影响经济活动，这是完全两种不同的视角，也会涉及两种不同的方法。当你把空间看成视角的时候很难用数字去发现规律，但是当你把空间当成变量的时候，空间到底怎么影响经济组织，怎么影响经济行为，可能采用数据会更好一点。当然对于空间还有很多其他的看法，例如有些人把它看成一种场所，或者是一种资源等。总之，当我们思考经济地理研究方法的时候，研究对象所在的地理尺度和对于空间的理解应该是很重要的变量。

另外，研究方法可能也与研究的目的有关。国内地理学界常说任务带学科，也就是说研究的目的是满足国家需求，反过来国家需求促进学科发展，当然还有一种研究是纯粹出于好奇心。不同的需求和目标也可能影响研究者的方法选择。刚才樊杰老师提到一个例子，说搞自然地理的人发现某个地方的土地扩张，他看到的是人口增加导致扩张，我觉得如果这个研究是为了解决实际问题是可以的，这样的话就制定政策抑制人口的扩张就可以了，但是如果真是要去深刻理解背后机制的话，也就是说研究者希望发展理论的时候，不能停留在这个表面上，因为背后还有很多深层次的制度或非制度因素在起作用。也就是说我们的研究是来解决实际问题或者为地方政府服务的时候，也许政府对这种深入的分析根本就不感兴趣。但是作为一个推动学科发展或者说要发展能够代代相传的知识，我觉得可能循着抽象演绎的研究思路往下走。我始终认为经济地理学是社会科学，很多东西是可以抽象研究的，你不一定非得直接下去看才知道，大家都知道现在脱了衣服在雪地里肯定很冷，你不一定非得自己脱了衣服再去感觉才知道很冷。所以我认为社会科学研究，很多东西在给定条件或给定假设的时候，你抽象演绎一下你就能够导出结果，但是这种结果可能需要实际的证实过程。

刚才讲了如何研究取决于我们研究对象、研究的地理尺度，然而我们到底为了什么而研究？我认为，经济地理学是一门社会科学，跟自然科学存在很多差异。刚才陆先生提到经济现象的多元性，这个经济地理系统有时是开放的，有时是半开放的，而且是非线性的，它存在或然性甚至偶然性，很难说能够发现或者找出“放之四海而皆准”的规律。但是刚才我说了，在较大的地理尺度上也许可以发现规律，这样一种性质使得这个经济地理研究其实较自然科学研究要难，因为我们控制变量太多，面对的是开放系统。然而目前国内的经济地理研究，我感觉，在很大程度上没有把它当成社会科学研究。

在经济地理研究方法方面有几个显著的特点。其一，数据导向，基于大量数据简单分析进行概括归纳出一些所谓规律。其二，自然科学主义倾向，就是说研究者认为经济现象背后具有空间规律，而且这个规律是能够被发现的或者观测到的，从而需要从大量数据中挖掘归纳出经济规律。其三，经验主义倾向，经验主义其实是中国文化的传统，不能说不好，但经验主义需要大师，他去外面一看或者观察一下，就能够凭借其经验对问题进行判断。就像我们的厨师，他做了好几十年，他也许在任何条件下都能做出很好的菜出来，但是对于初学者是非常难的。经验主义的做法很难传授，尤其在方法论上不够清楚，从而造成很多研究感觉停留在非常粗浅的层面上。因为凭经验去观察，根据个人经验去判断，这个对观察者要求是很高的。举个例子，比如说研究贫困，可能说某个地方很穷很贫困，那你去看一下，可能发现这个地方在沙漠地带，或者降雨量少，这个是一个观察，但是问题是为什么同样是沙漠的地方，比如以色列，农业做得很好，这个背后可能不仅仅是这些凭借经验就能够发现的东西，有些关键的东西可能是在背后，不能观察到，更重要可能是要有一些个理论的抽象演绎的方法，它可能是背后技术水平差异，或者它的制度不一样。在我们国家60年代，有的是土地，有的是降雨量，但依然有饥饿，制度可能是造成大饥饿的主要原因。其四，实用主义倾向，研究者过于关注社会需求，强调解决实际问题，不去思考理论发展，使得我们几十年来，在经济地理中缺乏重要的理论进展，也很少能够推动学科的发展。最后一点就是综合性。我读大学的时候，老师就教我们地理学最大特点是综合，这个本身没有问题。但用在具体的研究中，过于综合的思维可能不利于问题的深入，你对于任何问题都讲综合，相当于没说什么，经济要素很重要，文化要素很重要，自然要素很重要，制度要素很重要，政策很重要，等等，你可以列一串下来，但是问题是，这些因素到底哪个重要？在哪一个尺度和哪一个时间段重要，需要什么条件？综合性的研究同样使得我们很多研究比较粗线条或者说比较表面，也很难提升和发展理论，同样难于与西方经济地理学界对话。

我认为，经济地理研究不是发现规律，不是归纳规律，也不是感觉规律，应该是建构规律或理论。在社会科学系统里，理论可能是发现不了，你可以去建构两个经济地理现象之间的关系，这个建构完全是一种抽象的思维过程。或者你也可以建构发现空间规律的视角，不同研究者可以有不同的视角，这个视角是基于你个人的知识积累去构建的。如果说要发展经济地理理论的话，做任何研究之前，至少在调查之前，或者接触数据之前，我认为可以做一些事情。第一，将你的观察对象或者研究对象进行抽象理论化，把它放在一种学术语境下去说，用一些比喻或者拟喻的形式去阐述这个现象。比如我们俩关系很好，或者我们俩是亲戚，但是社会理论里面，有一系列的理论来说这个东西，如社会网络、信任、根植性等，如果套用这样一些语言来阐述它的话，应该说可以跟其他研究者对话。第二，可以对研究对象所处的环境进行理论化，比如现在有很多研究，用这种所谓的新自由主义框架来理论化中国地方政府行为，就是说从新自由主义的角度理解中国区域发展。第三，就是直接对空间经济现象之间的关系进行理论化。经济地理研究总体上是探讨两个或 N 个经济空间现象之间的关系，这个关系首先可以理论化，抽象成一种理论关系。举个例子，我们研究外资区位选择，根据一些理论，外资可能选择那些基础设施很好的地方，因此，需要把基础设施和外资区位结合起来，这是把两个经济现象之间的关系理论化，然而两者关系是不是这样，也可能不是，可能有一个华侨过来投资，就要回老家去。这个地方可能既没有高速公路，也没有火车他就去了，当然这种现象可能是一个是特例。

经济地理学研究的理论构建可以从不同方面进行，理论构建完后怎么跟现实对接，这个尺度很重要，这是方法的问题。怎么把抽象的演绎跟现实去对接，或者我们用理论抽象来理解现实，或者用理论抽象来解释现实，两者有一定差异，这是理解深化认识现实和解释现实之间可能存在差异。我的理解是，在小的地理尺度上，更多地可以用理论抽象去深化认识或者理解这个现实，很难去解释现实，但在较大的地理尺度上，很多时候可能需要去解释现实。在不同地理尺度上将理论构建与现实对接的时候可能具体方法选择上有差异，在小尺度上更多地要亲自去跟研究对象面对面交谈或者去认知它的一些行为，它的网络，这个其实就是新经济地理研究。其实从 80 年代以来，经济地理学，至少在欧美，越来越走向所谓新区域主义，这种新区域主义，越来越关注小尺度区域的发展，研究者要去把经济主体间的网络搞清楚，然后反过来理解区域发展。当然当你将理论建构与现实对接后可能发现你的抽象演绎是错的。这个时候显然需要新一轮的抽象演绎过程。我认为，将理论建构与现实对接，不一定是定量或者定性，不同地理尺度上你可以采用不同的具体的方法，可以是定性和定量相结合起来。实际上任何好的基于数据的研究，一定是建立在抽象的理论建构基础上。如果没有好的抽象演绎基础，很难做很好的“数字游戏”，所以我觉得所谓实证研究，最重要的肯定不是数据，最重要的是想法或主意。我经常跟我们搞自然地理的人开玩笑，我说你们自然科学有钱就够了，买一个别人买不起的仪器，你能观察到别人看不到的数据，你就可以发现很了不起的规律。但是我们这种学科，至少在美国所有的数据在网上你都可以下载，每个人都可以下载，但是最后不同人写出不同的文章，靠的是脑袋。所以就是说搞社会科学的人不一定天天待在办公室，也不一定天天待在实验室，他可能到大街上转一圈，他有一个想法，就是说更多的是一种灵感，需要一种建构。

最后是一个问题，就是有没有中国特色的经济地理学？我确实觉得经济地理学的发展离不开我们所处的社会政治经济环境，经济地理学研究什么？怎么样研究？其实跟你所研究的对象在什么地方可能有关系的。这就是新经济地理学谈了很多的根植性，就是说你这个企业或个人所在的环境不一样，提出的问题也可能不一样，问题的意义也不一样。在中国的背景下，经济地理学自然也有自己的特点。但是，我们到底有没有中国特色中国经济地理学，这个中国特色中国经济地理学是在内容上？方法论上？还是理论上？但是在我个人研究中，我觉得中国要素非常重要，中国要素提供了理论发展的可能性。我们如何把中国这样一个转轨的经济环境理论化，这样是不是能够挑战或者推动主流的经济地理理论的发展，这是个问题。同样，在经济地理研究中，空间经济规律能被构建吗？到底是构建空间经济规律，还是去构建发现空间经济规律的视角，我仍然在思考，也许两个都很重要。非常感谢大家，希望批评指正。

杜德斌：谢谢贺灿飞教授。他从他自己的切身体会谈到了经济地理学研究什么，为什么研究？我觉得有些东西实际上是大家共同感受的东西，特别是他提到一些困惑。我觉得这个尤其是我们年轻人文地理学工作者的共同感受。很多学科对我们实际上不了解，会问你们也做这个东西啊。还有我们也经常谈到克鲁格曼是经济地理学家。如果克鲁格曼是经济地理学家，那么我们这些经济地理学家是不是经济学家呢？所以我觉得这个问题也可以讨论。当我们认为他是经济地理学家的时候，他有没有认为自己是地理学家呢？

知识论与经济地理学的理论建构

苗长虹

（河南大学环境与规划学院）

很高兴有这个机会和大家交流，既然是沙龙，我想我们可以把思想更解放一些，谈谈对经济地理学研究的思考。刚才大家谈论了很多不同的观点，尤其是林教授做了一个主题报告之后，接下来曾教授就提出了不同意见，比如说是定量啊，还是定性啊？是做文字游戏，还是做数字游戏？我觉得，要回答这些问题，我们首先需要弄清楚科学的目的究竟是什么？我觉得，科学研究最根本的东西首先是理解我们周围的世界，这个世界其中就包括我们所说的人文世界，从哲学的层面来讲，我们需要理解人类社会的行为模式。然后是解释。刚才贺灿飞教授也讲了，我们在理解的基础上，如何来解释这个世界。还有一个目标，就是如何来建构我们的世界。从科学的任务来讲，今天刘卫东教授一直在讲，就是我们如何发现知识。我觉得，科学的核心任务就是我们能不能增进一些新的知识？那么，这里边就涉及什么是知识？我们所追求的规律也罢，知识也罢，我们需要弄清楚知识是什么，或者得出来的东西我们如何去认识它？今天，我想结合知识论，来谈一下对经济地理学理论建构的一些理解。

首先看一下国际上近来关于经济地理学的讨论。大家会发现，近年在《美国地理学会会刊》(*Annals of the Association of American Geographers*)上，连续有 3 篇文章我觉得都是非常有分量的。一个是牛津大学 Clark 教授的"Stylized Facts and Close Dialog: Methodology in Economic Geography"。看标题的话，就会明显感到有两种主体的研究范式，就是刚才所说的，一个是数字游戏，一个是文字游戏。在实证主义的研究范式内，我们要求一个统一化的、标准化的事实，这是我们做实证主义研究的一种模式。那当我们转向文字游戏的时候，我们需要采取不一样的研究方法，这涉及我们如何与我们的研究主题、研究的对象来进行沟通。加拿大 UBC Barnes 教授的"Retheorizing Economic Geography: From the Quantitative Revolution to the 'Culture Turn'"一文，也是非常有分量的文章，说明了人文地理学特别是经济地理学，在 20 世纪后半叶发生的很重要的变化，这就是如何从"计量革命"走

苗长虹，男，1965 年出生。河南大学环境与规划学院教授，博士生导师，教育部人文社会科学重点研究基地"黄河文明与可持续发展研究中心"执行主任。近年来主要从事农村工业化与乡村可持续发展、城乡关系与城乡一体化、区域创新与发展等方面的研究。chhmiao@henu.edu.cn。

向我们所谓的“文化转向”，那么这里边，就对整个经济地理学的发展做了一个总结。另一篇是著名的华裔地理学家、新加坡国立大学的杨伟聪教授“Practicing New Economic Geographies：A Methodological Examination”，他用了复数的“经济地理学”一词，谈到既然发生这种转变了，我们该如何进行研究？如何从方法论上来实现研究的目标？

我觉得，这些文章代表了我们该如何理解我们现在称作经济地理学的这样一门学科，它的研究方法，它的一些理论。既然我们这次沙龙主要谈研究方法，我认为应首先从哲学这个层面讲起。从哲学的层面来讲，从西方哲学的发展来讲，有三个大的类型，一种是精神哲学，一种是实践哲学，一种是语言哲学。从古希腊早期哲学开始，我们就强调人的理性，对不对？因此首先是从精神哲学开始，然后到马克思主义为代表的实践哲学，这就从对“形而上”的关注转向了实践这个“形而下”的层面。到后来呢，我们说后现代了，强调话语沟通，语言学进入了哲学，重新改造了我们整个对理性和实践的认识。当然，这些现代啊，后现代啊，都是跟哲学的思潮紧密相关的。那么，这些不同的哲学思潮，我觉得在我们人文地理学里边，都是有一定反映的。好比精神哲学，我们强调人，人区别于其他物种，所以我们说人是有理性的，那么牵扯很多形而上学的或者形而上的这一部分，体现在我们地理学中，这里边就是人文主义。实践哲学和语言哲学均强调的是我们的经验实践，实际上，逻辑实证主义以及我们所谓的激进地理学或者马克思主义地理学，都属于实践哲学的范畴。但是，这里边还是有一定的差别，就是说，实际上，我们观察的对象可能是一样的，但是我们的目的，无论从逻辑实证主义或者是激进地理学来讲，它的目标则发生了一些变化。那么 90 年代以来，我们所谓的新经济地理学，刚才林初昇教授讲了，这个地理学是 New Economic Geographies，这里边实际上深受语言哲学的影响，我们会看到后现代和后结构哲学的一些体现。

那么，下面我们从知识论来观察。当然，知识论有些人把它看成是认识论，从广义的知识论的角度来讲，它应该包含认识论。从知识论这个角度来讲，从狭义的角度来讲，就是谈认识起源的客观有效性，这里边就包含着我们说的“什么叫知识”。实际上，在不同的哲学体系里边，我们对知识的认识是有很大差别的。刚才我们说，我们的研究对象是真实的东西(Truths)。但是，什么是真实的东西？这里边可能在西方哲学里边有很多不同。我们举一个简单的例子，来看一下现象学和实在论的差别。我们大家都看过电影《黑客帝国》，这里边，我们说电脑统治人，当电脑统治了人之后，可能这个人就生活在一个虚幻的世界里，但是这个世界是不是一个真实的世界？那这里边，实际上不同的人可能有不同的看法。如果说，我们一开始就生活在这样的世界里边，可能我们周围的事件都是虚幻的，但是可能我们认为它是真实的。这里边，什么是我们说的真实？大家可能对我们研究对象本身的认识有差别。

第二个方面，我们要想知道什么是知识，除了我们的对象是真实的之外，就是在研究对象之外，我们研究者应该相信它是真实的。刚才林教授讲的 Beliefs，不同的人这个 Beliefs

可能是不一样的。我们要弄清，什么才是我们真正追求的 Beliefs，不同的哲学，认识很不一样。那么，什么是知识？传统的、按柏拉图的定义是，真实与信念的交集应该是知识。但是，后来很多人说不对，就是说你的信念本身是不是能够得到有效的确认？这里边，只有得到有效确认的部分，我们才能把它叫知识。但是，后来一些学者讲，这还不对。这里边呢，知识本身是不是得到了有效的确认？得到确认以后的知识是不是真正的知识？知识论后来重点研究知识确认的条件和知识产生的条件。我记得有一本书，书名就是《地方性知识》，认为所有的知识都是地方性知识，为什么呢？从后现代的观点来讲，过去所讲的客观规律、普遍存在的东西，可能根本都是虚幻的东西，是不存在的。那么，知识产生的条件是什么？我们强调知识的产生具有强烈的 Contextuality，知识的产生高度依赖于其特定情景，我们只有理解特定的情景，我们才能理解知识本身。这不仅包括我们说的社会科学知识，包括自然科学知识。我们看知识社会学里边，对知识生产过程的研究，可以帮助我们对这个方面的了解。

Barnes 的文章强调，在经济地理学理论化过程中，发生了从"认识论"向"诠释学"的转变。诠释学，我这里把它看成广义知识论这个范畴。我们知道，诠释学的产生，最早来源于人们对圣经的解读，就是说你如何理解圣经。很明显，对《圣经》这样一个文本，不同的人有不同的解读方法。后来，一些哲学家将其提升成哲学命题。我们可以把不同的文本，理解成人们生活的模式，好比我们生活在这个世界里边，我们该如何来认识它。这里边，实际上出现一个很有意思的问题，就是认识的目标，实际上是去理解和揭示各种现象所引起的基本条件，而不是发现某种形式规则。换句话来说，可能我们认识的目的是理解它，而不是说我们去发现所谓的规律。或者在某种意义上来讲，我们所有的这些解释，没有任何解释是最终性的。我们对人文社会现象的理解、解释或者试图去建构，最终取决于解释者和文本之间的互动，也就是主体和我们研究对象之间所形成的相互依赖性和情境性(Contextuality)。所以，从这个角度出发，我们就会想到，现在的经济地理学研究，非常强调我们知识所产生的特定的情景。

让我们回过头来看看经济地理学的理论发展。当然，我们说，经济地理学的对象是所谓的空间和地方，这是没有问题的。大多数经济地理学家，均把它看成是研究空间和地方的一门学科。但是，什么是空间？什么是地方？我建议大家看一看 Doreen Massey 非常有名的一部书 *For Space*，其中心是讲所谓的空间是什么？那么，在不同的学术研究传统当中，我们对空间有不同的理解。好比说，空间是作为经济活动的容器，这当然是实证主义的，我们可以把空间看成点与点之间的距离，是承载经济活动的一个场所。那么，从马克思主义的角度来讲，空间则可能是生产社会关系的一个平台，这种对空间的理解，与前者是有明显差别的。空间究竟是物质生活实践的建构，或是日常生活的关系建构，或是日常生活的话语建构，或是日常生活的制度建构，这已成为经济地理学理论建构分化的基本出发点。

在知识社会学里边，我们说的巴黎学派或者我们现在非常流行的 ANT（Actor-Networks Theory），就是行动者网络理论，提出了一个非常重要的问题："什么是社会？"大家想想，我们的研究对象本身如果说是经济活动的空间和地方，那么，什么是经济呢？什么是社会呢？你去理解一下，你是不是可以给出一个我们大家都能认同的经济的定义，大家都认同的社会定义。不是这样的，今天宋长青主任跟我们讲，一个学科要想知识创新的话，首先是我们的研究对象本身，我们如何去认识它？这里边从某种意义上来讲，我们所谓的经济，我们所谓的社会，本身是一个关系建构。如果不是从陆先生所讲的，我们从相互依赖性上来理解它，如果没有这样一个依赖性，可能我们所谓的经济，它本身就是一个虚幻的东西，是不存在的。只是说，我们为了研究的方便，我们硬说这就是经济。实际上，从当前经济地理学的理论建构来看，我们所说的知识创新，正在于对我们的研究对象本身，我们如何来认识它。Thrift 和 Olds 在"Refiguring the Economic in Economic Geography"这篇文章中，所谈的就是如何重新厘定我们的经济，如何看待我们的研究对象。

当前，对我们所说的研究对象的认识，一些人从关系建构的视角来讲，有的从制度视角来讲，有的从话语建构的视角来讲，存在着很多不同的视角。我们可以简单地看一下这种不同的研究进路。从文化转向的经济地理学来看，在哲学层面上，实际上它深受后现代、后结构主义的影响，非常强调经济活动的话语建构的性质。当然，话语建构我觉得像沙龙，沙龙是什么？沙龙实际上给大家提供话语沟通的平台。但是这里边，背后存在着某种"参与政治"的机制，或者我们通过这种沟通，是不是可以达到相互的理解？这是一个很重要的方面。那么，在经济地理学中，通过话语建构的分析来说明空间和地方的性质，这是一个非常有意义的研究。话语涉及交谈或对话的各方和话语发生的时空条件，它在西方被看做是维护社会与政治实践合法性的基础。经济活动的空间和地方的性质是通过话语来建构的，而文化与话语内在的关联既为经济地理学将文化和文化经济纳入分析议题提供了条件，又为透过话语建构的时空情景分析来说明空间和地方的性质提供了工具。最具代表性的是 Gibson-Graham 对资本主义的基于女性主义的解读。

那么，对强调关系转向的学者来讲，实际上深受认识经济活动的实践哲学的影响，但摒弃了激进地理学的结构决定论和二元论，将经济生活的关系建构和行为者—网络理论作为其基本出发点。但是我们的传统经济地理学，我们所熟悉的结构决定论和二元论，正如刚才樊杰教授讲的，我们现在在地球科学研究里边，仍仅仅把人类活动看成一个要素，而不是看成与地球系统融在一起的对象。为什么这样？是因为我们传统的哲学思维模式里边，我们可能是唯物主义者，我们反对唯心主义，我们实际上是接受了二元论。现在，在哲学发展中，有一个学派，像我们刚才讲的巴黎学派的 ANT，就试图用行为者网络，来化解主体与客体、主观与客观等二元对立的矛盾。我们可以把所有的关键事象，都看成是行为主体，不仅包括人，也包括动物、植物和没有生命的东西，它实际在我们整个世界运行过程里边，在知识产生过程里边，都有它的作用。所以，在这个意义上来讲，我们可能从关系建构这个角度来讲，我们对经济生活空间和地方的理解，可能是另一种景象。当然在这个方面，当前已经形成非常强大的思潮和研究力量，最具代表性的就是以 Dicken 为代表的 GPN（Global Production Networks）研究。

那么制度转向和演化转向呢？很多学者也坚守了认识经济活动的实践哲学这一个基础，但扬弃了激进地理学的结构决定论，将行为者—结构互动如吉登斯的结构化理论、布迪厄的“实践理论”以及演化经济学作为分析的基本出发点。最具代表性的是以 Scott 为代表的新产业区研究（如 Creative Field）和 Martin、Boschma 等人所倡导的演化经济地理学。因为我最近做创新的研究，国际著名经济地理学家 UCLA 的 Scott 是这方面的大家，他把他最近这些年的工作，用一个“Creative Field”这样一个概念来概括。那么，这个概念建构里边，实际上就反映了我们说的主体和客体、很多变量之间的相互作用关系。

在当代西方经济地理学理论建构中，行为者或行动者和结构的关系一直是核心。我们非常强调行为者本身的 Identity，就是他个人的身份是什么？我们需要理解他。另外，他生活在一个结构里面，这个结构是如何来建构的？是一般的欧氏地理空间里的建构，也可以在制度空间里建构，在一个赛博的空间里建构，等等。这就是说，行为者和结构之间的关系始终存在一个张力。我们如何来化解这个张力？当然这里边我们研究的主题，亦即我们所谈的经济，应该包含技术、制度、文化、关系、尺度、调节，等等。我和魏也华教授在《地理研究》上发表的论文，已论述了这方面的问题。

第三个方面，我简单说一下，当代经济地理学发展的脉络。在这个脉络里面，首先是计量革命、空间科学这一块，大家都非常熟悉。那么这之后的经济地理学，今天上午我们一些教授也专门谈到了，我这里将其概括成经济地理学的几个比较前沿的方向或者几个前沿的流派，主要有四个方面。一个方面就是制度经济地理学，那么在这个基础上进一步的转向是文化经济地理学。另外一些学者建构的是关系经济地理学，还有一些学者强调发展演化经济地理学。但是，这里边，我觉得不同的进路之间，它们之间实际上是有内在关系的，并不是一个模式完全被另一个模式所替代，而是对另一个模式的扩展和延伸，不同模式之间有密切的相互作用关系。我觉得这个是我们需要去理解的。实际上，我们国家的经济地理学研究，非常受实证主义的影响，为什么？我们正处在现代化过程里，我们始终以增长为核心，那么这种理念反映在科学研究里，也是这样。所以，大家可能感觉到像西方一样，西方之前基本上就是将科学和现代化、现代性联系到一块。然后 70 年代以后呢？后现代了，说明“现代”出了很多问题。我记得有一本书，写的是“现代性与大屠杀”，换句话来说，我们现代化过程里，有很多值得反思的东西。那么，对我们国家来讲，我觉得实际上现在我们的研究，假如按照科学发展观的要求来讲，要以人为本，这以人为本里边，就需要精神超越、实践批判、话语沟通，这三种哲学在我们国家经济地理学研究里边，都应该有一定的体现，都应该受到重视。所以我觉得，当前我们的研究，实际上不是说哪个方式正确，我觉得应像费孝通先生对文明的看法，他有一个最经典的概括，叫什么呢？叫做“和而不同，各美其美”。换句话说，我们当前经济地理学的研究，可能出现像西方那样的多元化趋势，会出现不同的研究模式，这些模式之间实际上我们可以把它看成是一个互补的结构，在这个互补的结构里，实际上并不是说哪个绝对正确，实际上哪个都存在问题，哪个都有自己的优势，我们需要的是多元化。但是要实现这个多元化，一个方面我们需要多元化生存的土壤，更重要的，我觉得，因为咱们在座有很多研究生，咱们在人才培养模式方面需要创新。如果是大家按照一个模子来培养人才的话，我觉得咱们的学术，想多元化是很难的。大家想想西方的经济学，为什么芝加哥大学是自由主义的阵营？就是说它在这个方面培养的学生，是坚定的自由主义者。实际上，我们需要学术的多元化，大家可以按照实证主义的方向去做研究，也可以、我们也鼓励按照后现代的模式来做研究。只有多元化，我们这个学科才能被其他的社会科学、其他的同行所认同！我的演讲到这里，谢谢大家！

杜德斌：谢谢苗长虹教授。苗长虹教授的报告让我觉得非常高深。他试图想从哲学的角度构建经济地理的理论框架。我觉得这项工作非常重要，也希望我们以后有更多的人从事这项工作。同时，希望今天有更多的人对他的观点展开评论。下面请地理资源所的胡智勇博士作报告。

批判实在论与我国经济地理学的研究范式选择

胡智勇

（中国科学院地理科学与资源研究所）

今天很荣幸在这里跟大家交流一下我对经济地理学的研究看法。我觉得我在这作报告其实就体现了学术沙龙的精神，那就是没有权威，大家可以自由交流。因为我在这里可能大大降低了今天下午发言者的平均年龄和权威程度。我今天的题目叫"批判实在论与我国经济地理学的研究范式选择"。我这个报告要回答的问题，就是刘卫东教授在会议的通告里提出来的，究竟有没有我们大家普遍接受的一个研究范式？如果有是什么？如果没有为什么？我今天这个发言分三个部分。第一部分，我想从西方经济地理学研究范式的演变来看，到底有没有这样一个范式？第二部分我想从我国的经济地理学来看现阶段需要一个什么样的研究范式？最后我想提出我的一个看法，就是说批判实在论可以成为我国经济地理学的一个研究范式？

首先，到底在西方的经济地理学有没有大家普遍接受的一个研究范式？我觉得对西方经济地理学的几大主流研究范式一个分析，大家可以看出，有这么几个对立面。我把它归结为三个方面的范式对立，第一个是对理论概念的不同理解，就是说到底什么是经济地理学理论？第二个是对结构和个体概念的理解，什么是 Structure？什么是 Agency？第三个是对研究尺度的不同理解。

第一个是对理论概念的不同理解。刚才林初昇教授讲到数字游戏和文字游戏，其实这两种，我把它归结成加拿大一个著名的经济地理学家 Trevor Barnes 2001 年在 *Annals of the Association of American Geographer* 的文章里所提到的，他认为有两种做经济地理学研究的方法，一种叫 Epistemological Theorizing，是一种知识论型的理论化。还有一种 Hermeneutic Theorizing，叫诠释型的理论化。这两种理论化过程对理论的概念，什么是理论的理解是不一样的。知识性理论化，他认为世界是有一个客观规律的，我们需要去寻找；诠释性的理论化认为世界是混沌的，是零乱的，有各种各样的对立的观点，不存在一个本

胡智勇，男，1977 年出生。中国科学院地理科学与资源研究所助理研究员。主要从事经济地理与区域发展研究，特别是国有企业的区域差异、新制度主义地理学、企业知识创新的区域动力机制等。huzy@igsnrr. ac. cn。

质的东西。那么怎么去寻找这个理论的过程也是不一样的。知识性理论化认为理论是对客观世界的一个反映，是一个镜像，是一对一的关系，所知道的就是你所能看到的。但是诠释性的理论化认为我们不需要那么拘束，其实理论是一个很有趣、很有意义的一个讨论话题，作为大家对共同感兴趣的一个话题的探讨。另外，知识性理论化认为理论一定是一种很逻辑性的一个表述方式，它主要是用数学或者物理这种所谓科学的语言来表达的。而诠释性理论化认为理论不需要那么严格，可以有多种多样的这种词汇来源。Trevor Barnes 举了一个很有意思的例子：现在正在讲全球化的研究，什么是经济全球化理论，诠释型的理论化认为其实“经济全球化对某些国家其实是一种蹂躏”这么一句话就是经济全球化的理论。显而易见，蹂躏和全球化之间并没有一个逻辑关系。但是诠释型的理论化认为其实这个理论可以帮助我们理解实际发生的全球化过程。还有不一样的地方体现在理论的目的。知识性理论化的目的是寻找一个大的理论和客观规律。而诠释性的理论化认为理论只不过是帮助我们对事物的理解，任何理论都是相对的、片面的。知识性的理论认为研究者和研究对象是保持一个客观的距离，就像樊杰教授今天提到的，从宇宙看世界，英文叫 God's Eye，就是通过上帝的眼睛来看这个客观世界。而诠释性的理论化认为，其实研究者都是在一定的社会或者历史背景中。我们对一个问题的理解和认识，必然是跟我们所处的背景是相关的，和我们以前的历史知识积累是相关的。知识性理论化，判断一个理论好坏的标准，主要有两个：一个是理论是否有效的，它是不是可靠；另一个是它能否重复再现？那么诠释型理论认为理论好坏的判断标准是它能不能帮助我们解释，只要能帮助我们解释，它就是一个好的理论。还有理论是不是能反映研究者的地位和权利，也就是所谓自反性(Reflexivity)的一个问题。以上是两种不同的研究范式对什么是理论的一种看法。从这个角度来看，似乎并不存在一个放之四海而皆准、大家都接受的一个理论范式。

第二个研究范式的对立，是对结构和个体概念的不同理解。我在这里列出三种对西方经济地理学影响很深远的理论范式。一种是实证主义范式，一种是批判实在论的理论范式，还有一种所谓后现代主义范式。那么它们对结构和个体概念的理解是不一样的。在实证主义范式里边，它其实是不关注结构和个体之间的关系，它关注的是个体，认为结构是个体理性选择的结果，是为满足个体的功能需求而产生的。批判实在论和结构化理论有一脉相承的关系，它对结构和个体之间的关系有很深刻的理解。它认为这两个是互构的，个体行为是在一定的行为约束下来表述的，但是个体行为的群体表现反过来会影响这种结构，影响和改变社会结构机制。后现代主义认为根本不存在结构和个体之间的二元论。它认为结构是个体，个体就是结构，这两个是混在一起的。

对同一个研究对象，这三种研究范式所关注的问题也是不一样的。我以我个人的博士论文研究作为案例来说。我个人的博士论文是研究企业与区域之间的关系。在这个问题上，实证主义的研究范式所回答的问题是："企业生产活动有什么样的空间格局，这种空间格局有什么样的区域效果"。它主要是针对这种问题。而批判实在论主要关注的是"企业的内部组织和外部联系是如何嵌入不同区域的社会关系和社会结构当中去"。后现代主义又从另外一个视角，它所关注的核心问题是："到底什么是企业，企业存在有什么意义？它反映了谁的利益？企业的主流话语(Discourse)是什么，企业内部的经理人、工人，还有股东等利益相关者对话语权的争夺是如何影响企业区域战略的？"

也就是说，不同的研究范式对相同的研究对象是从不同的角度来看的，不同的研究范式有一定的互补性。

第三种研究范式的对立是对研究尺度的理解。今天各位专家谈到很多的地理经济学和新经济地理学的对立。但我觉得其实它们对尺度的理解是不一样的。新地理经济学主要关注抽象的尺度，它的结论是一个与具体尺度无关的一个结果。它认为同样的一个机制可以用到不同层级所观测的现象。而新经济地理学主要是关注一个具体的尺度。那么对类似的现象，新地理经济学和新经济地理学所回答的问题也是不一样的。例如，对产业集聚现象，新地理经济学主要想回答"为什么会有产业集聚这个现象"。而经济地理学所回答的是："为什么产业集聚是在某一个特定的城市/区域/国家而不是其他的城市/区域/国家？"

总之，我的一个简单的结论是，不存在普遍适用的一个研究范式。不同的研究范式在面对特定的时空背景下的研究对象时有其不同的切入点和适用性。

下一个我想要讲的是，对于我们现阶段的地理学，有没有较为合适的一种研究范式？如果有，是什么？或者我们换一个角度来说，对于现阶段我国的经济地理研究，我们需要一个什么样的研究范式？我在这里列出了三个主要的目标导向。第一个是我们现阶段地理学需要产生具有一定普遍意义的理论。我们经常说我国的经济地理学研究是理论滞后于实践。这也是我国经济地理学在地理学整个大学科里经常被人诟病的一个地方，说我们没有理论。所以我们的目标导向是希望建立具有一定普遍意义的理论。也就是说我们需要重视理论的构建，或者是重构，而不仅仅是解构。

第二个是我国的经济地理学要提高和巩固在政策导向和公共争论中的地位。我这里引用前任美国 AAG 主席 Alexander Murphy 的观点。他主要针对美国地理学，讲如何提高美国地理学在公众争论中的地位？我觉得他的观点也可以对我国现阶段的经济地理学研究有一个借鉴。他提出未来美国地理学研究有四点要注意。第一点是放大研究问题的尺度。也就是说即使我们在做一个很微观的、很小范围的实证研究时，也要把我们这个研究结论和我们国家所面临的一系列政治、经济和社会挑战联系起来。第二点是要促进所谓的新区域地理学的发展。这个新区域地理学不是 Hartshorne 在 20 世纪 30 年代所说的区域分异那种描述性的区域地理学，而指的是在对区域发展的历史，区域的政治、制度，社会、文化等各个要素的深入理解和对影响区域发展的内部和外部动力的深入理解，基于这个基础上发展的新区域地理学。这是我们地理学参与政策讨论中的一个核心能力。第三点是促进地理学科各分支学科的交流和对话，就是说经济地理学要加强与自然地理学和其他分支学科的交流。第四点是指我们经济地理学的成果表达要使用一些简单易懂的表达方式，不要很难懂，要使得我们的研究工作能容易被外行接受。

Murphy 谈的第三个目标导向是要体现经济地理学研究的批判性和解放性。批判性是指我们不能盲目地接受说大多数人认可就是真理，我们需要对主流观点的反思和挑战。第二个所谓的解放性，就是说我们需要去深入地理解，辨清束缚人类创造性的结构和社会形态，以这种理解为基础探讨是不是有构建其他更有利的制度、结构和社会形态的可能性。

我觉得以上所说的三种目标导向对我们现阶段新经济地理学的范式选择也有重要的指导意义。基于这些目标，我做一个简单的评价表，对已有的西方主流经济地理学的理论范式的适用性进行评价。这里主要选取了实证主义、批判实在主义和后现代主义三种影响深远的范式。实证主义和批判实在主义都强调我们要建立具有普遍意义的所谓大理论或大的叙事方式，而后现代主义主要是关注一个很小的、地方化的知识理论，是不太适合产生那种跨越不同群体的一个普遍意义的理论。实证主义和批判实在主义都是比较关注区域差异、区域发展、社会分化等跟国计民生密切相关的一些大问题，而后现代主义关注的可能是相对比较细的一些研究问题。还有从与其他分支学科的交流也好，实证主义是最有利于经济地理学和其他分支学科的交流。这点批判实在论很难做到。从表述方式来看，后现代主义使用开放式的表述方式，允许有各种各样的表达词汇，而不仅仅是数学或者物理词汇，因此其研究结论更容易被大众所理解和接受。最后，体现经济地理学研究的批判性和解放性方面，批判实在论和后现代主义相对于实证主义是更有利的，更有优势的。基于这样一个简单的认识框架，我觉得批判实在论是能够成为我们现阶段经济地理学研究的一个可行的理论范式选择。

		实证主义	批判实在论	后现代主义
理论建构		√	√	
政策导向和公众争论	放大研究问题的尺度	√	√	
	促进新区域地理学的发展		√	√
	促进地理学各分支学科的交流和对话	√		
	使用开放式的表述方式		√	√
体现经济地理学研究的批判性和解放性			√	√

最后简单谈一下，批判实在论对我们经济地理学研究有什么意义？或者说批判实在论对我国经济地理学研究能带来什么好处。我想大概有三点。第一点我觉得批判实在论有利于我们透过现象看本质。实证主义研究范式认为一个事件A发生导致另外一个事件B发生，通过研究A和B之间的相关性得出一个相关系数，得出它们之间的一个客观规律。我这里边有一张图是胡天新和李平在《地理研究》一篇文章中引用的。它反映了批判实在论的本体论和认识论。与实证主义不同，它认为其实有可能事件1和事件2是由同一个更深层次的结构因素所引起的。我们关注1和2的相关性，并不能探寻到事件发生的本质原因。我们要深入研究的是，到底是什么机制或结构产生这两种事件并使他们相关。批判实在论把整个事件的整体分为不同层次，最深层次的是结构，还有是机制，最表层的是事件。我们实证主义研究只关注这个事件的表层，而批判实在主义强调我们要透过这个现象去看引起这种现象发生的结构和机制。

第二点有利的地方是有利于帮助我们构建我们综合性的分析框架。因为正如陆院士所说，未来经济地理学研究要注重要素集成。而批判实在论它一个很重要的观点是认为我们既要关注引起事物或者现象产生的内在机制或必然机制，我们还要关注这种必然机制在不同的时间、不同的特定环境下以特定的方式结合的偶然机制。也就是说必然和偶然因素同等重要。举例而言，有个地理学家，也是把批判实在论引入地理学的关键人物，Andrew Sayer。他打了一个很有意义的比喻：我们研究一个火药桶的爆炸，那么可能会研究一下炸药或者它的化学成分，这就是一个必然的机制。但是光有火药还不够，还有促发火药爆炸的导火索，那就是一个偶然的机制。只有必然和偶然因素都了解，才能形成一个综合性的分析框架。

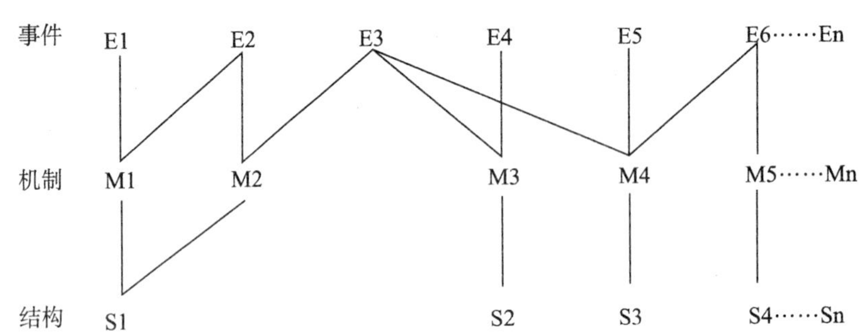

图1 事件、机制与结构间因果层次关系示意图

第三，批判实在主义能够促进方法论的多角化，这个词英文叫 Triangulation，最开始用在航海上的，主要是说两点坐标能够精确测算出第三坐标，但是其实它现在更多用在社会科学里的研究，主要是说不同的方法相互验证。批判实在论并不突出强调某一方法或技术手段，而重视四个方面的相互验证：数据不同来源之间的相互验证、不同研究者的相互验证、不同理论观点的相互验证、不同方法或技术手段的相互研究验证。批判方法论认为只有通过这种不同方法上的相互验证，才能得出一个接近客观世界的理解和认识。以上就是我今天报告的主要内容，谢谢大家！

杜德斌：谢谢胡智勇博士。他的报告否定了目前存在一个普遍的经济地理范式，同时又想试图建立一个普遍适合中国的经济地理范式。从这个年轻的地理学工作者身上我们看到了中国地理学的希望。

关于经济地理学研究方法的几点思考

陆玉麒

（南京师范大学地理科学学院）

我的题目是“关于经济地理学研究方法的几点思考”。非常感谢刘卫东教授给我提供这么一个机会，但是他的要求我不是很明白，打电话问他，他说我不能谈具体的方法，所以我就根据自己以往的一些做法谈一些感想和体会。

一块是两种主导性研究方法的评价。我把它一个称为面向问题法：强调应用，以现实问题的解决为目标。新中国成立以后，地理学一直存在以面向国民经济主战场的口号，实际上强调就是以任务带学科。经济地理学在这里是有特殊性作用的，更不例外。从早期的资源普查、农业区划、经济区划的研究，农业地理、工业地理等分支学科的出现，并成为当时的强势学科，到改革开放以后外商投资研究、新经济要素影响研究、经济发展的环境因素研究，以及微观层面的面向企业的研究，直到目前主体功能区划，等等，核心就是满足国家区域发展的要求。在这个过程当中，科学院就成为引领我们经济地理学的一个主体性单位。

这个面向问题法的优点是突出地解决了学科发展的经费支撑，所以面向应用确实是我们这个学科发展的立身之本，同时它还回答了学科的价值问题，因为我们地理学一直有个基本判断，就是能解决现实中的问题才是有价值的学科。

但面向问题法的缺陷也是同样明显的，当我们被现实需求牵着鼻子走的时候，就是项目经费支撑比较充裕，各种好处比较多一些，那么在这样的背景下，就很难整体性地进行学科的建设，较少考虑自身理论体系的构建。吴传均院士早就意识到了这个问题，所以早在20世纪90年代就呼吁我们加强学科理论建设。正是由于经济地理学理论太少，所以我们大家都知道，目前大学地理教学当中，无论哪几个分支教材，人文地理学、经济地理学、区域经济学等，就这么几个理论，国外也是这样子。所以如果回顾我们30年来的经济地理学的研究成就，我们发现可供圈点的理论和方法论方面的创新实际上少之又少。

另外一个方法是追踪前沿法，就是跟上国际潮流，尽量与国际接轨。一些海归的学者以

陆玉麒，男，1963年出生。南京师范大学地理科学学院教授，博士生导师，中国区域科学协会流域经济专业委员会副主任委员，中国地理学会经济地理专业委员会委员，中国地理学会长江分委委员。主要研究方向为区域经济与可持续发展、地理空间结构研究、人文地理学的理论研究等。luyuqi@njnu.edu.cn。

及国内的部分学者甚至还包括部分在欧美的原中国学者，构成了在国外主要经济地理类杂志发表学术论文，与国际地理学界接轨的一个主体。主要研究的内容我认为有两块，一块是国外的一些新的理论、学说，还有新技术方法用到我们中国的实证研究，还有一块就是转型期中国发展的案例研究。

改革开放以后与改革开放以前的最大区别，就是追踪前沿法的崛起。这个方法应该是建国以后地理学就有的一个研究传统，当然是在改革开放以后获得了长足的进展，并出现了一批属于国内顶尖层次的经济地理学者，像我们在座的有好几个这样的专家。所以这样的研究方法对提升我国经济地理学的研究水平，无论怎么估价也不为过的。

但是追踪前沿法也有误区，这个误区主要有两个方面，一个就是需求不同，即无论是区域发展阶段还是机制体制，从我们国家角度来说，国外的研究热点未必是我国国内研究的热点。一个是我国总体上还处于区域快速发展时期，微观尺度的研究目前还难以成为重点。另外一点越趋微观，地理学的特性就是越难体现。实际上我有一个观点，就是我们地理学，以往讲两个特性，一个综合性，一个区域性，实际上还隐含了另外一个特性，我把它称之为宏观性。另一个是西方经济地理学的研究方向，它在探索过程中也是有可能出现偏差的，如20世纪60年代出现的计量革命，成绩特别显著，其实我们现在回过头来看成效也是非常明显的，但是过于迷于数字游戏，而背离地理本身的教训，也是非常深刻的。那么新区域主义实际某种程度上同样可以看出是一种反思。所以如果我们一味地追踪前沿，刚才我觉得前面几位学者也提到这个问题，同样是有可能限于盲目的，就是如果方法不得当也有可能是追得很累，但成效未必很明显。

前面就是我大致从我的角度对这两种主流研究方法的思考。那么第二块，我想从方法论角度考虑如何提升地理学的科学化水平的问题。根据上面所说，面向问题法和追踪前沿法，是我国经济地理学工作者根据我国自身实践而形成的研究方法。这样的研究方法，依然是我国经济地理学发展过程当中的一个主要方法和基本方法。但是考虑到新中国成立以来，经济地理学理论方法研究成果较少，反映了这样一个事实，我们认为无论是总体研究思路，还是具体研究方法还需要做进一步的拓展。

下面我想讲几个看法，一个我认为除了前面两种方法以外，还应该强调过程研究，即过程、机理、规律、模型、检验这样一个顺序。我们知道自然地理学的发展成就远高于经济地理学，表面上看是跟学术属性有关的，但是现在发现这两个学科的研究思路，目前存在很大的差别。你比如说地表过程研究是自然地理学研究的内容，自然地理学强调过程研究，以及机理研究，规律研究跟模型研究。那么为了保证这些过程的科学性，还特别强调特别重视关于数据的科学研究。一句话，我觉得自然地理学还像个科学。

经济地理学确实有它的特殊性，一是以经济社会现象为研究重点，有些要素无法准确化表达，甚至要素的准确获取也很成问题；二是面向现实的任务更重，无法投入更多精力做过程和机理研究。以至于有不少学者认为，经济地理学用不着像自然地理那样成为科学，能更有效地解决现实问题就行，或者把它归类社会科学。但我认为经济地理学同样需要有深度的过程研究。具体地说，自然地理学的地表过程研究，应该是地表自然地理过程研究，我认为经济地理学应该补上地表经济过程研究这一块，我认为这是目前对我们来说最欠缺的一个领域。因为所有的经济地理学理论模型，都是在全面深入分析区域发展过程，并在此基础上进行分析提炼的结果。

从模型的提炼来看，我们国家应该是全球突出的一个“富矿”，一是区域发展过程悠久、阶段完整，二是区域类型多样、剖面多样。一句话，要想提出相应的理论模型，深度的经济地理过程分析是必须的环节。而我国特定的区情，则为进行理论模型的提炼提供了丰富的土壤。

把这些方法归纳起来，我认为面向问题法、追踪前沿法、过程分析法，大致是 30 年的周期，不知道有没有道理。刚巧，1979 年我进入地理这个大门，30 年。我的想法就是三种方法，三足鼎立，三位一体。这仅仅是个人的想法。

这是一块，第二块我强调就是我们这个学科发展，应该吸收 GIS 技术，强化空间分析结果的经济地理解释。因为本质上看，无论是经济地理学还是地理学的其他分支学科，所有的理论模型，我们前面讲了过程分析以外，它还有共同点，所有的理论模型，地理学模型，经济地理的模型它应该都是空间模型，是对区域发展过程的简洁的空间表达，而不仅仅是概念模型，流程模型。那么另外一方面，当代 GIS 技术的进步为进行深度的空间关联分析提供了有力的技术支撑。

就应用现状来看，自然地理与 GIS 结合的历史悠久，也是最有效的。经济地理跟 GIS 的结合不够充分，甚至我们可以看到一些 GIS 学者做分析的时候，光有结果展示，结果出来了，但对其经济地理含义不知道，无法分析。所以就是说根据这些，现有的 GIS 软件已经提供强大的空间分析功能，但现状是，很多人在用，但还远远不够充分，并且常常知其然，而不知其所以然，所以现在有两个任务：一是应充分利用现有空间分析软件，把其功能充分挖掘出来；二是根据需要开发相应的应用软件。

我一直有这个想法，就是目前我国经济地理学有这么好的发展条件，经费也非常充裕，有没有可能整合一下，合力开发通用性的以经济地理学当中的关键技术问题的解决为目标的分析软件。其中我认为目前最有可能的技术突破口，就是空间可达性分析技术。空间可达性也称交通可达性，是一个区域内经济地理区位的最有效的定量表达方法。目前 GIS 软件系统已可进行空间可达性的定量表达，但通用性不够，地理专业性也不够。因此我认为基于经济地理的分析要求，而开发相应的空间可达性分析软件，它的学科推动意义是非常明显的。这是我从学术角度对它的一个基本认识，正因为有这样一个认识，所以这几年我们花很多时间在这方面，就是关于可达性的研究，我们实际上从矢量角度和栅格角度分别完成了交通可达性的软件开发。目前正在进行综合集合工作，预计明年上半年能提供较完整的空间可达性分析软件出来。

如果把前面的结合起来，我认为我们无论是面向问题法、追踪前沿法，还是过程分析法，都应该以 GIS 技术为技术支撑平台。无论是人文地理还是经济地理，它的学科背景要和自然融合，要有 GIS 技术支撑。

最后我想说一下所谓理想中的研究假设，我觉得第一就是选择具有经济地理典型性的区域，在我国这样的典型性区域很多，全国也有很多这样的地理单位。这些单位分布在不同的区域背景当中。第二应该以 GIS 技术为支撑，为经济地理分析提供基础地理数据平台。第三是综合性地进行自然地理过程与经济地理过程分析，通过自然与经济过程的融合分析来实现自然与经济地理的融合。第四，规律性分析、阶段划分。第五，一般性模型提炼，归纳、演绎或其他，到这一阶段才是具体方法的应用。这样的思路和分析框架，也是我们南京师范大学正在深入考虑的问题，就是选择一个什么样的区域表达一个全过程的交融分析。

这是我的一些研究体会，请各位专家批评指正。

杜德斌：谢谢陆玉麒教授。我觉得陆教授的报告，总结了中国经济地理学目前发展的一个特点，同时也指出了未来改进的地方，还有发展方向。我觉得他的报告实际上对前面几个报告人涉及的一个问题进行了回答，就是中国有没有具有中国特色的经济地理学。从他的报告里我们似乎得到了答案，因为我们已经出现了一批顶尖的经济地理学家。而且他归纳的面向问题研究法，就是中国经济地理学很重要的特点。这个可不可以称为目前中国经济地理学的一个特色，或者一个流派？当然，他也指出我们的问题，他认为自然地理学像个科学，言外之意是人文地理学还不像个科学，是不是？最后欢迎我们沙龙的组织人刘卫东教授作报告，大家欢迎！

经济地理学研究：我们缺少什么？

刘卫东

（中国科学院地理科学与资源研究所）

谢谢主持人，也谢谢大家。我是最懒的一个人，没有做 PPT。原因之一是因为组织这个沙龙占用了很多时间，还没来得及去做。另外一方面，我对一些问题也还没有思考清楚。

首先想回答陆玉麒教授的问题。他说我给他写的那几句话他没看懂，我觉得很正常。实质上，对于方法论的思考、反思和研究，我们在座的大多数人没有做过。我敢打赌这样说。而这个不仅仅是我们中国经济地理学者的问题。我记得，去年开"第二届全球经济地理学大会"的时候，Jamie Peck、Eric Sheppard 和 Trevor Barnes 送了我一本书，名字是 *Politics and Practice in Economic Geography*。这本书里边有一句话我印象特别深刻。第一章(Methods Matter)里有这么一句话，总结了西方经济地理学里存在的一个现象，就是"Doing it rather than talking about it"，翻译成中文就是"只做不说"，不去思考怎么做的。这个问题对于我们来说也是普遍存在的。我们很多人在做自己的学问，我们认为自己做的是学问，可是我们没有去思考为什么我们做的就算是学问了呢？其实，方法论的讨论就是要解决这个问题。我们如何做就算是学术研究了，按照哪几步做我们所创造的知识就是有效的了，我们发现的规律或论证的命题就是成立的了。所以，可能陆玉麒教授错误地理解了我让他讲的题目了，他对我有一点抱怨可以理解。这是我想表达的第一点。

第二点，他刚才提到 GIS 支撑下的方法论问题，我非常赞同。其实，过去在几个场合，我在总结为什么一个学科的方法论会有所发展时，提到了三个主要的外部因素。对于经济地理学来讲，一个是社会经济变化所产生的问题，已有的方法论不能解决了。就像为什么在 20 世纪 70 年代 David Harvey 转向了马克思主义。这是很清楚的，原来社会经济的线性变化到 70 年代初期开始变成结构性变化，而结构性变化拿过去的数量分析方法是解决不了的，没法解释的，所以他要用新的方法来解释，他选择了马克思主义的方法来解释结构性

刘卫东，男，1967 年出生。中国科学院地理科学与资源研究所研究员，博士生导师，人文地理与区域发展研究部副主任，区域可持续发展模拟实验室主任，中国地理学会经济地理专业委员会主任，CNC-IHDP 产业转型工作组组长，*Progress in Human Geography*，*Eurasian Geography & Economics* 等期刊编委。主要从事区域发展、经济全球化和信息化等方面的研究。liuwd@igsnrr. ac. cn。

变化。新方法产生的另外一个外部因素就是新思潮的出现。新的哲学思潮出现，也会影响我们如何做学问。从上午到下午，很多学者讲的里边都已经提到这一点。第三个很重要的因素就是有新技术出现。我们可以想象，在没有遥感技术之前，自然地理学家或者是搞地球科学的人是怎么做研究的？他们背着包到野外去看，要靠自己画图，凭借有限的点推断面上的情况。那个年代做研究和现在做研究的方法已经有了多大的区别了！作为经济地理学者，我们也是一样。有了GIS这种手段以后，我们肯定在方法上会有突破。这一点我是非常赞同的。所以，陆教授，我对你后来讲的关于GIS支持下的很多研究我是赞同的。

我想讲的第三点是，我们今天谈了太多经济地理学的地方特色或本国特色、本土化等。我们谈了很多Geographies，很强调我们这个学科是有地方特性的。我其实原来也是一直这样想的。2000年我和陆先生去新加坡参加"第一届全球经济地理学大会"，曾经在会上对中国经济地理学的发展进行了反思。我们总的一个看法就是中国经济地理学走过比较特殊的道路，影响这个道路的几个因素包括国外的影响、我们发展阶段、我们的意识形态、我们的制度因素等。通过这些因素分析，我们一直在强调经济地理学发展的独特性问题。随着这几年我和很多人的交流，我慢慢感觉到，如果我们一直强调独特性，是不是会阻碍这个学科的发展。这只是我个人的一个思考。其实，在去年的"第二届全球经济地理学大会"上有一个会场叫What's Economic Geography for？在那个会场已经有很多学者提出类似的问题了。包括林初昇教授在其他会场里也讲到，我们到底要追求Localized Knowledge还是Common Knowledge？我觉得这个值得大家去思考。所以，这里边有一个问题，我们选择的取向到底是什么？这个只能大家去思考，我没有任何一个答案，到目前为止我也不可能有一个答案。但是，可以说的是，现在国际上很多学者已经开始意识到这个问题了。比如上面提到的会场里，Trevor Barnes和Eric Sheppard提出要建立Trading Zone，就是大家能够进行交流的一个特区。既然大家做的都是不相关的，存在着多元化的经济地理学，那我们到底要不要一个Trading Zone？要不要一个大家可以交流的平台？关于这方面，最近*Progress in Human Geography*邀请我就"第二届全球经济地理学大会"写一个Viewpoint，我借此机会也对这个问题也发表了一些看法。电子版网上已有，大家如果有兴趣可以看一下，篇幅不长。

现在回到我今天原本想讲的一个事情，就是经济地理学研究，我们到底少了什么？其实，大家不必去回避这个问题，这就是我们经济地理学或多或少有一点尴尬。我们觉得自己做了很多研究，我们也的确做了很多的研究，我们在政府决策上的贡献很大，但是在很多的资助机构里边，包括宋主任这里，也包括科学院的管理机构，一直认为我们还是有一些问题的。为什么？我们无法回避这个问题。一方面，我们可以向他们宣传我们这个学科有特点，我们做的事情与那些纯粹自然科学是不一样的，我们需要这样做。但另一方面，在我们圈里，今天大家是在家里，我们是不是要反思一下我们少了什么东西？这个从大家自己的研究里可以看到。我们肯定对我们自己的研究感到满意。我们做一项研究也是按照套路来做的。但这个套路是谁告诉你的？实际上，我们都是潜移默化地跟前人或别人学来的。没有人给你开一门课，教你这个学科的方法论问题。我们在之前的小沙龙上谈到过，其实在美国也好，在英国也好，他们的大学生都会有方法论方面的课程。他们必须要选择这么一个课程，老师会教大家思考方法论问题，而我们确实没有。我们的方法论来自何处呢？实际上来自于我们周围的人都是怎么做学问的，受到潜移默化的影响，多半属于师傅带徒弟的形式。现在我们需要思考这个问题。所以我觉得，我们经济地理学研究缺的第一个主要的东西就是，我们在方法论上不够明晰。在方法论上不明晰，我们就没办法很容易地说服别人我们产生的知识是有效的。这点是很关键的一个问题。今天有这样一个机会，或者借着现在有方法论研究这个项目，我们需要去思考，我们怎么样完善我们的方法论。

所谓方法论就是要有一套程序或者一套步骤，我们完成这套步骤之后，所产出的知识是有效的，或者所证明的命题是正确的。你至少要有一套完整的东西。这里我提倡科学性，而不是科学主义或者逻辑实证主义这些东西。不管你用哪一个主义，至少你要能够清清楚楚地告诉人家，我用的是这种方法论，我是这么做的。但是，我觉得现在我们很多研究没有去思考这些问题。我看到很多学生开题报告里边说，研究方法要用实证方法。这个实证方法是什么？是实证主义的方法还是其他什么方法？很多人理解的实证方法，就是举个例子。前边讲一大堆理论的东西，后边举个实际例子，这就叫实证方法。这样的方法能不能成立？或者它是一个强实证还是一个弱实证？这些问题，我们都是需要去思考的。当然，在今天这个场合，我没有办法给大家一个明确的结论。我一向主张在这个阶段就是让大家去思考，使大家的思维暂时陷入混乱，越混乱越好。混乱了，大家才能去思考。我在发表于 *Progress in Human Geography* 的那篇 Viewpoint 里讲到，我个人这些年比较 Suffering，但我又认为 Suffering 是好的。思考才让我痛苦，痛苦才让我去改进、进步。这一点我想大家会认同的。今天大家听了一天的报告，尤其对学生们来讲，越听越糊涂。大家可能感觉到没有一个说法。没有说法就对了，因为需要大家去进一步思考。现阶段我们没有一个说法。

第二个问题是缺少被广为认可的研究对象。这个问题不光我们才有，实际上国外的经济地理学研究也是一样。我们没有一个被大家认可的，被大多数人哪怕是 75%的人认可的一个研究对象。我说的研究对象是指具体的学术上要研究什么东西。比如有人说研究对象是区域，哈特向就是这么讲的。今天上午陆先生讲到了英国学者的定义，即研究区域差异和相互作用。这也是我们经济地理学研究的对象。也有人，比如 Gordon Clark 在《牛津经济地理学手册》里讲到，研究对象是差异和分异。所谓差异就是不同地方之间的差别，分异就是差异的过程。也有人说研究对象是 Place 和 Space。Place 这个词大家翻译成“地方”，我一直觉得有点别扭。Local 也是“地方”的意思。我觉得“地方”要加儿话音才是 Place 的意译。

“地方儿”，如果大家能听得懂北京话，应该知道它是指一个很小的范围。而与全球对应的那个“地方”(Local)则很大，例如北京市对于全球来讲就是一个地方。当然，我们现在也把人地关系地域系统作为经济地理学的研究对象。我觉得这也是非常重要的研究对象。今天上午陆先生在他的讲话里提到了，实际上我们在研究人地关系地域系统的时候，要特别注意人这个投影，人类活动在地表上的投影。只有我们理解了人类活动在地球表面上的投影，我们才能在人地关系上有发言权，才能进一步深入研究人地关系。否则，我们连这一方面都不清楚，我们怎么去研究人地关系？所以，我觉得我们缺少一个比较明确的、固定的、长时间里被人们不断研究的一个研究对象。这也造成了我们的经济地理学比较散，全球经济地理学都面临同样的问题，就是 Pluralism，是多元化。我可能是一个理想主义者，大家可以批判我是理想主义者。你认为那个稳定的研究对象根本就不可能存在，也可以。大家可以批判，但是我确实从价值观出发，觉得是不是有必要有那么一个东西。

第三个问题，是我们的科学名词问题。为什么一些人老觉得我们的研究工作很容易？今天上午樊杰教授也讲到，很多人觉得经济地理学谁都可以搞，谁都可以上来说两句。他用一个框架解释了这个问题，我非常认同，就是我们的知识体系外围的东西是普及性的，由外到里逐渐上升。实际上，这里边还有另一个问题，就是我们的科学概念的问题。我们没有很多的、特别好的科学概念。应该说是这样的。你比如说我们讲 Region 的概念，我一直给学生讲，我们提到区域的概念时指的是什么尺度。大家一讲区域，脑子里没谱。化学家讲分子、原子，大家立即知道是什么、有多大。我们讲区域，就不清楚了。北美自由贸易区也叫区域，东盟也被称为区域，我们讲中国的几个省可以是区域，如东北地区是一个区域，我们讲一个省也是一个区域，我们讲几个城市也构成一个区域，我们还讲一个城市(市域)，北京市的市域范围好像也可以叫一个区域。那么，我们到底说的是什么？没人可以立即明白，因为它是一个有背景的词，只有读上下文才能理解它到底指的是哪个空间尺度。这样的概念数不胜数，尤其像刚才林初昇教授提到的很多的很“有名”的一些词汇，如 Untraded Interdependence，不可交易性相互依赖，你能懂是什么意思吗？还有我们讲 Cluster(集群)，大家的理解是什么？你去硅谷看一看，那儿的所谓“集群”是什么样。这个差别实在太大了。这个其实正是林初昇教授提到的 Ann Markusen 所批判的，概念模糊。特别是，我们很多重要概念的空间尺度模糊，而我们恰恰是研究空间问题的。当然，这个不是我们中国经济地理学的问题，而是经济地理学整体的一个问题。

我今天多占了时间，特别是今天上午没主持好，让很多想发言的同事没机会发言。我就讲这些，把时间留给大家。谢谢！

杜德斌：谢谢卫东教授。他提出了中国经济地理学现在少了一些什么？一个是方法论，还有一个研究对象，还有一个科学名词。这只是他个人的观点，大家可以批评，可以攻击。我觉得这三个问题是中国经济地理学存在的问题，还是全球经济地理学存在的问题，大家也可以讨论。我们这一节有好几位教授发言，我整理了一下留在自己脑子里的东西。林初昇教授提出了“文字游戏还是数字游戏”。这实际上是一个比较具体的研究方法，这个方法应该是普适的。但是，包括林初昇教授还有后面的专家，也提出这样的一个问题，就是有没有中国特色的经济地理学？或者有没有中国特色的经济地理学研究范式？我们从陆玉麒教授的报告里好像似乎看到有一点儿。中国实际上应该有自己的东西，但是还不明确。我觉得这里有一个问题：有没有具有中国特色的经济地理学，怎么样去评判，靠谁去评判，是中国人评判还是外国人评判？我们今天在这里举行这个会议我觉得非常有意义。昨天正好是我们改革开放 30 年，中国创造了一个世界奇迹。中国的经济地理学有没有在这个过程中有突出的贡献呢？我们现在称我们自己是有中国特色的社会主义，有的外国学者称我们是有特色的资本主义，还有的人称我们是现代化的第二条道路。我觉得在这个过程中，实际上我们中国地理学的发展，当然也包括中国经济地理学的发展，有很多东西是值得自己总结的。关键是这个评判由谁来做。或者我们可不可以说我们有一个实用主义地理学。我想这里最大的特点就是“不管白猫黑猫，抓住老鼠就是好猫”。刚才陆玉麒教授讲到，中国地理学很大的一个特点就是面向问题。我觉得中国地理学是不是就是一个实用主义的地理学？当然这里也存在很多问题。在这个方面大家也是有共识的，包括刘卫东教授提出的经济地理学存在的问题。现在是自由发言时间，请各位踊跃地发言。

自由发言

丁四保(东北师范大学):听了这次报告以后很受启发,因为我觉得我这些年一直很庸俗,也不搞理论也不搞方法。像刘卫东、蔡运龙他们做了很多。我有这么三个体验。一个是我觉得人文地理学在科学性上确实存在问题,应该受到其他学科尖锐的批评。这个应该是旁观者清。这是一个想法。第二个想法是显然我们做得还是不够的,这也是我自己感到的。比如说我们这个数据,吴绍洪说得有道理。我们的统计数据有水分,大家都知道,但是我们拿不到其他数据,我们很难拿到我们想做的科学理论所需要的数据。再比如,做物流研究的OD数据,一次就是好几百万的经费。大家都知道,确实有这方面的困难。还有信息不对称,往往老百姓不告诉你真实的数据,你也不知道是真是假。政府总是夸好,老百姓总是哭穷,所以没有好的数据怎么谈方法,这确实是一个问题。还有一个就是,有一些可以做的东西我们没有做。比如空间结构的过程、扩散、格局,还有土地利用。土地利用真的可以做,但是我们确实没有踏踏实实地工作。寻求关于空间结构的命题,我们真没有做踏踏实实、实实在在的关于过程分析的工作。刚才几位老师都谈到问题导向研究。我认为我们应该做很多面向问题的研究。这是我们中国地理学非常好的一个现象,我们有宽厚的空间和很深厚的土壤。这是我们中国人文地理学或者经济地理学非常好的条件。我们做了很多实践,我们做了很多问题研究,但是我们没有发现很多科学问题。就是大家所说的,中国有这么肥沃的土壤,为什么我们没有像外国人那样左一个主义右一个理想。我们应接不暇,我们跟不上,但是我们自己这么丰富的土壤,没提出什么重大的科学命题,这是我们应该在应用研究中或者在解决问题当中思考的。要搞好我们自己的理论建设。

刘卫东:上午吴绍洪讲数据问题的时候,我说了下午我一定要说一下这个事。刚才丁老师又讲到关于统计数据的问题。我是这样看的:我就不明白自然地理学家在某几个地方取几个样,就能代表某一个区域,这种代表性有多大?这是他们所产生的问题。他的仪器设备可能很精确,他取到若干个地方的数据,他能取到所有地方的样本吗?他能取多大范围的样本?但是,他就敢推断这个区域是什么样的,画一张图给你,显得非常精确。而统计数据却不然,统计数据是从基层统计上来的,代表性非常强。大家都说中国的统计数据不准确,这个要看怎么说了。我觉得这个数据的准确程度比树木年轮的准确程度不知要高多少呢!自然现象的数据不准确，自然界不会站起来跟你说不对；社会经济数据就不一样了，错了或者有误差了，马上就有人可以发现，并说出来。这是差别所在。

陆大道：统计数据有些是没有太大误差的，比如主要产品产量。今年的钢铁产量是多少？电视机和电冰箱产量是多少？这个没有太大误差。误差主要出现在GDP这些经济总量指标上。统计工作是政府系统的工作，涉及千千万万人，不能说一点误差没有。另外，我们可以用不同指标相互校正。

刘卫东：所以，我们可以不在这里讨论统计数据准确不准确的问题。我们应该基本相信，我们统计数据的准确性该高于树木年轮的准确性，这个对不对？有没有碳通量观测的准确性那么高，我们先不去讨论它。那关键问题在什么地方？关键问题是，自然地理学者也好，还有我们以及其他很多做实证研究的学者，都认为第一手数据很重要，都认为统计数据是第二手数据，这是要命的问题。第一手数据好在哪呢？第一手数据是我自己做的，我知道限制条件是什么？我知道当时采集数据和获得数据的条件是什么？然后我在分析数据的时候心里就清楚，它的局限性在哪里，有什么缺陷等。这些是第一手数据的好处。那么，针对统计数据来讲，我们能不能把它作为准第一手数据来使用？我觉得是可以的。只要你知道这个统计指标确切的含义是什么，是怎么被统计出来的，那基本等于你自己做的，只不过是统计局帮你做的。但是，我们现在的确存在一种问题，就是很多人使用统计数据的时候，不清楚那个统计指标代表什么，也不知道是怎么统计出来的。所以，在用的过程中必然产生很多问题。我觉得，我们应该这么来看待统计数据：首先统计数据是可以信赖的，是用于分析的非常重要的基础数据；其次我们一定要非常清楚地知道，统计指标是怎么回事，是怎么统计出来的。这样才能用得正确，不产生错误的结果。我想，之所以别人会认为我们用统计数字有很多不可信的东西，部分原因就是我们不太了解那些指标的具体含义。多少人清楚地知道GDP是怎么统计出来的吗？现场能不能有一半人清楚地知道GDP是怎么统计出来？有哪几种方法？如果我们能做到这一点，你说它是第一手还是第二手？我想很难说的。

陆大道：如果有一个别的学科的专家来对地理学讲话，说你们地理学不行，没有方法，不与国际接轨，没有人才，没有新的理论，方法上不先进。你会不会有反感？这与我们自己反思自己，讲自己的问题一样吗？你们认为呢？我们今天当然要讲问题。刚才刘卫东的意思是说，行与不行是可以争论的，不能别人说我们不行，我们就不敢说话了。

刘卫东：我觉得我们应该区分指责和善意的评判，这个必须区分开。如果是指责显然不对，如果是善意的批判，这个是可以的。

林初昇：听了陆先生的一番话，我深有体会。我觉得我们应该把这个当做鼓励，作为我们做学术研究的一个极大动力。我的耳朵里一直不停地回响着陆先生刚才讲的话，因为我自己有亲身体会。当你在一个学校里边，我在高等学校里工作，你要代表地理系、代表地理科学面对其他学科。我在香港大学，香港大学差不多2/3的人力财力权力都在医学，香港大学出名不是因为我们地理出名，所以医学院的人认为他那一块是最重用的。当你面对医学院的领导，为地理系跟医学院的人争研究基金、争位置，你怎么说服他们？说我们地理其实做得不差，这是个非常辛苦的事。同样呢，当我们到国际这个舞台上，人家一看就知道你是一个研究中国的学者，你英文讲得再好他也知道你是中国出来的学者。你面对国际上的专家，大家都是做经济地理的，你怎么能够把你的研究让他接受，让他觉得你确实做得不错，你有你的方法，而且有独到的见解，知道做什么。这也是非常艰辛的一个任务。所以，刚才陆先生谈到这个，让我真是百感交集，很有感触。我们大家都要努力，我们要做到某一天面对其他学科时，跟他讲我做得不比你差，甚至在某些方面比你强。我们能够面对国外学者的时候，让他们知道大家都是做经济地理的，我们做得不比你差。所以，这个是为什么我们组织人文地理沙龙的重要原因。我觉得这是很好的一个平台。

杜德斌：我们尽量让没有发言的同志发言。

段学军（中国科学院南京湖泊与地理所）：刚才我看是大将发言，我们年轻人也发表一点意见。我觉得应该转移一下话题。我准备了一个东西。上午有很多专家提到克鲁格曼，我准备了一个关于克鲁格曼的小材料，简单谈一点我自己的想法。克鲁格曼拿到了今年的诺贝尔经济学奖，大家都知道。瑞典科学院给他的声明是这样说的：他整合了此前经济学界在国际贸易和地理经济方面的研究，在自由贸易全球化和推动世界范围的城市化进程方面提出了一套理论。他的主要贡献实际上是在国际贸易。他原来一直做国际贸易，但是在做国际贸易研究中，他发现很多问题，涉及地理学的问题。所以，他在80年代逐渐转移到地理学领域。简要地介绍一下他的成就。他最大的成就，是在1994年预言了亚洲的金融危机，应该说这是对他承认的一个重要转折点。另外，他还预言了美国网络经济泡沫的破灭，也是有先见之明的意见。

下面我讲一下我自己的观点。克鲁格曼开始研究经济学然后转入经济地理，实质上做的是区位研究。他最大的特点是解释事实，把事实解释得非常清楚。上午我们很多科学家讲了对于地球科学复杂系统的认识，说它是非线性的、动态的，很难把握的。但是，是不是这样很难把握的系统我们就不做研究了？这是值得我们思考的。实际抽象到更高层面来看待区域发展问题，所做出的判断相反可能准确。就像在古代看云识天气照样判断得非常准确，而我们现代天气预报在技术方法上应该说非常先进，但是现在的天气预报预测不是很准确的。为什么？因为对内部机理的描述和认识还没有达到那个程度。这就是说，并不是说你这个方法先进了你就能解决问题了。所以，应该从抽象的、更高的层面来认识系统的非线性问题，我觉得这个值得我们思考。

另外，研究应该具有全球化视野，从全球化的视野研究我们经济地理学的问题。还有就是要关注生产方式。实际上，我们现在已经到了政府之间进行博弈的阶段了，实际上体现的就是生产方式的问题。此外，还有一点体会。对于我们来说，复杂系统的非线性的科学预测，就像上午陆先生讲的预测、预警、预报能力，是我们检验我们学科价值的很大体现。例如，我们单位做了太湖蓝藻的预警预报工作。以前，太湖蓝藻暴发的时间大家都是很难判断的，很难判断具体的时间。通过我们对这个问题的认识和工作，虽然蓝藻暴发的机理现在还说不清楚，但我们单位做了一套完整的预警预报系统，把去年的蓝藻成功预报了。所以，我认为，认识复杂系统实际上从更高层面、更抽象层面是一个很好的视角。

杜德斌：接下去发言尽量围绕我们下午的几个报告，不要超过5分钟。

李国平（北京大学政府管理学院）：这个沙龙的协办单位之一是北京大学城市与学院的城市与经济地理学系，而我所在的单位是政府管理学院的城市与区域管理系。他们的系在自然科学，我们这个在社会科学，有点乱。就是说关于经济地理学科的性质包括所属关系，实际上我们现在有点乱。现在的情况是，自然科学基金我们在干，社会科学基金我们在干，重大项目也在申请。这种状态可能说明一些问题，就是我们的综合性的问题。实际上，我们在填写经济地理的所属的时候，可以说地理学是一级学科，人文地理学是二级学科，经济地理学是三级学科；应用经济学下面有区域经济学这个二级学科，下面有经济地理学。还有一个国民经济学这个一级学科，经济地理学是它的二级学科。所以，搞不清楚我们在哪里？但是，我觉得这种乱的过程中，我们有一些共同性。

就研究方法论来讲，我们非常倾向于和国际进行接轨。但是研究方法论上，具体用什么又是一个乱。实证主义也好，批判实证主义也好，还有现实主义、后现代，还是比较乱。这种状况下，现在还有各种转向，比如文化转向。我现在政府管理学院搞公共管理，我要考虑地方政府在区域发展过程中到底怎么办。这种情况下，我也要考虑新公共管理的理论和方法，如何在现实中解释区域发展、解释经济地理现象。这种乱，刚才刘卫东教授说了，在座的学生恐怕觉得更乱。我不是希望大家越乱越好，但是我们有很多的思考空间，我们需要有自己的思考。

有几位教授非常强调理论的建构，这是非常需要的。但是，理论建构的前提又是什么？我想说的是，首先我们可能要做一些实证主义的研究。我们既要知道自己在搞什么东西，也要了解人家在搞什么东西。我们首先建立一种解释性的东西，然后进一步进行归纳。我想经济地理在乱的过程中，可能社会科学的属性越来越明显，包括方法论。尽管我们说社会科学不能像自然科学那样，做到重复性和可验证性，但是规律性的东西还是有的。所以，我觉得方法上也是共存的，思考也是共存的。这个方面要和国际接轨，我们做一些与国际上的交流和对话，切实解决我们的实际问题。我觉得会有一些批判声音的，但这种批判我们不能在学科之间搞，学科之间在一定程度上是不可比的。我们应该有自信，经济地理学是有科学性的，有预见性的，有作用的。经济地理学本身就年轻，这种年轻的学科的理论提升和建构，包括中国的经济地理被世界所认同，可能还需要积累和完善。希望在座的后边这些同学们和年轻老师们，为中国经济地理的方法以及理论提升作出更大的贡献。谢谢大家。

王士君（东北师范大学）：谈两点想法。第一点就是听了一天的人文地理学理论方法研讨，很受启发。无论是哲学层面的问题，还是地球科学方面，还是地理科学方面，都很受益。我觉得这样的研讨很有必要，但是同时我感觉内心世界里多少有一些酸楚。为什么这么说？因为我们地理学或者说人文地理学说长不长说短不短，也有 200 年的历史。从改革开放开始，我们国家的地理学发展也 30 多年了。到现在我们还在谈论方法和理论，而且我们谈论了差不多 30 年，所以我多少感觉有点酸楚。因为学科成熟到一定程度就不停留在理论方法上了，或者把理论方法运用在研究过程之中。这方面，我不敢质疑这个沙龙的命题，我只是觉得，什么时候我们不谈方法了，我们学科就成熟了。自然地理学谈论的是怎样实验自然地理过程，遥感接收与识别，这些学科可能不存在理论方法的问题。当然，我们也有我们的难处，这种难处我觉得不怪我们这种学校。怪谁呢？刚才曾刚院长的发言里边有句话，说到花钱难，我很有感触。像中科院地理资源所这样的单位，经费很多，有钱可以买设备，可以做数据，到一定程度可以把理论方法发展成一种成熟的体系。所以，我觉得理论和方法应该靠你们。我不是推卸我们的责任，但我们的环境不一样。第二个想法，如果有机会我们想承担下一届人文地理沙龙，也可能明年也可能后年。如果我们有话语权的话，在下一次沙龙讨论的命题上，我们想把理论方法的研讨能不能放在一些载体上。我们可以讨论一些新的研究成果，人文地理学的创新，特别是创新性的成果的交流，体现它的理论方法过程。这是我的一个想法。另外，我觉得我们也可以谈论某些命题的解读，当然我们这个学科不像物理学或者数学有很多问题等着解决。我们可以谈更前沿的命题，如金融危机之后的世界格局，也可以谈论一些传统的地理学命题，比如人地关系的演化有没有规律。

杜德斌:这些问题下去讨论好吧?

刘卫东:因为大家讲到有点乱,我再说几句。其实我们谈论方法,我一开始在会议通知里就讲到,方法无非三个层面的东西,其中最上面是哲学层面和思维方面的东西。其实刚才李国平教授提到的制度转向和文化转向是思维层面的东西,不是方法论的问题。我们为什么关注方法论?我觉得,大家都做学问,凭什么说你做出来的知识是有效的。大家要思考这个问题,用哪几个步骤你就能认为你产生的知识是有效的。我们往往不考虑这个问题,我们做出来一些东西,至于对与不对,正确与不正确,没法去检验它。我希望大家讨论这个问题,这个问题不是具体的这个方法或那个方法。所以,要澄清一下,大家要思考凭什么你做的研究,你产生的知识,你的那个命题,你论证完了就被认为是有效的、可行的、正确的。这对于我们说服别人说我们的学科不但很有用,而且做得非常有科学性,是有意义的。

朱 竑(华南师范大学):我想讲三个方面的小问题。第一个,上午顾朝林教授提到,爱因斯坦先学地理学,后来觉得地理太难了转学物理。我想引用前苏联一位著名地理学家的话,他说学地理学的人和做地理学研究的人都是世界上最聪明的人。我想用这样一句话鼓励在座的同学们和我们所有的研究者。我想只有最聪明的人才从事地理学研究,在这个当中最优秀的那一拨人是从事人文地理学研究的。第二个,我想讲强和弱的关系。其实,我们讲任何事物的弱与强的时候,都是自己跟别人在比,至少是把人文地理和自然地理以及其他学科进行比较。在中山大学不存在这样的问题。那边人文地理就是老大。为什么我们是老大?因为我们很多研究,我们的成果,我们团队所有的东西,远远超越他们。所以,我想只有你做得比他强,强和弱自然就有分明了。而且,强和弱永远在辩证当中发展。第三个,我想讲一下本位主义和博大之间的关系。地理学科与其他老牌的大学科比较,连小弟都算不上。在化学或数学人家眼里你算什么?在任何一个大学,我同意林初昇教授的观点,根本没有你什么话语权。所以,我们地理学不管从事人文还是自然的,本来就已经很弱的。今天很遗憾没有更多自然地理的老师来,唯一来了一位已经走了。我想对于我们地理学者来说,我们应该摒弃掉我们的本位主义,应该拥有更博大的胸怀。我们只有自然的、人文的相互团结,我们才能在未来地理学的发展过程中,在跟其他学科相比的过程中,不断地壮大,才能有更强的话语权。所以,我觉得如果锅里没有肉了,碗里永远没有什么东西。现在遗憾的是,国内很多大学,自然地理已经演化成地质,这个宋老师很清楚。很多人文地理学的老师没了,土壤地理的老师没了,动物地理学没了,部门自然地理学没了。谢谢大家!

张小林(南京师范大学):听了上午和下午的报告,斗胆提几点问题。我可能提得比较尖锐。第一个问题，有所谓的人文地理学方法吗？我们今天研讨的主题是人文地理学方法。人文地理方法，一个来自于自然科学，从自然科学里边引入实证主义的方法，用科学规范来做我们人文地理；另一个是从社会科学里边引入所谓的人文主义也好结构主义也好，所谓的哲学层面方法论。从具体的研究方法来说，科学很多都是相通的。不管是文字游戏还是数字游戏，实际上这些方法都是通用的。那么，是不是要专门提一个我们人文地理学的研究方法，还是别的研究方法？

第二个问题，有人文地理学共同的研究范式吗？我都是提问题，我自己也思考不清楚。我们有的偏城市，有的偏经济，有的偏社会文化，这么多分支学科里面，大家坐在一起共同的研究范式是什么？这个作为学科发展的前提条件，应该有所发展。关于人文地理学的研究范式，我不同意有些专家提到的，一个哲学流派、一个哲学思潮就是一个范式。这不是范式，这是一种哲学思想，可能会对人文地理学产生一定的影响，但不是共同的范式。人文地理学经典的科学范式，我们大家都认同的是人地关系的区域研究，空间的分析。还有所谓的西方国家的社会科学研究范式，但是这个范式可能在逐步形成过程中。

第三个问题，人文地理学的理论和规律是求同的还是求异的？我们从自然科学里引入很多的方法，通过这些方法来评价我们人文地理学所作的贡献。用自然科学思路来研究，就是我们追求的共同规律是什么。但是，恰恰把人文因素加进去以后，可能好多人文地理学研究不是求同的，不是追求共同规律，有不少是求异的，包括现在我们讨论的这个主义、那个主义。

第四个问题，人文地理学特性，除了区域性和综合性以外我们是否还有别的特性？我们是不是仅仅跟地理学一样，只有一个区域性和一个综合性？我认为人文地理学应该加一个社会性。我记得全国高校人文地理学教材编写时有不少老师参加。里边为什么加了一个社会性？可能跟自然科学的规律有很大不同，我们研究的很多现象是人文现象，而人文现象的规律性可能不是我们地理学的一个规律可以解决的。它的动力所谓讲到的驱动力，很多是社会经济的动力，不是自然的动力。早上陆先生的报告里提到，由自然主导的环境演变，向人类主导环境变化的转变。这个人类主导的环境演变，很显然它的规律所涉及的主体是社会经济生产方式和生产力以及制度。

其他问题还有：人文地理学的基本理论是什么？有中国特色的人文地理学吗？是不是也要加一个美国特色的人文地理学？人文地理学的价值判断究竟是什么？是由科学性来判断还是别的什么？这里，我提的几个问题供大家讨论。

杜德斌：你的问题好像你自己已经回答了。

刘卫东：我回答第一个问题。不说的话，一下又要乱了。关于人文地理学有没有自己的方法论，我刚才讲到了方法包括三个层次，一个是哲学层面或思维层面，一个是方法论层面，一个具体的研究工具。我们讲方法论，指的是保障产生知识有效性的方法或步骤，这个方法不是你自己独有，是很多学科所共有的。你说这个方面有没有地理学专门的方法论？我想肯定是没有的。那么，学科之间以什么来区分？是研究对象。而这个研究对象是什么，取决于我们的思维。我们的思维特点又取决于，我们过去曾经建构的知识和理论教给我们怎么去认识世界。如果说人文地理学有些有特色的东西，那也是存在于哲学层面和思维层面的，可能在具体的方法上。有些具体方法是地理学独有的。比如区位的方法、阿朗索的地租分析、中心地分析方法等，这些都是具体的方法。到这个具体方法层次上有我们地理学的东西，也有从其他学科借来的。就像我常给学生举的例子。厨师炒菜，他的菜谱或经验就是思维层次的；菜熟没熟、能不能吃是有一些规矩的，类似于方法论；至于用什么东西来炒菜，煤气灶或电磁炉都可以，但是你要把它做熟，让人能吃。我们今天鼓动大家思考的是，怎么就算把菜做熟了，可以吃了。我们暂且不谈具体方法。大家一定要区分三个层次的问题，不要混起来谈。

杜德斌：大家还可以讨论。

赵继敏：我是地理所即将毕业的一个博士生。我想响应一下刚才杜老师的号召，就是回到今天下午发言，来围绕这个发言讨论问题。今天下午的发言给我印象最深的是两个老师的报告。一个是贺灿飞老师提到的尺度问题。尺度和研究方法，您认为有一个相关的关系，但是我觉得似乎不太成立。比如您说在国家尺度上是克鲁格曼的，或者说新经济地理的，或者说数学模型的这种范式，但是我们看波特，他研究国家的竞争优势，采纳的方法恰恰是访谈调研或者说经验的方法。所以我认为您的观点不成立。这实际上牵扯到一个问题，就是人文地理学所说的尺度和自然地理所说的尺度是不一样的。比如说国家，实际是社会群体之间通过战争而划分的，城市是由人组成的社会群体通过经济活动、文化活动等方式相互竞争而由社会建构的。基于哈维和列斐伏尔的观点，空间是由社会建构的，国际上的一些学者提出尺度也是由社会建构的。而社会建构的尺度之间是相互嵌套的，有所谓 Nested Scales 的说法，是不能截然分开的。所以，要是说超国家尺度上适用克鲁格曼的新经济地理学，或者微观尺度上适宜用经验验证，这似乎不太成立。比如我们研究意大利恐怕经验的方法更为重要。第二个是林初昇老师的报告给我的印象也非常深刻。您所说的数字游戏和文字游戏，我不认为是曾刚老师说的定量和定性的问题。实际上说的是两个范式、两个模式之间的争论。Barnes 曾经在文章里说，一个学科的发展不能脱离整个社会科学的背景，我们经济地理学的发展实际反映背后整个社会科学的变化。这两个变化实际上大概有两大流派：一个流派是新经济地理学，它是以新古典经济学思想为主要的思想来源；另一个社会理论流派，以社会学为主要思想来源。我觉得林老师说的是这样一个问题。但是，这当中也有问题，就是现代经济学已经发生了变化。您刚才所说的实际上是两个极端，您所说的数字游戏这一派，现代经济学已经放松了它的假定。现在讲自利，是指效用最大化。什么是理性呢？理性是有限的，只要达到满意，就说是理性的。追求效用或者利益最大化，已经被认为是不可能。所以，现代经济学的目标是解释约束条件。这和我们地理学常提到的解释学似乎是类似的。我觉得两种极端的情况，大家都不会采用。现在最有价值的讨论是介于他们之间的讨论。我想在这种讨论中是不是存在一个问题，就是地理学家对现代经济学的进展不太了解。谢谢。

陈　雯（中国科学院南京湖泊与地理所）：说到背景，我本科和硕士学的是地理学，我刚刚拿到经济学博士。我想谈两个问题。一个是不是要按照规范的范式走？我们可以看出经济学有规范的范式，比如说新古典主义等。大家可以按照这种范式来推出来一个结果。区位论也是经济学提出来的。沿着区位论，克鲁格曼把它扩展开做了一些研究。我从来没有称自己是经济学家，我还是很自豪地称我是经济地理学家。我开玩笑说经济学家，用了这么多模型，但是中国没有一个经济学家预测出这次的金融危机。这也是他们自己这么说的。他们用周期性理论预测，用增长模型去预测，用新古典主义方法去预测，没有说是今年，而是说5年、10年之后才会有经济危机。所以，我觉得研究一方面要有一个规范的范式，但是也不要变成一种硬性的模式。经济学有很多理论，但是反而变成用理论去套研究。看经济学研究区位论的话，发现一个问题，就是它的假设，它把空间作为同质空间。我们看克鲁格曼《空间经济学》这本书，你会发现实际上拿它来做地理分析的时候，它是不实用的，它忽略了我们所说的地域分工的差异性，没有地域的差异性，它把空间作为一个平地。包括我们现在所说的部门区位论等，它是把空间假设成一个平地，没有任何区位差异，然后看集聚效应的产生。我们地理学所强调的地域分工、地域性、区域性，这些是他们所忽略的。这是我们地理学家可以做很多工作的地方。我觉得在这里边，从区位论出发，可以在经济学研究的基础上把很多地理学要素加进去，来完善区位论。早晨听樊杰教授讲的企业区位论，从区位论到区域化再到空间结构，我觉得是非常好的。我们也做了一些探索。这是我想讲的第一个问题，就是我们要有研究范式，但是我们不要被它框死掉。

第二个问题，我们是不是一定要讨论一个很哲学的研究思路的方法？从我个人角度，除非一个非常聪明的人，一个非常有哲学基础的人，你可以在很年轻的时候就开始讨论这样一个哲理的问题。从我个人经验来讲，我还是奉劝我们年轻人，能够从实证做起，从经验做起，从数字做起。当我们有很多的经验积累以后，有很多认识以后，等到有一定的积累和一定的年龄后，看看是不是有一些突破，能不能总结出一些范式。如果没有很多的实践调研，你能干什么？我跟一些经济学的教授谈，他们也谈到现在年轻人的问题，不愿意下去做调研。这样能发现什么？很多东西是要实践的，没有实践积累，达不到一个更高层面的总结。

第三个我想提的问题，顾朝林教授也谈到了。我们现在所做的规划和政策研究是不是科学研究？我们一直讨论这个问题。我们科学院写报告的时候把它归为实践应用，而这不是科学问题。路甬祥院长前一段刚刚到我们所，他做了一个非常有深度的报告。路院长认为像这种政策导向的研究非常具有科学性，应该作为一个非常好的方向。实际上，政策导向规划是在科学基础上对未来的一个预期，我觉得是一个趋势的伸延，或者是在所考虑的基础上做的一个方向性东西。我认为同样也是科学问题。不要认为我们现在做的政策研究，规划研究，就不是科学。我一直不这么认为。谢谢！

杜德斌：好，谢谢陈教授！她提出一个问题，就是政策研究是不是科学。下面请张晓平女士。

张晓平（中国科学院研究生院）：非常感谢主持人给我一个发言的机会。对于刚才有学者质疑我们今天讨论方法主题这个问题，我谈一点看法。我是2006年从地理资源所到研究生院的。在这两年的工作时间里，我深刻体会到对于方法的探讨和研究非常有必要。上午宋主任提到，目前很多学科的发展都是需求的推动，在研究生院也存在这种情况。凡是课程名称带有什么方法的，选课的人数就会非常多。500～600名学生里，其中将近有300多人都会同时选一到两门课，一门叫地理数学方法，另外一门叫GIS与空间分析。所以，我想在方法方面，存在广阔的需求。需求牵引着我们应该在这方面继续去努力，去推动相关的方法的探讨。当然，这里边的方法没有那么明确的像刘卫东教授提出来三个层次的区分，我好像也不是分得特别清楚。

第二点，我是陆大道先生的学生，我们从入学开始陆先生一直给我们谈，我们学科的发展以及我们的地位问题，但是一直到现在我仍然面临比较尴尬的境地，别人总对我们学科产生质疑。我现在处理的方法，向在座的各位专家汇报一下。一个是不要期待不了解我们的人对我们做出好的评价，因为他们不从事这个行业，对我们这个行业没有感情，所以他根本不可能对我们有好的评价。当然，为了让更多的人了解我们，我们可以努力地宣传我们的学科，也许他们了解以后就会对我们做出新的评价。第二个自我安慰的办法就是，不要让我们的情绪被不了解我们的人说我们不好而左右，不要被他们影响。我们不必特别在意别人说我们好或者不好，因为现在我们人文地理学的研究队伍越来越庞大，人文地理学的学科地位也好，在决策者眼中的地位也好，已经在上升。这就说明我们人文地理学本身的一个价值。

杜德斌：她应该是对我们大家说的。她对我们做了一次心理按摩，我们应该感到非常舒服。

高晓路（中科院地理资源所）：我原来在清华大学建筑学院学规划，现在搞城市地理，我感觉各位老师谈得都很深邃，我谈一下自己的看法。我个人的理解，所谓的学科就是Discipline，应该有两种类型，分得很明确。第一个很明确，是方法导向的。比如说经济学，基础经济学像宏观经济学和微观经济学非常明显是方法导向的。当然，应用经济学是后来发展起来的，应该属于另一个层面。另外，比如数学、物理、化学，包括建筑学和心理学也是方法导向的。长期地研究基础理论，发展了非常明确的方法。第二类应该是所谓问题导向，面向应用的，像城市规划。地理学应该属于第二类学科。在这个基础上，我觉得地理学的方法应该说主要还是应用前一种，就是经济学、数学、物理、化学的方法都有可能成为我们地理学的研究方法。所以，这样来看，地理学长期作为一门，或者说人文地理学长期作为一门非常独立的、非常有特色的学科，我觉得是有两个条件的。第一个是社会的必要性，这一点我觉得已经用不着再怀疑了，所有的人都承认。第二点一定要突出它的独特性。就是说，如果它不是很独特，比如说用经济学方法来研究地理，就像克鲁格曼，说他是地理经济学，不是经济地理学，就很混乱了。所谓的人文地理学，只是应用其他方法的研究成果的一个总和，一个集合，而不是长期很有特色的学科，所以独特性可能是我们现在面临的一个弱点。这是我的一个看法。从我个人不太成熟的看法，怎么来强调我们的独特性呢？其实独特性本身今天好多老师谈到了。人文地理学，它的研究的对象是空间差异性，以及空间结构，这是非常明显的。所以，我们一定要强调我们使用其他的方法是为了研究空间差异性和空间结构。如果把这个做得特别好、特别科学，应该说我们的独特性就得到承认了，人文地理就是响当当的学科。因为我是其他学科过来的，我想人文地理研究者有两点可能是比较重要的，体会不一定对。第一点应该对其他学科有一个很到位的学习。比如说，经济学你要学得特别好，再研究地理你肯定能做好。再比如，你的心理学、社会学学得很好，你的地理也能做好。我想，研究方法和基本理论，我觉得是必要的，尤其对学生可能是更必要。第二点，刚才好多老师谈到数据的事，我就觉得对于人文地理研究的对象来说，数据不光是大区域的统计数据，可能还需要一些非常好的小尺度的统计数据或者调查数据。这方面，我们人文地理需要建立一个很好的数据平台，这样的话我们的学科发展会更好或者说更具有独特性。想法不一定成熟，跟大家交流。

王双怀(陕西师范大学):各位好,我是来自陕西师范大学的王双怀,主要从事历史研究。今天听了各位专家的发言很受启发。我在这里想谈三点意见。第一点,关于自然地理和人文地理的关系。大家都知道自然地理和人文地理实际是地理学的两个方面。它们研究的对象不同,研究的方法当然有所差异。今天在发言过程中,我看见有些老师特别强调自然地理,强调自然地理的研究方法,科学的方法。人文地理呢,我们从事人文地理研究的一些人好像自信不足,缺乏自信心。陆院士多次发言维护人文地理学的地位,我觉得这个很有必要。因为就人类历史发展的趋势而言,人类活动,也就是人文地理学对经济社会发展的作用和意义,比自然地理可以说更大一些。五千年以来,自然地理主要因素无不打上人们活动的烙印,所以研究自然地理实际上是离不开人文地理的。我们现在经济社会的发展,需要人文地理研究的成果。我们不能够支配自然,但是我们能够完善我们人类的活动。我们通过人文地理的研究,可以为国家经济社会发展出谋划策,提供依据。所以我觉得,两边不应该互相排斥,而应当互相借鉴、彼此吸收成果。不要把自己的研究方法强加给别人,不要用自己的标准去评判别人。由于人文地理在国家社会经济发展中的意义重大,所以必须要加强研究。国家对这方面的投入显然太少了。我们大家应当对这个学科充满信心。

第二点,想讲一下人文地理和历史人文地理的关系。其实历史人文地理是人文地理的组成部分,但是我们现在讲人文地理学,在座的各位实际把历史人文地理边缘化了。我有这样一个感觉,好多活动不通知我们搞历史地理的人。事实上,我觉得现在人文地理学的很多问题,比如说现在的人口分布,城市交通,还有经济布局,很多关键性的问题都可以追溯到历史当中去,都是人类历史发展的结果。所以,研究历史人文地理对人文地理的发展有促进作用。我希望密切合作,为历史人文地理的研究也提供一些经费,提供一些帮助。

第三点,我想讲一下人文地理学研究方法的传承创新和优化的问题。我们知道在西方人文地理学研究方法传入前,我们中国也有很多有名的人文地理学家。他们在科研机构大专院校辛勤工作,也取得很多成果。我们所在的这个地理所,有很多大专家,他们的成果非常突出,他们的研究方法应该说有很大的借鉴意义。他们的优良方法还是要传承的。其次,我们的社会在发展,我们的研究方法也需要有创新。西方好多方法可以借鉴,现在已经进入知识经济的时代,有很多问题的解决需要研究手段的创新。另外,我们知道人文地理研究的内容非常广泛,涉及人类活动的方方面面,研究的问题非常多。研究者本人所具备的研究条件和自己本身所学不同,研究方法自然有差别。我们不能说一种方法就能解决所有的问题,显然不可能。我们要打败敌人,可以用乾坤大挪移,也可以用降龙十八掌。所以,我觉得方法是多种多样的,要优化组合,根据不同的研究对象和自身具备的条件,有多大的本领念多大的经,八仙过海,各显其能。这样我觉得比较好。所以,我们今天讨论的话题非常有必要。说到和国际接轨的问题,现在一味强调国际接轨,我觉得是个问题。

杜德斌：谢谢。

吴莉萍(北京师范大学博士生)：我的问题很简单，只有两个。今天我在会场听到比较多的词就是科学化与社会科学。我想问在座的老师一个问题。我不太理解陆院士被问到那样的问题，即有的人批判人文地理学不具备科学性。我不太理解这个问题的实质。我想问是不是地理学家或者人文地理学家为了争取更多的研究资金和研究机会，必须要走这种比较科学化的道路或者科学化的范式？另外，刚才陈雯老师提出比较年轻的地理学家，应该先做实证的研究。我就想问一下，在座的老师觉得人文地理学是不是存在一个普遍的范式，必须往科学化或者实证方向走。其实这个问题涉及刘卫东老师刚才讲的内容，怎样让我们产生的知识是有效的。另外一个更实际的问题，如果我的博士论文做的是不那么具有科学性的研究，比如说用结构主义或者人文主义的范式进行研究，那么在座的老师或者专家怎么来评判我这个博士论文，能不能通过？

周尚意：我说两句话。第一句话，今天很多的话题围绕方法，不管是方法论也好，还是其他具体方法，都没有呼应卫东想要的问题。卫东想要的东西是什么呢？就是科学创新，方法先行。创新留下来科学遗产是什么？地理学遗产是什么？只要某个方法最后能产生有效的知识就行。所以，第二句话，这个师大学生问的这个问题，实际上应该问我，不应该在这里来问。老师们不会在乎你用什么方法。只要你的研究产生的成果是人文地理学需要的，老师们不会在乎你用什么方法。

刘卫东：再补充一点，我刚才提到的所谓科学性，不是指仅仅只有实证主义或者逻辑实证主义才是科学性。我认为，只要大家认同你这种能够证明你产生知识有效的方法就可以了。你可能理解错了，不一定非要做逻辑实证主义的研究。

宋长青：第一，方法是我们多少年来提倡的。让大家在科学研究中注重方法论的探讨，是因为必须用先进方法才有准确的结论。但是，今天我们讲的，实际有一些是思潮，有一些是流派，有一些是方法。做科学研究的方法到底是什么？到现在没有解释的定义。刚才那位同学，你问的问题属于流派或思维模式层次的。实际上，它更多的是社会学和意识学这一类的东西，真正用在地理研究上的很少。但是在地理学确实留下那么一点儿。按照这个做，不是不可以尝试。流派的形成和学派的形成，受地域的限制、社会制度的限制、整个社会发展水平的限制，所以在使用过程中有一定的局限性。这是一个思维方式的问题。那么，中国人是不是能产生中国的人文地理学派？我相信会产生的，因为我们这个社会制度在国际上是有特殊性的,将来形成一股力量是会被接受的。这就告诉你流派或学派是什么。

第二,科学研究方法是什么?许多人都问了这个问题,但没人回答。我们地理学的方法是什么?也答不出来。为什么?现在我们先看看,地理学研究是讲究差异的,讲究区域差异的。所以,地理学研究的,一个是核心过程,而过程在点上,多要素相互作用的关系是什么?比如说研究文化,你对文化社会背景、经济背景,或整个传统文化,你在一个点上研究清楚了,而换一个点要素就不一样了,文化背景也可能就不一样了。这种文化差异在区域上有体现,所以你做研究的时候势必用微观的方法,用社会学的方法。这是毫无疑问的,这是很直接的方法。但是区域差异的研究方法是什么?大家没想过。我们讲均一性和差异性,可均一性和差异性怎么定义出来的?所以,我觉得做区域研究有三点。第一个是围绕目标的实际技术。比如说做农业区划的时候,围绕的目标是生产粮食,那我们就定义一条线,积温是多少,降水是多少。这个线是定义出来的,没有太多的论证。如果说方法上参考依据是什么,参考作物生长的水分要求。第二个是围绕目标的实现技术。比如现在做出许许多多的数据,我们放到GIS平台上,选择几个指标分析梯度。这种梯度体现差异性和均一性要画在什么地方,这要依靠技术,这个技术帮你完成这个东西。所以,这个方法是什么呢?它依赖空间数据的计算能力,以及你输入的条件。第三个你怎么画区域差异呢?围绕目标相邻学科采取的方法。比如说社会学,现在讲和谐社会,社会学有一个说法,你可以按这个先画一个。也可以按照GDP再画一个,如长三角地区、珠三角地区。这个线画出来,是依据相邻学科定义和技术完成的。真正要说地理学的核心方法是什么,那就是比较的方法。这种比较的指标是你定义的,这种定义必须满足科学性或地理学界大多数人的要求,大多数认为可以,同时也要满足社会需求和科学上的要求。也就是说,第一定义出来的东西要有意义、能指导生产实践,第二能被其他学科所关注。这是今天早晨我讲的学科存在的两个意义,要么为科学存在,要么为社会生产服务。要么创造相邻学科对你的依赖。另外,学科真正有多少意义?我从来没想让我儿子踢足球去,踢足球可以成大明星,但是他不具备这个条件。经济地理学有没有可能出现克鲁格曼,我不否认可能,但近期很难。所以,我们要把自己的学科摆在一个合适的位置上,寻求一个恰当的社会承认。当然,我不希望有任何相互指责,我对任何学科之间的相互指责都不赞同。但是,要有一个恰当的、可追求的位置。你既然选择这一行,就热爱这一行。不能现在看到做医生多好呀,那么多人找我,家里人看病多方便啊,就想那个学科好。寻求一个学科被尊重,这是我们正当的要求。选择我们学科恰当的地位,是对我们智慧的一种考验。谢谢!

杜德斌:我们讲话发言要注意,我们这里不是提问回答问题。每个人尽量发表你自己的观点,如果不是你自己的观点你就不要说。

叶　超(北京大学城市与环境学院):听了各位老师的发言之后,我谈三个问题。一个核心问题是问题与主义之争。改革开放30周年了,这30年我们可以回想一下,当时为什么改革开放能够引起标准问题的大讨论。这个大讨论对我们学科的意义在于,尤其是今天讨论方法论的问题,我们的方法论有没有必要展开真正意义上的大讨论?问题与主义之争可以追溯到1919年,当时胡适与李大钊讨论问题与主义,到底谁更重要?当我们今天反思这个问题,把它引入地理学的学术讨论的时候,我们发现问题和主义同样重要。对于我们地理学反思这个问题,我可以讲述一个例子。古典地理学的产生,我们知道一个是康德,康德是从主义,也就是哲学的角度去研究地理学,另外一个强调问题的就是洪堡和李特尔,他们做野外考察以及由此上升到哲学的认识高度。他们代表两种不同的地理学方法论的认识传统,这对我们今天来说尤其重要。这对我们现在有什么重要性?我们可以举一个例子,国外的博士叫Ph.D.,意思是哲学博士。那么,任何学科都可上升到一种哲学的高度。这是第一点。刚才说到历史,那么从历史可以引申出我的第二个问题,就是如何看待传统和创新的问题。这是一个老话题。对于创新而言,起初可能是一种异端,这种异端需要大家的认同是很不容易的。我们如何给它提供一个平台?包括地理学面对的来自各种学科的挑战,也包括我们学科之内有自然和人文谁重要谁不重要的问题,还包括区域地理学和系统地理学这样一个问题。实际上最后的结论是,谁也无法说明谁比谁更重要。我想在学术上应该是这样一个最终的归宿。第三个问题牵扯到地理学方法研究途径的问题。当前我们处在从介绍西方地理学的著作到有自主创新的这样一个阶段。在这个阶段,我认为由以前的介绍走到解释,如何用国外地理学理论来解释我们,包括我们自己本土产生的一些理论。但是,我认为更重要的一个问题,这两个环节之间有一个批判和建构的环节。我们发现,与西方地理学家对于自身的批判相比,我们对自己的批判以及对同行的批判是不够的。这一点应该得到我们重视。没有这样一个批判,也就没有突破。批判之后是建构,我们如何建构自己的学术体系,我觉得对于我们来讲是长期持续的问题。我总结一下,如果要真正研究方法论,我们的期刊、我们的基金会、我们的很多权力部门能否为研究方法论的学者提供一个更广阔的平台,让我们开展这样一个研究?我们能否主动去创造或者主动挖掘自己的思想形成这样的创新氛围?这两方面应结合起来。谢谢大家!

刘云刚(中山大学):听了一天感觉真的有点乱了,整理一下想说九个字、三个词。第一个是自信,第二个是层次,第三个是区域地理学。信心呢,我想说我们很多人文地理学者好像很受委屈,但受到别人的批评是有自己的原因的。你只要做得好,把响当当的东西放在桌上,大家没有人会说你不行。之所以人家指责你,你还是没有拿出硬的东西来。这一点需要我们学科去反思。与此相关的是计量的问题。《理论地理学》这本书里讲到,学人文地理学最大的特点不是了解一种工具，而是给我们的人生带来一种乐趣。我们学人文地理的人，或者研究人文地理的人，一生会感觉很快乐。这是我们最大的享受，而不是掌握一种具体的方法。我觉得我们人文地理学者最大的自豪，是我们知道很多，很多事情我们都能解决。我觉得这是我们应该值得自信的一点。第二个讲层次。人文地理学其实是分层次的，不是在一个水平上。像植物一样，有它的土壤，有它的根，有它的茎，有它的花。我们上面讲的这些所探讨的是花的层次。西方地理学的发展最初是区域地理学，然后是系统地理学，然后加上数学、逻辑、语言这些工具方法形成了人文地理学发展的成果。我们中国的区域地理学一直没有开展起来。像刚才丁四保老师所讲的，我们一直缺少数据，所以我们的实证是虚的。我们把实证当做了一种方法，而不是一种精神。实证的根本不是作为一种方法，而是作为一种精神。最基础的数据，扎扎实实的工具，这个工作是谁做呢？是区域地理在做。区域地理做的工作，不是把一个东西像我们做课题一样整起来，而是说按照规范的要求，按照实证的要求，把它系统地整理出来。然后我们再用系统地理学的一些包括其他学科的方法去做，这才是地理学。

刘卫东：我觉得你又说乱了，你说的实证跟实证主义是两码事。

刘云刚：是两码事。但是，我们强调的实证主义其实也就是说要先建立理论，然后去检验它。所以，我们首先要从数据抓起。我想说，我们人文地理学最基本的方法是什么？最最基本的方法是有层次的，第一层次的方法就是 Fieldwork，我们需要做最基础的数据收集工作。只有这一点做好了，上面谈到各种各样的方法才可以有用，无论采用什么方法我们仍然是地理学，因为我们是根植于地的，从地上长上来的，不是从天上掉下来的。谢谢！

王荣成（东北师范大学）：想谈一下自己的几点看法。第一个，我觉得谈人文地理学方法问题，不应该和自然地理学包括 GIS 分开来谈。因为地理学是一个整体，如果单独来谈人文地理学的方法，你是人文地理还是自然地理，我觉得有一些偏颇。第二个，人文地理学者做研究的时候，确实可能处于两难的境地。一方面，人文地理学者希望做到相对严谨的、科学的推导，或者使用严谨的科学方法；但另一方面，在具体实践之中可能面临与政府需求和区域需求的矛盾，比如在各种各样的规划中尤为明显。人文地理学者做了非常多规划，包括各种各样的区域规划、城市规划、旅游规划等。比如说，这几年做的主体功能区划存在很多漏洞，这些漏洞可能没有经过一个严密的科学论证。经济学在做研究的时候，应该说做到了比较严谨。比如谈到概念或者名词的时候，我们提出一些概念，从区域到集群再到模式，还有网络，我们抛出来却没有严密的、科学的论证。到底是一种现象还是一种本质？是一种规律还是一种现象？我们没有经过这个层面上的研究来推导和证明。我们大家可能心里都清楚在谈什么，但是是不是准确？这个可能需要一个严密的推导。第三个，地球表面是一个复杂系统，牵扯到很多变量。那么按照变量来说，是自变量还是应变量？一些变量是不是有必要？我们可能想了很多的变量，很多参数，实际上这些变量或参数之间可能是不相关的，也有很多是强相关的。那么，主要参数在哪？我们在参数选择上，科学性有点欠缺。

苗长虹：今天下午咱们讨论的主题是经济地理学，刚才好多老师提出很多问题。我想就一些问题做点回应。第一点，我觉得信心是应该有的。为什么呢？去年美国的 AAG 年会有一个大会主题报告，是戴蒙德做的。戴蒙德原来是一个生理学家，在加州大学洛杉矶分校医学院工作，头衔很多，可后来转到地理系。在大会报告里，他强调地理的重要性。他从地理学的视角来看待人类社会的历史，里边体现出我们地理学的思维模式。他从一个很硬的学科转向我们地理学，我觉得这是很大的转型，说明我们地理学还是很丰富的。第二点，今天卫东教授提出了一个很重要的问题，就是如何回到哲学和方法论的层面思考我们的研究。我举一个例子，好比我们对面有一棵树，我们在科学研究的时候，可能你是研究上面的一部分，或者研究地下的一部分，或者把整棵树和周边的土壤、周边的环境作为一个整体来研究。这个涉及我们研究对象本身的创新，研究对象本身的变化。虽然我们研究的都是树，不管研究空间也罢、研究地方也罢，还是人地关系地域系统也罢，实际上我们研究对象本身的性质在不断变化着的，这个变化体现出我们学科如何创新。但是，从我们学科发展历史来讲，首先看到的是地上一部分，地上部分大家会发现植物有茎、有树叶、有实体，我们用实证主义的观点来研究。现在回过头来，我们看地下这部分，地下部分是根茎系统，根茎和它的毛细系统与地面以上部分截然不一样。法国一个哲学家叫德里斯，他是后结构主义的一个代表。他的哲学体系，从科学角度讲实际上是相互勾结的一个网，不是我们看到的有实体的社会，就是一个各种网络组成的一个东西。这样需要我们从什么视角看待它呢？我们不能完全按照前面谈的实证主义的观点来看。回过头来谈我们的哲学基础，由于教育背景不一样，我们对马克思主义了解多一些，但对西方其他哲学了解得少。可能很多观念咱们都没有。年轻的学生要想遵循某种研究本质的话，一定得从哲学信念、哲学思维来追根求源。这样的话，经过一段时间我们真正的学派才能建立。

杜德斌：谢谢，我们就结束今天的讨论吧。明天还有时间，经济地理、城市地理、文化地理是不分的，没有讲完的明天继续讨论。我对今天这场讨论做一个简单的总结。第一点，讨论非常激烈，有很多人都发言了，陈述了自己的观点。第二点，借用李国平教授的一句话，就是乱。但是，我想乱不是一种坏事情，乱中才有机会，乱中才有希望。第三点，乱中有序。我觉得尽管很乱，但是还是达成某种共识。首先，人文地理学者应该自信，而且有条件自信。从我自己的感受来讲，没有什么不自信的。华东师范大学的地理学在华东师范大学是NO.1的学科，地理系的教授在上海市各部门都有话语权。其次，加强方法研究是非常必要的。目前我们人文地理学的方法论讨论还非常欠缺，我们还要继续努力。还有一点共识，就是我们需要分工。像地理所的学者应该更多地做方法论的、理论的研究。只有分工才有进步，所以做理论研究的不要去谴责做应用研究的。不管搞理论的，还是搞应用研究的，都应该非常自信。大家都为国家的经济建设服务，是不是？最后，请陆院士给今天这一场报告做一个总结。

陆大道：我借这个机会再讲几句，明天上午的会议我不能参加。今天的讨论确实很热烈。参会的来自全国各地，也很好。未来经济地理学的发展，要靠现在在座的年轻同志们，现在已经是这样。我觉得更多的年轻同志关心人文地理学的方法论问题，是好事。今天有些年轻同志的发言很好，我希望你们回去再研究研究发言的根据是什么，找更多的根据明年、后年继续发言。另外，我们现在面临繁重的任务。近50年来，由于中国的国情是地域很大，经济建设、农业发展都需要地理学家，地理学家又看到这门学科，愿意献身，因此在各个阶段都得到了政府的重视，现在也得到政府的重视。就地理学者在各国得到政府的重视程度来讲，我们中国的地理学者应该是最好的。如果说在理论上还有欠缺的话，从对国家、对社会的贡献角度，我们一点也不心亏。

在地理学为社会作出贡献这方面，我不承认哪个国家是主流？我们可以看到，我们中国的地理学者，我不加人文地理这几个字，在中国的地位是不错的，我们承担了很多重大的任务。我经常宣传黄秉维、陈述彭、周立三、吴传钧等老先生们的贡献。地理学可以改变世界。陈述彭先生带头引入并发展了遥感和GIS技术及思想，改变了中国。没有遥感和GIS，今天中国的很多科学研究不可想象。还有我们黄老先生在50年代、60年代所做的区划工作。当时中国刚开始工业化建设和农业现代化建设，需要对基本国情和各地区的差异进行了解，黄先生主持编制了中国自然区划，在国家计委还有农业部等部门得到应用，这就是伟大的贡献。中国农业区划工作也是这样。当然，现在转向市场经济后，一方面是自然的选择，一方面是经济方面的选择。今天看来，很多工作取得巨大的进步。

我们国家多年来的高速经济增长，社会总量（如城镇化规模）和经济总量的增加，使我们的自然结构发生了巨大变化。国家需要充分了解我们的国情，而这个国情在变化。地理学家在国情研究上作出的贡献是巨大的。我们不仅有理念，而且有手段，有数据库，有GIS方法。这个是我们知识结构的优势，知识结构跟国家的需要结合起来了。在国家“十一五”规划专家委员会中，第一期聘任委员37个，其中我们地理学家有4个，后来又聘了几个。所以，地理学家参与了国家宏观决策，参与了国家的重大规划，还有重大的战略研究，大区域的研究，很多人都知道我们地理学家的地位提升了。世界上没有哪个国家的地理学者，在为国家服务、为社会服务上能与我们相比。当然，我们地理学家有主动找政府、承担任务的传统。像侯仁之老先生，如果他仅仅发表文章、写写书，而不是主动找政府部门宣传自己的研究成果，可能没有这么大的影响。所以，我们现在的工作情况，政府对我们的印象总体还是可以的，信任我们，觉得我们的知识结构和信誉是好的。从现在的全国功能区规划、大量的区域规划工作、各地区的发展战略研究，以及其他很多工作来看，我相信我们的影响会扩大。所以，我希望各位充分认识这样一个时期，认识这样一个机会。我想自信没有问题，要把自信化为实际行动。千万不要在研究中出现纰漏。十几万平方公里和几千万人口这么一个任务交给你了，影响巨大，不能出错。任务要去干好，我不希望在国家部门听到某某地理学家做得不好。

我满怀着希望，希望大家有激情。

第三部分

城市地理学研究方法

主 持 人：薛德升　中山大学地理科学与规划学院
主题发言：宁越敏　华东师范大学中国现代城市研究中心
特邀发言：柴彦威　北京大学城市与环境学院
　　　　　刘云刚　中山大学地理科学与规划学院
　　　　　刘志林　清华大学公共管理学院

除了实证研究，我们还需要什么方法？

宁越敏

（华东师范大学中国现代城市研究中心）

今天我想讲的题目是“除了实证研究，我们还需要什么方法？”我现在工作的单位是华东师范大学中国现代城市研究中心。“现代”在这里并不是特指 1949 年以来的一个时代。实际上，我们中心的名称是一个做思想史的学者起的，“现代”在这里指的是现代性，现代城市研究指的是城市的现代性研究。因此，城市研究中心是一个跨学科的研究机构，跨社会学、历史学等不同学科。为了取得能和其他学科进行交流的话语权，我近来也开始看一些其他学科的书。组织者刘卫东提出本次沙龙要谈哲学，哲学是个好东西。在昨天的会上，我们看到年轻人谈哲学的时候更为深沉，而老年人则慷慨激昂。今早和柴彦威交流，早上八点钟的时候大家睡眼蒙眬，谈哲学更好，似醒非醒。所以今天我们的话语是比较轻松的。

首先想讲的是，本次会议是学术沙龙，这不同于学术研讨会。我觉得昨天的会议有些学者发言很好，但比较严肃，不太符合沙龙的要旨。所以我先给大家沙龙的一个解释。所谓沙龙就是大家一边喝饮料，再来点音乐，一边就共同感兴趣的话题进行畅谈，无拘无束。原来的会议日程里，中间有一个咖啡时间，由于发言者多，咖啡时间也没了，大家一直在谈，这离沙龙的原旨有点距离。另外，昨天的会议和沙龙还有点背离的是，会议持续了很长时间，但其话语权全部被男性所主导，而且是强势的介入。在男性强势的介入下我们在座的女地理学家集体失语，以致我不得不呼吁改变这个局面，让女地理学家有发言的机会。

昨天很多学者都在谈哲学和方法论的问题。其实，哲学不仅仅显示为文本，看上去很复杂。哲学也存在于日常生活中，不一定都是很复杂的东西。有人谈结构主义，什么是结构主义你可以按文本理解，但也可以从昨天各人的发言里面来理解表象之下潜藏的结构。昨天的发言者基本上都是男性，我们现在的人文地理学比较缺少女性的地理学家，会议厅外边墙上的院士照片也没有一位女院士。那么女性到底扮演什么角色呢？是不是女性不行呢？有话说“妇女能顶半边天”，关键是男性社会压制了女性的成长。为了给女性的成长提供空间，

宁越敏，男，1954 年出生。教授，博士生导师，华东师范大学中国现代城市研究中心主任、西欧北美地理研究所所长、城市与区域发展研究所所长，中国地理学会城市地理专业委员会主任委员。主要研究领域为城市地理学、城市经济与城市规划。ymning@re. ecnu. edu. cn。

现在有些国家要求内阁部长里一半是女性，但我们还做不到。所以，隐藏在昨天发言者背后的东西可以做一个结构主义的理解，即男性的主导性。文本的哲学有时太深奥，使很多学生敬而远之，实际上在日常生活和日常语言里也可以找到哲学。

这里引用福柯的一句话，“至于说是什么激发着我，这个问题很简单……这个答案就是好奇心，这是指任何情况下都值得我们带一点儿固执地听从其驱使的好奇心：它不是那种竭力吸收供人认识的东西的好奇心，而是那种能使我们超越自我的好奇心。说穿了，对知识的热情，如果仅仅导致某种程度的学识的增长，而不是以这样或那样的方式尽可能使求知者偏离自我的话，那这种热情还有什么价值可言？在人生中：如果人们进一步观察和思考，有些时候就绝对需要提出这样的问题：了解人能否采取与自己原有的思维方式不同的方式思考，能否采取与自己原有的观察方式不同的方式感知……今天的哲学——我是指哲学活动——如果不是思想对自己的批判工作，那又是什么呢？如果它不是致力于认识如何及在多大程度上能够以不同的方式思维，而是证明已经知道的东西，那么它有什么意义呢？”（福柯：《快感的享用》）福柯说他为什么会做研究？而且对这个研究很痴迷？这个答案就是好奇心。好奇心大家都知道，科学研究的出发点就是好奇心。问题是福柯在谈好奇心的时候跟我们理解的好奇心不太一样，他不是那种竭力吸收认识东西的好奇心，而是那种使我们能够超越自我的一种好奇心，所以好奇心的层次是有所不一样的。在座有很多学生，我们确实需要这样的一种精神。

转到人文地理学的学科性质，一般认为人文地理学是以人地关系的理论为基础，探讨各种人文现象的地理分布、扩散和变化，以及人类社会活动的地域结构的形成和发展规律的一门学科。如果我们按照这种定义来理解，就会产生下面这个问题，我们研究的人文现象是不是等同于自然现象？这是我们要思考的一个问题，如果等同的话就可考虑实证主义方法的可行性，如果不同的话我们就要考虑其他方法的运用。在关于人文地理学的学科性质的讨论中，我觉得有个悖论，一方面在教材里面，在演讲里面大家都说人文地理研究的是人地关系系统，但是在现实生活当中，我们的人文地理学家是不是仅仅研究人地系统呢？比如说研究主体功能区或和人地系统有关系，但是假如你研究的是一个产业集群，或者是创新，这和人地系统有多大的关系呢？实际上今天中国的地理学家研究的领域已经远远超过了人地系统，但是我们的教材抱残守缺，认为人文地理学是一个研究人地关系系统的学科，由此导致昨天很多的争论。昨天宋长青先生特别告知他要谈的就是自然科学基金语境下的人文地理学，那是他因为坐在这个位置上。你如要申请自然科学基金，那你就按照他那个语境下的人文地理学去申请项目。但是，我们有很多人做的是非自然科学基金语境下的人文地理学，那么所谓实证研究的方法就不一定是方法的全部。

现在，我们来看人文地理学研究的演绎模式图。基本上这是一个实证主义的演绎模式，这是很多人都知道的。从感知的经验然后进入到一个真实世界的结构的映象，接着假设，做实验，对数据进行检验等等。我们讨论方法问题时经常说这个主义那个主义，我想不管什么主义，首先要对这个主义产生的前后因果，它的主要观点，和其他主义的区别还是要深入研究一下。实证主义和逻辑实证主义是两个不同的派别。实证主义是 19 世纪法国哲学家孔德所建立的，它的出现配合了那个时期物理学和化学的进展，由此提出强调实验科学的研究方法。我想我们如何简单地理解实证主义呢？我觉得居里夫人发现镭这个过程基本上可以归纳为实证主义的研究。她在元素周期表的指导下按图索骥去寻找新的元素，结果发现了镭。镭的发现验证了元素周期表的正确性，但这个发现过程本身没有建立一个新的理论，因为居里夫人使用的是经验性的方法。一些从事逻辑分析的学者，从罗素开始认识到实证主义强调经验和归纳是不够的，要增加逻辑这样一个工具才能解释科学的规律。这个内容非常复杂，因为罗素搞的一本厚厚的数理逻辑当时就没几个人看懂。然后是维特根斯坦，研究数理逻辑几乎到精神失常的程度。逻辑实证主义是反对归纳方法的。归纳方法是认识客观世界的一种方法，但有缺陷。在 200 多年以前，苏格兰的哲学家休谟已经在说归纳法是有缺陷的，因为你可以说每天太阳升起但是你归纳不出太阳永远升起。罗素以一种诙谐的方式重提，一只每天被主人喂养的鸡，怎么也归纳不出终有一天自己会被主人拧断脖子。为什么呢？因为鸡的主人喂鸡实际上是为了在某一天这只鸡长大后把它杀了吃。这就是归纳法的缺陷。而维特根斯坦在 1921 年出版的《逻辑哲学论》中清晰地重述了这一点："归纳过程在于此：即我们采取能与我们的经验相协调的最简单的规律。可是这个过程没有逻辑基础，而只有心理学的基础。"

昨天陆大道先生讲统计方法的有用性，统计方法依然有用，我们都在用统计方法，现在还有统计分析软件工具。这里边我想提醒我们需要在两个不同层次上考虑问题。在具体分析时，你是可以用统计方法的，你去分析统计事物之间的相关性，你可以得出两个事物之间或是这个事物和若干要素之间有没有关联，这是可以的，这是一个具体的方法。但是对逻辑实证主义来说，他要探讨的是命题的可证实性，是从研究方法论的角度讨论问题，所以讨论的基点是不一样的。但逻辑实证主义的观点受到了波普尔的证伪法的挑战。与维也纳学派的基本思路相反，波普尔的证伪主义以经验检测的"可证伪性"而不是"可证实性"作为科学与非科学陈述的划界标准，并以"问题—猜想—反驳"的"试错机制"代替"观察—归纳—证实"的"实证机制"，为科学知识的成长提出新的解释。那么波普尔的证伪是什么呢？昨天蔡运龙讲了一个乌鸦的例子，这是一个比较经典的例子。就是你抓了一万只乌鸦，你证实一万只乌鸦都是黑色的羽毛，但是有可能有一只蓝色的乌鸦躲在某个角落没有被你发现。所以，对波普尔来说，假如你能够发现那只蓝色的乌鸦，那么你就可以推翻乌鸦都是黑色的这个命题。

我们可以再举一个例子展开一点儿。昨天一位年轻的学者谈到了批判实在主义的方法，最后提出如何论证研究观点的有效性，提出了一个三角定理，即可以用多种方法相互验证，或者请多人验证一个命题。实在主义本质上就是实证主义，把社会问题等同于自然现象。如果是指采用不同的定量分析方法，如采用一元回归、多元回归去分析一个问题，那只是具体方法应用的不同。对于社会现象而言，实证主义或实在主义的方法论显然不是唯一的，而不同方法论的理论基础不同，难以整合。至于多人相互验证更值得怀疑。我们有很多例子可以证明。我不知道大家知不知道日本有一个很有名的故事，后来被拍成电影《罗生门》。知道罗生门的故事吗？罗生门的故事就是一个武士在城楼发现一个人死了，然后他就去调查，问了很多目击者，结果每一个目击者给出的事实经过都不一样。这个故事反映了事物的不可测性，不同的人观察角度不一样。如果罗生门仅仅是一个故事一个文学作品的话，那么我还想讲的一个真实的故事，就是维特根斯坦和波普尔两人10分钟的接触。他们两个人的观点是完全针对性的，波普尔后于维特根斯坦，他整个工作就是打败维特根斯坦。他们两个一生接触过一次，是罗素把维特根斯坦和波普尔两个人集聚在一起讨论哲学问题。当时一个小房间有10来个人，主持者是罗素，辩论者是维特根斯坦和波普尔。在10分钟里发生了什么事情？在两个人激烈的争论当中，维特根斯坦拿起了一个拨火棍，然后波普尔就说请你不要用拨火棍来威胁一个来访者。于是，维特根斯坦就怒气冲冲扔下拨火棍夺门而去，并把门狠狠地关上。大致的经过就是这样。事后很多人想去复制这一段场景，但是复制的结果却各不相同，出现了一个罗生门之谜。波普尔他自己在回忆录里谈到这一点。但是别人认为波普尔有美化自己之嫌，因为他认为他打败了维特根斯坦。其他人的回忆呢？有的坐在后边，他的视角被前边的听众所遮住没有看到事件的经过；也有些人沉迷于两个人的争论当中，突然发生的争吵使他突然醒觉但对前面的过程缺乏记忆。还有一些人是维特根斯坦的信徒，自然要美化维特根斯坦。所以，尽管后来有大量的人试图复制维特根斯坦和波普尔10分钟的争论，但是没有一个一致的结果。有一本书专门谈维特根斯坦的拨火棍，推荐大家看看这本书，因为这个故事正好反映三角论证有时是靠不住的。实际上在很多情况下，事件或者事件的经过并不一定很清晰，特别是当这个事件是一个人文现象时更是如此。

故事讲完以后再看社会学研究的方法。我现在也看社会学文献以便和社会学家可以进行对话。实际上不仅仅人文地理学有方法论的困扰，社会学也有它的问题。传统的社会学对方法论的认识分两大类，一个是以涂尔干为代表的方法论整体主义。涂尔干也翻译成迪尔凯姆，他是社会学的奠基人，总体上他的方法论就是实证主义的，所以他把独立于行动者的社会对象作为一个认识对象，认为社会现象与自然现象有基本相同的特征和规律，我们完全可以向自然科学对待自然现象那样，把社会现象看做是一个客观的事物，我们看一看是不是和人文地理学的一些观点完全一致。另一类则是以韦伯为代表的方法论个人主义。他认为社会现象和自然现象是截然不同的,他们不仅有着完全不同的特征而且各自遵循着自己的规律在运行,所以社会学绝不能简单地照搬自然科学的研究方法而应该建立自己的方法论规则。方法论的个人主义还反对把作为一种客观事物的社会现象视为社会学的认识对象,主张应该将行动者的社会行动作为社会学的主要认识与理解对象。所以涉及方法论的问题不仅仅是人文地理学所特有的。我认为,这正是社会科学进入近代以后必然会面临的一个问题,它受到了自然科学的影响试图把自己的研究科学化,后来又慢慢地认识到社会科学研究的对象不是一个自然现象,应该有自己的独立的运行法则。在科学主义占支配地位的这个时代,毫无疑问涂尔干的方法论整体主义是社会学的主流思想,处于支配性的地位。所以我想,实证主义的地理学和人本主义的地理学之争多少与此类似。

但是,从 20 世纪 70 年代到 80 年代开始,这种对立状况发生了很大的变化。布迪厄是法国当代著名的思想家,原来从事人类学的研究。我们经常讲方法论,如果是在具体的工作方法上,你可以用数学方法也可以用社会调查的方法,那人类学深入一个点长达数年的工作也是一种方法,而且这种方法是更有效的方法,只不过一般人很难做得到。昨天苗长虹引用了布迪厄的一句话,说明他的影响。布迪厄对社会学的方法论做了一个全新的阐释,本质上属于建构主义。他说:社会学的研究对象,即"事实"不是直接由那些显而易见的经验性资料和数据所构成的,它是概念和理论的建构物。换句话说,研究对象的建构必须依靠概念和理论的力量才能够完成。布迪厄指出,"对象的建构"工作只有通过运用以"理论性问题假设"为基础的"系统性概念"方能完成。而那些将现实碎片化的"操作性概念"只不过从形式上对"日常对象"进行了严密的加工。因此,此类概念根本不能被称为理论性概念。相反它们很有可能演变成一种"分类用语"。概念性把握的前提条件就是,必须有一种可以同时把握现实的各个不同层面的系统性理论。例如,马克思由于有了资本论这一理论体系,所以其"商品"概念才有可能作为一种线索性概念被设定出来。

我认为,我们的研究并不一定都是一些纯粹理论层面的研究,我们所研究的问题很多是日常性的。所以我再一次说明这样一个观点,研究分两个不同的层次。一个是纯粹在学理层面上的,他可能是有一套自己的系统的观察方法;还有一套是在日常的层面上,他可能更多的是依赖一些技术性的东西。那么对这些学者来说,对维特根斯坦、波普尔也好或布迪厄也好,他们讨论的是更深层次的学理层面即研究方法论的东西。布迪厄认为马克思由于有了资本论这个理论体系,所以其商品概念才有可能作为一种线索性概念被设定出来。布迪厄认为,那种认为假设来自于观察,而观察反过来又接受假设的指引的经验至上主义的主张是十分危险的。这里对实证主义是有批判的,因为实证主义囿于经验材料、拒绝排斥先验或形而上学的思辨。布迪厄指出,因为如果我们不对现实本身提出质疑的话,那么就根本无法找到问题的答案。仅凭对现实的观察无法揭开事实的真相。因为"事实是由理论所建构的"理论才使得无数经验性数据变得富有意义，事实是被建构出来的。数据本身不能说明任何问题，是以理论为基础的问题假设让数据说话的。缺乏理论性问题假设和理论性概念的研究不过是把数据作为挡箭牌的一种"责任放弃"而已。

昨天的争论尽管比较激烈，其实我觉得还是彬彬有礼的。我昨天就和贺灿飞说了，我在审他的稿子时发现他喜欢做数据分析，我想提醒他注意布迪厄上面这句话，可能对你以后的研究是有启迪作用的。你用了大量数据，但是一定要上升到理论性概念这样一个层面去运用数据，而不是就数据论事实。还有问卷调查的问题。布迪厄认为经验性数据的收集也不是只有通过观察这一种方法才能实现。经验至上主义者们经常会犯这样的错误，他们会把从被调查者那里得来的答案当作一种绝对正确的经验性数据。例如，一些有关"动机"(为什么你会这样做呢?)的调查就很容易犯这样的错误。此类调查常常伴随着某种危险，也就是说他们可能会以只有行为当事者本人的表象才最具真实性作为基本前提。在极端的状况下，甚至还会出现一种回答者主导的"合理化"现象。但事实上，这些回答至多只能解释行为的某一个方面。回答者在面对某个出乎意料的提问时，经常会编造一些答案来搪塞提问者。为什么呢，因为在极端的状况下可能出现一种提问者主导的现象，也就是说问卷调查者在诱导被调查对象回答。这是我们做访谈的时候容易出现的一个问题。我们出于自己的目的，然后让被调查者跟着我们的思路走，但这是不是客观呢，未必。回答者在面对某个出乎意料的提问时经常会编造一些答案来搪塞提问者。比如说，我们如果要问个人收入的话，那我可以说，你问很多人，他的真实收入是不会回答你的。我还可以举一个例子。比如说做商业调查，我记得有一次我们年会的时候，同济大学的王德教授做了一个王府井商业调查的报告，问卷调查显示到王府井去的人大多数是买食品或日常用品。那么，我就会问买高档首饰的人会接受你的调查吗？即便他买了以后，他会对你说吗？所以这里边要注意这样一个问题。布迪厄的工作实际上是把涂尔干和韦伯的观点综合起来。所以他的一个超越方法论整体主义和个人主义的社会学方法论已经成为社会学领域最具影响的方法论范式。

所以，今天我们如果要重新解构人文地理学的话，我们需要对人地关系进行重新的思考。所谓"地"的内涵是仍停留在宏大叙事的地理概念上，还是把空间作为"地"的一个叙事对象，而这个空间可能会到 Place 或 Site 这样一个微观的层面。更加重要的是我觉得我们要思考"人文"的内涵到底是什么？我觉得如果按照人地关系去界定人文地理学的话，那么人文地理学实际上就没有真正意义上的人文内涵，即人文关怀。因为你更多地把人文地理看成是一门虽然有人类的作用，但最终是研究地表客观事物、客观现象的学科，本质上就属于自然科学，因此它也就是一门价值中立的学科。我们过去有很多实证研究，如芝加哥学派采用竞争、选择、迁移、支配等生态学原理解释城市不同地域空间的形成，形成同心圆模式、扇形模式。还有因子生态分析通过因子分析法，用归纳法来对城市地域结构进行分层、分类的社会区分析。这些分析都是基于价值中立的分析，把城市的空间现象视为自然竞争的产物。然而真正影响当代城市研究的人物是有人文思想的。

人文地理学并不是一门没有人文思想的学科，这是我的认为。你首先要有人文的思想，然后你才能去研究空间这个问题。在这里有著名的一个代表人物哈维，哈维的著作《资本的城市化》是我很早就阅读过的。我曾经把这本书的重要观点编写到《城市地理学》教材里。我觉得他最出色的工作是提出了资本的三次循环以及用资本作为衡量城市化的一个指标，因为在长时间里我们是用人口作为衡量城市化的指标，所以这个工作是有意义的。当然，我们不要迷信权威，《资本的城市化》里面也有很多内容是经不起推敲的。比如它认为法国19世纪的工人运动和资本的投资周期有关系，比较牵强附会。所以你要理解他的东西就要把他的东西深入地看一下。简·雅各布斯，对城市学者来说很熟悉，她的《美国大城市的生与死》一书影响非常大。你说她写此书用了什么方法？实证主义的方法？根本没有。她是一个记者，她有自己的人文思想，她观察到了美国大城市在改建过程中的种种问题，这种改建割裂了城市的生活，割裂了城市的肌理，所以她写了一系列的文章对此进行批判并由此产生巨大的影响。所以我想，我们在具体研究各种事物的时候，方法是多元的，在深层次上有深层次上的方法论问题，在一般工作层面有工作层面的方法运用的问题。

最后多花一分钟，就是谈谈大师是如何产生的。萨特说他要同时成为斯宾诺莎和司汤达，也就是说同时成为一个哲学家和文学家，他做到了，授予他诺贝尔文学奖他拒领。另外一个人就是罗素，他同时也是一个哲学家和诺贝尔文学奖的获得者。那对萨特来说，我们看到他做什么？他就是做学术研究，当然也曾倡导革命，但是他的物质生活是极其简陋的，在这样的生活状况下写了大量的著作。列斐弗尔是把马克思主义介绍到西方社会学的一位学者，一生当中有大量的著作，不断地从事研究。他在生活困难的时候曾经做过出租汽车的司机。福柯做了两篇博士论文，花了七到八年的时间，在写博士论文的时候已经是巴黎高等师范学院的讲师。其他人，比如说最著名的华裔人文地理学家段义孚成天坐在办公室里面做学问。最后一位是艾伦·斯科特，他是没有小孩的，他说对他这种人来说生小孩是浪费时间。所以你要做出色的工作可能要过这样的一种生活。但我们都是凡人，我们需要考虑家庭，考虑小孩，我们还要有足够的收入来支付房贷，我们考虑的太多，所以我们就成不了大师。

我的演讲就此结束，谢谢大家。

薛德升：感谢宁老师精彩的报告。一直以来非常喜欢听宁老师的报告，也非常害怕听宁老师的报告。喜欢的是总是会在宁老师报告里找到一些共同点，比如说现代性和后现代性。另一位大师鲍曼讲过，他说学术研究的主要动力来自好奇心而不是来自批判。害怕是在于怕宁老师问问题，比如说罗生门这个故事我就不知道。刚才柴彦威教授告诉我，接下来的几位演讲者主要是对宁老师的报告做各方面的补充。

基于个体行为的城市地理学研究范式

柴彦威

（北京大学城市与环境学院）

大家早上好！宁老师讲的是关于城市地理学的整体思考，我们接下来的发言是对宁老师发言的补充，或者在某些地方某些方面的细化。我主要讲的是基于个体行为的城市地理学研究范式的提出。这个研究受到国家自然科学基金及科技部科技基础性工作专项的资助。

因为是学术沙龙，那么我大胆地提出这样一个研究的基本思路与框架。首先，我想对基于个体行为的城市地理学研究范式给出一个总的印象性的理解。所谓基于行为，就是与基于经济、基于资本、基于功能的研究视角是不一样的。这个行为具体是指各种行为主体（包括政府机构、企业、个人）的行为，其研究范式包括行为主义、人文主义与结构主义，与实证主义及功能主义的最大不同就是对空间过程的核心，即行为过程的解构。基于行为的研究方法包括汇总方法与非汇总方法。所谓基于个体行为，就是把研究行为主体限定在个体的人和家庭，而不强调基于集体的行为；研究方法上更加关注非汇总方法，研究范式上特别强调行为主义研究。那么，基于个体行为的城市地理研究范式主要涉及三个方面：第一个是狭义的行为主义地理学，侧重于主观认知—偏好—选择的研究；第二个是时间地理学，强调客观制约，并且时间地理学强调的是微观层面上的客观制约，这与结构主义或者结构马克思主义强调的中观或宏观层面上的客观制约有所不同；第三个是活动分析法，一个关于人的活动的系统理解的方法，主要包括移动—活动系统、时空间收支以及庭成员之间时空间收支与活动—移动系统的相互作用等内容。这是一个跨学科的方法，是城市地理学、城市交通出行、城市社会学等方法的一个合成。

我提出这样一个城市地理学研究的新思路是基于人文地理学研究转型的大的背景，主要是指三个大的方面：人文地理学研究的社会化、人文地理学研究的哲学基础多元化、人文地理学研究的方法多元化。昨天讨论了很多，大家也都比较清楚，我们人文地理学研究面临

柴彦威，男，1964 年出生。教授，博士生导师，北京大学城市与环境学院城市与经济地理系副主任，中国地理学会城市地理专业委员会副主任委员。主要研究领域为城市地理学、行为地理学、时间地理学及城市与区域规划。chyw@pku.edu.cn。

的一个现实背景就是社会化的问题，人文地理学的研究有一个社会科学化的问题。我们的研究对象中的社会问题逐步显现，解释人文现象中的经济因素的比重相对来说在下降，而社会因素的比重却在上升，所以我们要借鉴社会学的方法。对于城市空间而言，传统来讲，我们更加注重是从经济的角度来看待城市，为了发展经济，经常把空间当成经济生产的一种要素，城市空间只是城市功能与活动的一个空间表现。但现在的城市不一样了，发达国家在三四十年前已经有这样的转向，而我们目前也处于这样的转向之中，那就是怎样重视城市中生活的个人的空间需求，即基于个人行为的城市空间的研究框架。

另外，人文地理学研究的哲学基础多元化是指对科学主义、实证主义的批判，以及新马克思主义、新韦伯主义、结构化理论、人本主义、行为主义、女性主义、后现代主义等方法的出现与引进。人文地理学研究方法的多元化说的是定性分析方法和基于计算、模拟的定量分析方法都得到了长足发展。我国正处于经济与社会的全面转型期，由于我国社会发展的背景和阶段以及所面对的现实问题与主要矛盾等都与西方国家不同，这就需要建立一个我国人文地理学的研究范式。

那么，我们对基于个体行为的城市地理学研究范式进行更加细致的思考。这里，我给出了一个城市空间与个人行为之间如何互动的框架。传统上，城市空间的形成、建构与规划，主要是从经济系统的角度来理解的；个人行为空间的形成及解释，主要从个人属性出发来解释。现在我们需要的就是个体行为与城市空间的互动关系研究。传统的行为地理学研究通过显示偏好法研究个人行为与城市空间之间的偏好和制约关系，主要目的是理解人的空间行为。现在的行为地理学需要更进一步，通过假设偏好法把个人行为的理想空间发现出来，研究个体理想的行为空间与理想的城市空间之间相互关系，并且从个体行为的角度出发为所谓的理想城市空间构建提供建议。

在这样一个基于个体行为的城市地理学研究范式的框架下，主要应该包括哪些内涵我现在还没有考虑得很清楚，根据我的理解，应该包括这样三个方面：活动分析法、行为主义地理学方法、时间地理学方法。关于基于活动分析法的人类空间行为研究，2007 年我们在《地理科学》上发表了论文，请大家参考。这里，主要讨论了三个关系问题。第一个是时间和空间的关系问题。我们怎么样把传统的地理学空间秩序的研究跟时间秩序的研究结合起来，用时间的节奏、时间的对策来理解空间的节奏和解决空间的问题。第二个是选择和制约的社会空间辩证法。这里强调这样一个连续的双向过程：人们在改变城市空间的同时也被他们居住和生活的城市空间所改变。第三个是关于移动和活动的关系问题。也就是要把城市地理学对活动的研究和城市交通学对移动的研究结合起来，对城市移动—活动系统进行一个全面的理解。

行为主义地理学是这样一个基于个体行为的研究范式里的重要内容。它产生于人们对计量革命时期仅仅追求空间类型与形态的不满，尝试对行为过程进行解读，建立一个基于个人决策过程的空间模型，其核心内容包括决策过程研究与认知地图研究。行为主义地理学的特点是非常明确的，它探讨一个有关人，特别是个体人的模型，探讨的环境概念不是客观物体环境而是人的决策及其行为发生的场所环境或者现象环境；行为主义地理学侧重人类行为与环境的过程性解释而不是结构性解释，其目的在于展示心理、社会以及其他方面的人类决策与行为理论的空间特征，并且，研究的侧重点由汇总人群转变为分散的个人与小团体，研究的资料大多来源于问卷调查、访谈等而不是统计资料。行为主义地理学方法兴盛于整个社会科学都处于行为革命的 70 年代，衰退于各种“主义”争论的 80 年代，复兴于后现代思潮起主流的 90 年代。行为地理学的研究核心已经从 70 年代的“空间行为”转向 90 年代以后的“空间中的行为”，其中的重要理念就是我们要对人的日常行为进行全面关注，力求对人的生活世界进行理解，最终达到对人类自身、对我们自己的理解。因此可以说，我们需要一门日常生活的地理学。关于西方行为地理学的研究历程及最新进展可以参考我们 2007 年发在《人文地理》上的论文。

还有一个是时间地理学对个体行为的研究。时间地理学方法已经有 40 多年的发展历史，也存在一个发生、发展、兴旺、衰退及创新发展的阶段。刚才讲到，时间地理学是基于个体行为微观层面的客观制约的表示和解释来认识人的行为的一个方法。在 90 年代以后，特别是近 10 年，时间地理学有了一个新的发展，主要表现在以下几个方面。首先是表现在理论层面的思考，即所谓的“新时间地理学”。这是对哈格斯特朗时代还不存在的虚拟行为的考量，也就是说，进入网络化社会后虚拟行为对人的行为产生的影响以及对城市空间产生的影响的一些思考，有的还涉及与实际行为空间的关系问题。这些尝试主要来自美国 GIS 研究的一些专家，比如著名的 Miller、Shaw 等人的工作，他们不仅在个人行为时空数据的可视化表现上有了创新，而且提出了一些新的概念，试图在一些理论上有新的思考，提出了考虑虚拟空间以及与物理空间关系的“新时间地理学”的理论框架。当然，是不是称得上是“新时间地理学”还要打个问号。另外，Kwan 的研究加强了行为过程中的情感和偏好分析，弥补了时间地理学忽视人类主观能动性的不足。其次是技术层面的发展，包括时空数据的采集与分析以及利用 GIS 的可视化表达。个体行为数据的采集成为传统行为研究的难点，利用位置识别技术、基于位置服务技术等就可以采集到十分精确的时空数据。利用 GIS 作为非汇总方法分析与再现数据的载体，可以深入挖掘非汇总数据所隐含的时空间规律。当然，我们在采集数据的时候还会遇到很多难题，比如我们利用这些新手段采集到的数据往往是个体已经发生了行为，实际上，我们还需要知道实际行为发生前的计划行为以及期望行为，我们需要研究这些行为之间的关系，从个体层面、从家庭层面去解读它。只有把这样一个过程搞清楚了，我们才可能有一个理想城市的空间建构。最后是在应用层面的发展。这主要表现在城市交通规划及个人出行导航方面。

我们北京大学行为地理学研究小组在国家自然科学基金的支持下，2007 年在北京做了居民活动日志调查，下面我很快地展示一下我们的研究进展，我们马上要发表一系列的成果，大家可以参考。我们从时空数据的采集、数据库建立、可视化表达、空间分析等方面都有些新的尝试。我们自己设计了数据库格式，自己编程实现了时空路径的计算机表达，这些都是国内以前没有的。我们比美国、加拿大、日本等发达国家晚了 5～10 年。

我国的行为地理学研究，整体水平上，应该说跟发达国家比可能要差 30～40 年，现在还是引进和学习的阶段。这里我提出基于个体行为的城市地理学研究范式，我认为在中国城市研究中还是可能的。首先一个是我们对个体行为的关注。这个关注在发达国家 40 年前就有了，当经济发展水平到一定程度以后，整个社会的关注要点不是在经济总量的提高，而是转向生活质量、幸福指数与生活方式的多元化，这样就会对个体行为越来越关注。随着市民社会、和谐社会的构建，全社会都会普遍关注个人的多元化需求的。还有一个就是个体行为数据的收集越来越成为可能。这个方面从昨天到今天大家讲了不少，关键是我们怎样使个体行为数据更加客观，使我们的分析过程更加科学。这涉及刚才大家讲的三角测量法及多元验证方法。第三个就是个体行为研究方法的多元化。不仅仅是传统的狭义的行为主义的认知空间偏好的研究，还包括了家庭联合行为、特定行为的研究，特定群体的行为研究等。

最后我想简单介绍一下地理学方法研究中我们这个城市地理学子课题的进展，有一些同行可能是第一次参加这样的会议，有必要了解一下我们课题的定位与目标。我们已经翻译了两本专著，发表了几篇论文，正在组织撰写一本专著，我们也组织了一些学术活动，包括空间行为与规划的研究会，已经在香港、长春开了两次会，下个月在同济大学召开第三次会议，我们计划把这种专题研讨会持续下去，通过这种活动形成这么一个氛围，培养一个研究团队，包括今天的沙龙就是重要的一环。我的演讲完毕。谢谢大家！

薛德升：谢谢柴老师的报告。柴彦威教授 1994 年在日本获得博士学位后回国，把时间地理学也带回了中国。时间地理学研究者时间掌握得非常好。

城市地理学研究的第三条道路

刘 云 刚

（中山大学地理科学与规划学院）

我平常看的东西多一点，但是写的东西特别少，所以想借这个机会讲一些我的想法。还有，参加了柴彦威老师的一个方法论研究组，感受也很深，学了很多东西。昨天很多发言我都有感触，但因为时间关系没有交流，今天我特地临时重新做了我的 PPT。第一想说一下昨天讨论的东西（人文地理学的科学性问题），第二个想回应一下刚才宁老师的发言，第三个讲我之前想要讲的东西。

第一，我认为我们可以用系统的观点来理解我们所研究的这个世界。我们的世界实际是由不同层次的系统组成的。第一个层次是比较简单的系统，Frameworks；第二个是 Clockworks；第三个是 Control Systems，是可以控制的系统；第四个层次是 Open Systems，更高级的系统，具有自我复制的功能；第五个层次是 Blueprinted Growth Systems，有了组织生长的功能；到第六个层次 Internal Image Systems，比如鸟类，就有了能动反馈；到第七个层次人类就更加复杂，系统是不断复杂化的。整个世界就是由这些层次和复杂性不同的系统构成的一个复杂系统。那么这种复杂可以归结为量的复杂和原理的复杂。系统可以据此划分为四类：量和原理都简单的系统、原理简单但量复杂的系统、原理复杂但量简单的系统和原理和量都复杂的系统。2006 年刚回国的时候我在兰州地理学年会上讲过这个东西。

我们依照系统的复杂性，实际上可以对整个学科体系进行重新理解。物理学和化学是解决最简单的系统问题的，就是第三个层次以下的系统问题。当到了第四、第五个层次的系统问题，光是物理、化学就没法解决了，于是又出现了生物学。更复杂的系统问题，比如第七个层次以上的人类的问题出现了，人文社会科学也就应运而生。所以，人文社会科学是解决更复杂的系统问题的科学。

地理学是作为和哲学、医学并列的三大古典学科之一。哲学研究人的思想，医学研究人的身体，地理学研究人身外的世界。外面的世界都是我们研究的范畴。但我们的认识也是

刘云刚，男，1973 年出生。副教授，中山大学地理科学与规划学院城市与区域规划系副主任，中国地理学会城市地理专业委员会委员。主要研究领域为城市地理学、政治地理学及日本研究。liuyung@mail. sysu. edu. cn。

渐进的，最初注意到的是比较低层次的系统问题，出现了自然地理学；后来也涉及更高层次的系统问题，所以又有了人文地理学。当我们面对比如人类社会这样的复杂系统的时候，我们地理学家在方法论上其实是有两种选择的，或者是 Science，或者是 Art。所以人文地理学是一个自然科学、人文科学和社会科学的交叉学科。面对复杂的人类社会问题的时候，我们有两种不同的研究路线，Science 的路线是把我们刚才讲的第七个层次以上的系统，首先降低到第三个层次来认识，把它按照简单系统来处理，然后一级一级地增加量的复杂程度和原理的复杂程度，增加变量，逐渐逼近系统的真实。昨天我注意到宋长青研究员是推崇这样一种自然科学式的研究路线的，但这是其中的一种，并不是唯一的一种。

还有另外一种研究路线是 Art 的，就是我们首先承认第七个层次以上的系统的复杂性，并放弃对它进行草率的法则探索和模型化，通过深入观察和细致描述，来揭示这个系统的一个整体的侧面，进而进行渐进的归纳，这是人文科学的一种研究方法。我不认为这两种方法存在孰优孰劣的问题。这只是一个研究路线选择的问题。我们关注的研究尺度，既可以关注对象的全部，也可以关注对象的一部分，或者关注对象的个别，这也是选择的问题。由于受到经费及各种研究条件的限制，我们不可能总是关注到我们的研究对象的全部，而常常是一部分。这不是致命的问题。因为我们人文地理学研究的对象是一个原理和量都非常复杂的系统。所以，昨天陆院士讲的自然地理学对我们的指责是不对的。当然有一点我们要做到，就是我们要能够把我们的研究对象的部分或者个别和整体建立联系，这是一个关键问题。我们讲的研究方法，就在这里。

讲回来，做社会问题的分析有很多不确定性。这个不确定性不仅存在于问题分析的出口，也存在问题分析的入口。社会科学存在，自然科学也同样存在。所以我觉得很多自然科学家对我们的指责是有失偏颇的。这里想举一个例子，我在日本上学的时候常听到的一个关于水俣病的公害事件的案例。当时水俣河流污染，那边有一个化工厂，请了大学很多教授做实验，企业本身也在做实验。企业附属医院的细川医生，让猫喝这个河里的水，做了很多例实验，其中只有第 400 例试验猫有明显中毒反应。所以按照概率，研究人员说这个水没有毒，大家的病和这个水的污染没有直接的关系。后来这个官司一直打了 40 年，到 1996 年才得到了政治解决。后来才知道，那一例是正确的，其他那些全是不正确的。这就是有名的 400 号猫实验。它说了一个新的道理，貌似科学的概率统计也不一定是正确的，另一方面也说明了个案研究的有效性。不一定任何现象都要可重复才是对的。某个地方发现的一点小东西，虽然仅仅只是一点点，但是也是有意义的，有可能它代表一个真理。所以我们要重视这种由点及面的研究。当然，我们要让别人能够信任你，就要使用妥当的方法去表达它，这是我们应该追求的目标和研究的问题。由于时间的关系，我简单讲这样一个思路。

下面是我今天要讲的内容，中国城市地理学的第三条道路，因为是城市地理学研究组，其实在文章里面，是去掉城市两个字的，叫中国地理学的二元结构。我现在重新转化一下。因为我在国内读过一个博士在日本读过一个博士，两个博士学位碰撞之后有一些体会。我想讲什么呢？就是我们城市地理学的研究，它既有全球化的一面，也有区域性的一面。我回到中国之后深刻地感觉到，中国的地理学研究或者说人文地理学的研究存在一个深刻的二元结构。我和许学强老师讨论，把它归纳成外生和内生的地理学。这是两种不同的范式，不是谁好谁坏或者谁打败谁的问题。那么，我们能不能找到一条中间的道路，把它统一起来，就像昨天林初昇教授所讲的阴阳循环一样，建立一个统一的范式？我在这里想说一点个人的思考。

20 世纪以来是城市的世纪。我们可以感受到，城市在主宰我们生活的世界。为什么城市会出现？根本的问题是由于我们的居住地域的空间扩展始终弱于人口增长的速度，这是一个最根本的原因，是个地理学问题。大家越来越聚集在城市里面，所以这个相互分离很远的前产业城市就逐渐变成了产业城市，到后面形成了所谓的巨型城市。中国现在仍然存在前产业城市，也存在产业城市，也存在巨型城市，原先资本主义国家不同阶段、不同历史时期的城市，在我们这儿都有了。所以，中国的城市化是时空的压缩，很多样化，而且多元。前些天我去广东西部，我发现了前产业城市的案例，我在课堂上给学生们讲过。中国的城市这么丰富，同时还在不断地变化，这是我们城市地理学非常好的源泉。对中国的城市地理研究者来说，这是一个非常好的、让我们欣喜的现象。

那么城市地理做什么呢？第一个首先是研究城市的地理，作为一种人类聚居的形式，是一种生态的东西。为什么人住在城市里边？城市究竟怎么样才能让人这个动物住在里边舒服，这是最大的地理学视角。所以我们需要研究各个城市在不同的地理条件下，是怎样的一种存在形式，就像我们研究蜂巢、蚁穴一样。第二个，我们的城市是不断变化的，在不断创造、继承、再生、衰退，而这个变化有普遍的规律，也有区域性的一面。我们要研究其中的规律，这就是城市地理。中国的城市是非常独特的，地域扩展受到很大的制约。我们平原少，但人口增长很快，这使我们城市化速度推进非常快。同时，我们还有历史悠久的一面，这和美国又不同。还有政治性，我们整个城市首先是作为统治中枢存在的，这使得中国的城市有很多特殊的性质。最近我在写一篇文章，讲中国的城市化主要不是经济机制驱动，而是政治机制驱动的。宁越敏老师有一篇文章里边也涉及过这一点。所以，我们的城市地理学研究，我觉得要注重两个方面，第一个是普遍规律，第二个要注重区域性。我们实际的研究基本分成两类。一类针对理论问题，比如说前面讲的城市化的原因，城市的体系，城市的职能，等等，这是普遍规律的研究。还有一类，大量的学者是在针对现实问题进行研究，比如研究居住、道路、贫困、污染、安全、财政等各类城市问题，然后将它转化为城市规划的一些成果。那么，这是我们研究的现状。实际上这两个方面应该是相辅相成的，可是我们现在把它们割裂了。

我们回头看西方的城市地理研究，实际两块是结合在一起的。最基本的城市的地理研究，一直在发展，是相当于一朵花的根叶部分。尽管看不到或不起眼，但它一直是有的，而且非常发达。另一方面，在理论方面，20 世纪以来，城市社会学派、经济学派、计量学派，也一直在发展。但我们的城市研究是二元结构的。我们的理论是西方的，问题是中国的。这种研究在我看来是分内生和外生的。外生的探讨西方城市理论是否能够说明中国的城市现象或者解决中国的城市问题，研究如果符合西方的理论，我们就认为说这个是规范的，否则就是中国特殊的，这是一种研究的路线。另一种内生的，直接针对本土的城市问题，不管理论不理论，就像昨天王士君老师讲以后你们去研究，我们就探讨实际的问题。我们从实践来到实践中去，但是它也有规范，有成果，但没有办法和外生的城市地理学进行充分的交流。外生的地理学的最大问题是缺乏对于自身历史积淀成果的继承，而内生的地理学的最大问题是缺乏国际视野下的知识升华和理论创新，所以这个二元结构导致整个我们的研究是断裂的。我们中年以上的学者当中内生派多，而年轻学者外生派居多。很多学者宁愿去追寻 1960 年的英美文献，却很少引用自己前辈 1980 年所做的工作，这是一种典型的二元结构的表现。外生的问题可以归纳为三点：第一理论是外来的，第二没有自己的概念，第三是实证仅仅是作为一种方法，其实是虚证的。而内生的问题在于，第一它是工学指向的，直接指向现实问题，不指向科学问题，就事论事。第二是本土规范的，这个规范和国际是不接轨的。第三是实用主义的，以寻求现实问题的答案为目的，却没有把现实问题和人类知识体系或者理论主题联起来。所以二元的城市地理，本质上是一种殖民化状态。

那么怎么办？我觉得要内外融合，这需要一点一点来建设。其实西方地理学一直以区域地理学为基础，提供事实，然后进行系统地理学的理论总结，利用逻辑的工具，包括地图语言数学等。这是一个系统，但我们割裂了，现在我们只谈系统地理学。所以我觉得首先我们需要做的是按照国际通行的规范来进行事实的整理，首先做规范，然后我们再做系统的科学的探讨，这样才有贡献。要以地为本。所以我在这里呼吁：第一，要建立合理的学术成果形成体制，我们要先有根先有叶然后慢慢出花，不要一来就要花，这是不切实际的；第二，要推进科研的社会分工，在日本地理学界教授基本很少写论文，主要时间用来写书。把一些博士生、一些年轻老师的工作总结起来，形成理论，再去用它指导后面的一些博士硕士生。教授更多的是做教学和行政管理，这样使新老可以传承，老的可以指导新的。而我们现在的局面，教授往东学生往西，这样产生的结果是割裂的，是分散的。这是第一个。

第二个我要呼吁的是，希望我们能重视区域和城市研究的一些数据性成果，我们可以逐渐形成一个规范的数据库。我们要积极地评价那些符合规范的调查研究成果，我们要有一个平台让它发表出来，这样我们才能做到知识积累。我们要鼓励从实地调查中获取数据，同时要重视对调查成果的规范数据化。现在内生的问题就是不规范，要用客观、实证主义的思维去思考。区域问题的实际研究是非常重要的，Johnston 讲过，“我们可以不需要区域地理学，但我们必须要地理学的区域”。就是我们每个人，每个地理学者都要着眼于扎实的数据工作。因此建议我们的期刊，要多元化，要建立期刊的体系。首先要有区域的成果，不光是展示花的，也要有展示根和叶的成果的期刊，可以在现有期刊加一些版面，也可以做几个新刊物。我梳理了各个国家的地理学期刊。协会期刊基本上就是刊载一些原创的区域考察的成果，都是数据性工作；学会的会刊是刊载学术性很强的最终成果，但是其中其实也有两个层次：第一个是会刊，第二个是会报。会刊刊登一些终端的研究成果，会报是刊载一些中间的研究成果，它有这样的一个平台。另外，刊物还有学科的刊物，有学派的刊物，有主题的刊物，有不同的层次，非常丰富，可以去展示你的不同的成果，这都会促进成果的积累。而我们，只有《地理学报》、《地理科学》、《地理研究》等，就这么几个，用这些展示最好的成果，但中间成果在哪里？我们的这些中间成果怎么办？大家都要花，都要最好的，但中间的没有。这个我觉得是一个大问题。最近写了几篇文章，包括 2006 年、2008 年写的，即将发表的都是在讲这个问题。我想呼吁一下。谢谢！

薛德升：感谢刘云刚老师丰富精彩的报告。刘云刚有两个博士学位，在东北师大获得一个博士学位，在日本获得第二个博士学位。2006 年在东京大学获得博士学位后，到中山大学任教，目前在城市地理学、政治地理学领域开展教学和研究工作。

从定量/定性分化到融合：理论范式转型下的城市地理学研究方法创新

刘志林

（清华大学公共管理学院）

从我开始，现在出现女性地理学家的声音了。各位老师，各位同学，上午好，我来自清华大学公共管理学院。我以前在北大地理系，我原来的导师是柴彦威老师。我想从理论范式转型的背景下来谈谈定量、定性方法融合的问题。柴老师给我的任务是讲讲方法，因为我在学校讲方法论的课。但是，后来我想方法本身如果作为技术来说没有多少可谈的。方法本身无优劣，但方法论的问题很有意义。我认为现在不管从国际上、国内来看都是理论范式转型的时代，所以我想从这个角度看一下方法论尤其在城市地理学的方法论创新的问题。

我必须承认我的知识体系肯定有缺陷，所以我谈的只是我个人的一些理解，总结起来先说一些基本观点。第一个，地理学的理论和方法范式转型必须放到更广泛的社会科学范式转型背景下讨论。第二个，方法论思辨的根本是理论范式的思辨，方法的选择在于理论和问题的选择。第三个，包括昨天讨论谈到数字和文字、定性和定量，我认为这种对立本身是不成立的。后面我想具体地说一下，因为我觉得定性与定量的对立，是由于崇尚某一些范式的学者而构建出来的。第四个是方法论的创新这个议题的重要性，我认为最终在于作为中国的学者，如何根据中国的实证研究来挑战和发展地理学对于社会的理论解释。第五个我想回到中国的城市地理学，我认为中国地理学的任务应当通过建构理论而不是发现规律验证西方的理论，而与西方的地理学对话，这是我的基本观点。

第一个想要说一下研究范式，地理学在过去半个多世纪经过几次大的转型，这个面对在座的地理学家我觉得不用继续讲了。但是，这种地理学范式演变，是在更广泛的社会科学研究范式变化的背景下发生的。当然可以从不同的角度考虑社会科学范式转型，有一个从实证主义、后实证主义到批判理论，再到现在所谓的建构主义这种范式转型。或者另外一个可以理解为“几个转向”：20 世纪 40～50 年代由于新古典主义经济学的发展和经济学在学术

刘志林，女，1978 年出生。清华大学公共管理学院助理教授、公共政策所副所长，中国地理学会青年工作委员会委员。主要研究领域为城市政策与管理、住房政策及区域经济发展。zhilinliu@tsinghua.edu.cn。

界奠定霸权地位带来的“行为转向”，关注个体行为决策，到批判理论和后现代理论带来的“文化转向”，一直到80年代经济学、社会学和政治学领域都出现的对制度的关注，就是所谓的“制度转向”。实际上地理学在过去半个多世纪的范式转型是和这些相关的。

从前面一种理解看，我想很多老师和同学都了解。首先是从本体论上，我们作为研究者，从实证主义或者后实证主义认为有一个真实的世界供我们去观察，到批判理论强调不存在一个真实的世界，我们的话语表述是片面的、流动性的，拒绝宏大理论，到后来建构主义承认我们作为研究者的片面性。或者从认识论上，从强调我们应该客观、中立地去发现规律，到宣称我们根本没有办法发现规律，一切都是差异性，再到所谓建构主义强调我们确实在建构一些理论，但我们承认我们不足、承认我们在建构理论时候的价值取向。这种本体论、认识论上的变化，影响到我们对研究方法的不同选择，影响到所谓方法论的演变。

那么从所谓的几个转向来看，我认为其实应当总结所谓的范式转型。第一个，应该看到从理论上来说，其实现在是一个多元范式的时代。第二个，社会科学的所谓根本理论争论，从经济学上我们可以说是个体和制度的关系，从社会学是行动者与结构的关系，我想昨天有学者也提到了。而现在推崇的，实际上在经济学可能就是我们知道的新制度主义，那在吉登斯来说，就是结构二重性。我认为这种对于人和社会之间的关系的这种思考，根本上决定了整个社会科学的理论范式的转型，实际上相当于循环上升的过程。

昨天大家讨论到的一个问题，就是说地理学跟社会科学的根本性理论问题有没有关系。我昨天听报告的时候有一个个人体会，我怀疑我是不是昨天在座的最有信心的或者最乐观的一个人。我认为尽管社会科学在讨论个体和制度，但是有一些问题，只有地理学家才能够提出。我想举一个例子，我本人最关注的是住房问题。对于城市的住房问题和居住空间的研究，根据我的文献阅读的情况，如果从城市经济学角度，研究的终极问题是人们的支付意愿，它们怎么样受到某一些因素的影响，这些因素和影响怎么体现在房价上或者租金上。如果从城市社会学的角度研究住房问题，那么用统计回归的思路，因变量通常有两个，一个问题是人们是买房还是租房？第二个是人们是不是发生了迁居的行为？这里边没有任何空间信息的。但如果我们作为地理学家，一定会关注“住在哪里”、“搬到那里以后影响到作为个人和城市空间关系是怎么样的”等问题。这些问题从城市社会学你是看不到的，而只有从地理学，或者说城市社会地理学才能提出这样的问题意识。

因此，我认为作为地理学家，应该积极参与到社会科学关于行动者—结构或者个体—制度的争论中，并且只有我们才可以建立出来所谓个体—制度—空间的理论框架。如果没有空间没有地点，所谓个体—制度的相互依存关系，是没有发生的基础的，而这种空间的结构或者过程或者机制是只有地理学家才可以研究的。因为任何人的行为必然在某一个地点发生的，或者某一个空间发生的，只要人的行为决策中包括决定他在哪里发生行为，就会有地理学家存在的意义。我觉得对于我来说，我觉得可能不会特别担心地理学的价值。相反，我认为地理学的视角是非常重要的。

另外一个体会我想提出来供大家思考。我确实去美国读过书，但是我回来不是被人忽悠回国的，我是自己主动回来的，我是忽悠别人把我接收下来。我为什么愿意回来？我认为对于中国的研究，应当放在对于全世界的社会科学共同体的贡献上来看待。我认为中国的学者在这个时代是幸福的，如果说在接下来一个时代出现挑战现存的、占统治地位的社会科学理论，一定是发生在对中国的研究上。作为在中国的学者，必须要认识到这样的机遇。我们说在城市地理学领域，就像八九十年前对于芝加哥的研究，奠定了芝加哥学派这一城市地理学的经典理论流派一样，还有什么比中国城市化背景下的中国城市问题更能形成新的理论的呢？如果还能出现新的理论，那么一定发生在中国。所以我觉得回来是幸福的，我觉得比在国外的学者要幸福。宁越敏老师刚才提到学术的好奇心问题，而我认为这种好奇心只有在中国才可以得到满足。

刚才谈到范式转型，定量/定性这种二元论我认为是被建构出来的。因为推崇不同的范式，或者由于实证主义或者经济学的科学化和经济学的统治地位，使得定量方法，或者说基于统计分析的定量方法，形成方法论上的霸权主义，而批判理论的发展最后带来更多的诸如现象学、民族志、实地研究和基于文本的定性分析方法。当然，我认为这不是定性方法的出现而是回归，后面我要谈到，实际上定性方法一直被社会科学研究采纳。这种定量/定性方法二元论实际上是被建构出来。到底是数字更清楚，还是文字更美？我们应当发现一些规律，还是我们作为研究者，意外才是我们最感兴趣的？我们是应当发现事物规律所反映的简单之美，还是因为人类社会是复杂的，所以应当推崇复杂之美？这种二元论我在美国读书的时候就经常遇到。我发现自己常常面临尴尬的处境，在定量方法的课堂上常常需要捍卫定性方法的重要性，但如果我去定性方法的课堂，又发现他们完全舍去了定量方法，完全批判它的合法性。所以我发现自己经常要在一方捍卫另一方的重要性和意义。最后我意识到，就是说这个谁优谁劣的问题根本上是不成立的命题。如果客观地看整个社会科学过去 100 年的发展历程，你会发现，事实上定量方法和定性方法一直都在被采用。而所谓归纳和演绎，实际上在社会科学研究过程中是相互交替、循环上升的过程。

我想举两个例子。一个是刚才提到的芝加哥学派，它的形成就是基于归纳、实地调研，基于观察，是基于我们现在可以被认为定性研究的一系列方法。但是从这里总结出了关于城市空间的三大经典模式，归纳出来关于城市空间演变的经典理论，像侵入—演替理论、过滤理论等。这些归纳出来的理论最后成为我们从 50 年代“计量革命”以后开展定量研究的基础，就是后面的研究实际上都是演绎和验证它。

第二个例子是最近的一个研究。所谓的市场转型理论，最早是 Victor Nee(倪志伟)在

1989年写的一篇文章 A Theory of Market Transition，由此带来在社会学领域发展出基于中国的市场转型理论。市场转型的理论争论有几派，Victor Nee 主要是经济社会学，研究企业和私营经济在中国的发展，Andrew Walder 和 Jean Oi 主要是政治社会学，John Logan 和边燕杰则主要是城市社会学。John Logan 等的理论更直接地影响英文文献中对于转型期中国城市住房和居住空间问题的研究，像黄友琴、李思名等主要是基于城市社会学和市场转型理论来研究中国的住房问题。这是一个理论演绎的过程，是非常严谨的所谓实证主义或者后实证主义的研究。比如，其中一个结论反映出 John Logan 等的理论中对于单位的重视，认为单位是一种政治资源的来源，作为正式的制度来影响转型期中国城市居民的住房机会和居住条件，这是他们的一个基本结论。他们对于单位的理论解释也就是作为一种政治资源，作为一种正式的福利分配制度，以此为基础来建立他们的理论假设，然后通过统计分析来验证。而我们最近对于单位居民定性的研究发现，这个理论的解释可能是不成立的。就是说单位现在作为一种正式的分配制度已经不成立了，可能更多的是一种非正式的社会网络、一种社区关系来影响居民的住房行为；从地理学来看，需要把单位作为城市的一个空间单元，一种社区单元来进一步研究。而这个新的解释是我们从定性研究中发展出来的，下一步我们也是希望通过一些定量方法来进一步验证。所以我想说，从这两个例子来看，本身定性、定量方法应该无所谓孰优孰劣或者说到底数字更美或者文字更美。

如果回到转型期中国的城市地理学研究，虽然实际上我们讨论的更多是方法论问题，但我认为更高层次上，是中国城市地理学研究应当遵循什么样的科学哲学？这包括三个方面：学科的目标、理论的范式、方法论的创新。从目标来说，我觉得中国研究或者中国经验的重要性，不在于验证西方理论。目前大多数研究无论是中文还是英文，绝大多数是在验证西方的理论。我认为意义不在这里，实际上更大的意义在于与西方城市地理学在理论层面的对话，或者说我们要挑战他们的理论，或者说建构自己的理论来作为国际视野下的地理学理论的一部分。当然如果从建构主义的角度来说，我们可能不是建构完全的理论或者宏大理论，是一种理论视角。如果要达到这一点，我们的任务不是发现模式或者规律，不是验证芝加哥学派的三大经典模式在中国是不是存在的，不是验证个人的社会经济指标对人的行为有没有影响，因为这个已经在理论上验证过了。问题是我们有没有建构或者提出我们自己的理论。

从这个角度上，我想说中国城市地理学的研究目标更多的应当是理论的建构而非解构。这个观点主要针对在英文文献中出现的后现代或者批判地理学在西方地理学盛行，它也影响到一些国外的学者对于中国城市的研究。这类研究在学术上是有价值的，但我个人认为不适合作为对中国研究主流的一种范式，我觉得我们中国还没有建构出来自己的理论或者概念。如果没有理论或者概念的建构就没有解构的基础，而后现代主义最根本的一个范式就是解构。我们自己的概念或者理论都没有建立起来，那么我们所解构的无非是从西方搬过来的理论。比如，西方讲所谓的 Gated Community(门禁社区)，因此我们拿过来，放到中国的情景下分析、解构这个概念，但这些都是从西方搬过来的概念而已。我们首先要做的是建构关于中国的概念体系和理论，要达到这个目的，可能是说方法论很重要的。

最后有一个理论范式多元化的问题，为什么定量/定性融合？因为现在是范式多元化的时代，无论是后实证主义、建构主义，还是倡导性或参与性的研究(Participatory Research)，我觉得都是有意义的，对于不同的研究课题或者研究问题来说，可能某种研究范式是最适合的。所以，如果问我所遵循的范式是什么？我只能说我是一个实用主义者。实用主义者的意思是说，研究问题和尺度决定方法。一般来说研究问题决定方法的选择，但是如果从我们地理学家角度来说空间尺度也很重要，不同的尺度也会决定我们提出的问题，于是决定我们选择什么样的方法，我们会建构出什么样的理论。当然从定量/定性融合的角度上，现在提出了一种混合研究方法(Mixed Methodology)，实际上什么方法能解决你的研究问题就用什么方法。实际上理论也无优劣，只要能解决我们感到好奇的问题，无论理论问题还是实际问题。

另外，突破定性/定量的二元论方面，目前普遍认为，定性是描述的、归纳的，是探索性的研究，而定量是验证的、演绎的，是解释性的研究。实际上不是这样的，定性的研究也是可以用"科学"的方法去验证理论假设。当然这不是科学主义所指的"科学"，而是说通过严谨的数据分析来实现理论建构或者理论验证。有一个非常好的方法，叫做三角验证，或者叫 Triangulation，强调的就是说确立严谨完整的证据链，来支持理论结论。定性研究方法出现这种"科学化"的趋势，很大程度是因为 60～70 年代发展起来的"扎根理论"，英文叫 Grounded Theory(扎根理论是中文的翻译)。特别是基于后实证主义的扎根理论，尽管目标是理论归纳，但是强调建立严谨的数据链和严谨科学的分析过程。最后我想提一下，基于这个扎根理论和定性数据分析方法，发展出来一些数据分析的软件，例如 atlas. ti，NVivo，等等。基本的分析过程就是"问题—数据—理论"的循环过程，从文本数据中提炼、归纳或者验证一些理论观点。确实有这样的软件能够帮助我们的研究。谢谢！

薛德升：感谢刘志林热情洋溢的报告。看来女性地理学家更加乐观一些。

自由发言

薛德升：在我们开始公开讨论之前，请示沙龙组织者刘卫东教授和柴彦威教授同意，我们还有一段插播。不是广告，是另外一个特别有视觉冲击力的南京师范大学杨山老师，利用5分钟时间讲一下运用GIS方法进行城市研究的报告。

杨　山（南京师范大学）：感谢主持人给我宝贵的5分钟时间。作为方法理念昨天讲过了，有三个层面。我想我们继续要像宁越敏老师一样，经过几十年的实践研究，上升哲学层面上总结，但是需要大量的在技术层面做扎实的研究，这样我们的方法论体系才更加完善。

今天我带来和大家共享的是聚落形态信息提取的地学分析。我们南京师范大学从20世纪80年代开始就做城乡聚落研究，当时金其铭先生做聚落地理用的是当时的野外调查方法。今天我们有更多新的手段，其中最可靠的数据源是遥感的数据源和分析方法。我们做城乡聚落，首先从空间形态开始，实际自然地理进行地貌研究也是从形态开始的，最后我们的聚落研究成果还是要回到空间上进行表达。所以进行聚落研究，我们面临的首要问题是怎样提取城乡聚落的形态，这个过程我就不讲了，有许多方法。现在展示的是1998年和2005年的遥感影像，我们可以看出城乡聚落的状况，但我们可以用一些方法把它提取出来，清晰地体现在空间上。城乡聚落空间数据提取出来以后我们看到城乡聚落在空间分布的状况、它的密度、它的离散指数以及它的破碎程度，我们可以做一系列研究。如果说刻画城乡聚落形态究竟是什么样？我们就要像地图学进行制图综合，按照无锡市这样一个规模的大城市，我们采用（领域7×7）分析法去合并，可以取得数据的精度和形态的完整性，得到一个最佳的平衡点，这个形态空间数据出来以后，可以进行分析聚落形态扩展方向、形态分形等研究。

如果把许多年形态数据叠置起来，我们可以进行它的扩展方向分析，比如说从1984年到1998年，2005年到2008年我们做无锡市6年的城乡聚落形态叠置分析，分析形态的扩张方向、扩张度、扩张速度以及扩展地域范围里各个大小城镇之间的关系，这就是我们在形态上做量的分析。如果做机理分析，我们可以做交通与聚落形态关系的分析，比如国道、省道、县道对城乡聚落的不同影响，高速公路、一般公路对城乡聚落的影响。我们可以看到，不同等级道路对城乡聚落影响的拉伸方向、拉伸的速度以及拉伸的形态。再比如说，我们做行政区划调整对城乡聚落的影响，比如在80～90年代初期的时候，无锡目前有一个镇是原来3个乡镇合并的，合并对城乡聚落有什么影响呢？保留的镇，规模仍然得到迅速的扩张，被合并的镇发展受到影响，所以行政区划调整对城乡聚落的影响很大，我们不仅可以定性描述，还要以定量化来说明影响程度。我们还可以做其他要素与形态关系的一些机理研究，今天我就简单地讲这些吧。

薛德升：谢谢。感谢杨老师给我们带来的GIS方法和城市空间扩展研究相结合的一个探索，接下来我们有15分钟的时间，现在开始公开讨论，我们可以对今天发言的观点进行评论，也可以基于各位就自己的研究心得和研究认识发表看法。

张文忠（中科院地理资源所）：这个沙龙会已经是第四届了，但我是第一次参加，感想颇多。参加这个会之前，我看到一本书，写的是加入文学界的事。当时的所有从事文学的年轻人，特别像今天在后排坐的这些年轻人，非常仰慕加入沙龙。我参加这个沙龙后也有这样的感觉，我们的沙龙水平确实很高，真的能学到很多东西。因为我现在不学理论和方法，所以确实学到很多新的东西，同时见到很多老朋友，这是题外话，我谈一些对这个方法和理论的看法。

我谈一个主流和非主流的问题。就像我们讲的这个东西，到底中国地理学主流是要走西方这种模式还是自己走自己的所谓中国特色。这个实际上我们应该思考，包括这个"主义"那个"主义"，我基本上不懂这些东西。但是有一条，我们国家发展的历史过程中有很值得我们研究的东西，这些"主义"或者这些理论在中国有多大程度的使用价值也值得我们思考。我认为，我们地理学应该有它自己的一些特色，也不能过分地盲目追求西方的一些东西。事实上包括我们地理所长期以来如果讲哲学的话，毛泽东哲学我们地理学应用得非常好，基本是理论指导实际，理论来源于实际。我们做的很多东西，在实践中应用理论，理论用于指导。这些东西是不是你们讲的哲学范畴，我搞不清楚。但是我觉得这个路应该能走通，至少我是有些经验觉得是能做通的。

第二个关于数字和文字的问题。我至今分不清自己是搞数字还是搞文字，反正力图写文章有数字也有模型。但是有一次我感觉非常后悔的是，比如模型这块，搞了很多复杂的东西，事实上对这些数据本身以及背后的东西我觉得理解和解释的还是很差，缺很多。模型是非常精美的，可以说非常完美、无懈可击。但是落实到实际以后，做了很多研究，我觉得模型不能与实际整合起来。

另外就是理论与实际的问题。我们中科院地理资源所基本秉承一个思路。我们昨天讲的这些东西，基本上应该有个包容，应该进一步做下去而且做得更好。国外的这方面情况必须要了解，做实践的不要过分指责做理论的，做理论的也要包容我们的实际工作。我觉得我们的研究应该说是有一点成果的，至少在某个方面有一定创新。同时，对国外的东西至少应该知道，知道这些东西在国内如何引进运用。

张平宇（中科院东北地理与农业生态所）：从2003年在南京大学参加第一届沙龙之后，我有幸参加历次会议，直到今天第四届会议，谈几点感想。

第一，我觉得关于方法论的讨论，对我们来说是十分必要的，方法论研究还要有很大的提升。为什么这么说呢？可能恰恰是因为中国的人文地理学在经历了改革开放30年经济社会巨大变革之后，在大量的实践研究基础上，到了需要认真研究理论和方法论问题的时候了，这也是学科发展的必然性，因此来说，我觉得这是个非常重要的会议。来之前，卫东问我能否准备一个发言，我说能不发言最好不发言。第一我是方法论盲，第二呢到年底课题总结任务太重，没时间准备。我说去北京开会就是向大家学习，带着耳朵听，尤其是听高等院校老师的发言，因为他们是学院式研究，善于梳理学科理论问题。

第二，我想说个观点。我们现在之所以产生这么多方法论困惑，昨天甚至有人说"乱"，我本人认为这是人文地理研究对象的复杂性决定的。可能我们还没有深刻意识到，我们所面对的研究对象的复杂程度可能超乎想象，有待未来更强大的科学方法来揭示。至于研究人文地理问题，是"主义"重要还是"计算机"重要？我认为，都重要，不能把它们对立起来，至少目前还没有主导人文地理研究的范式和方法。我们认识地理复杂性问题，才刚刚开始，方法论是个永远的话题。

第三，这两天开会我一直在琢磨，对于方法建设问题，现在能从哪些具体问题开始，实实在在做点事。大家都知道，对于研究中国问题，很多必要的经济社会数据是不可获取的，这是我国人文地理研究的制约因素之一。我想强调的是，就是那些可获取的数据，数据使用也缺乏规范性。能不能借鉴其他工程技术学科的做法，对人文地理学研究的一些基本要素，建立一个基于不同尺度上的要素测度标准，大家在开展定量研究时共同遵循呢？比如，人口是人文地理学研究的基本要素，预测一个城市人口数量就不必精确到个位，但是我们在一个家庭尺度上开展研究时必须把人口数量精确到个位。实践中这类问题还很多。如何把握与尺度相适应的地理要素的数量精度，这需要研究，需要建立一个参考标准。我觉得这个事是我们大家可以一起尝试做的。这只是我的一个不成熟想法。

第四，我想强调，我们必须深入地投入到地理实践工作中，才可能揭示规律，在这个基础上再加强理论和方法论的学习和研究。谢谢大家！

陈　田（中科院地理资源所）：我自己很惭愧，因为对很多东西不太关注，但是我有一点感受。这一点我觉得是包容性，不管用什么方法。根据我个人的理解，第一要看能不能抓住问题，第二要看能不能用简便的方法把这个问题解决，不管什么范式不范式。如果非常简单的问题用非常复杂的方法解决，做完之后还是这个样，那就有问题。我今天想表达的就是这个意思。

赵作权（中科院科技政策与管理科学研究所）：谢谢主持人给我一点时间。首先自我介绍一下，我不是学地理的，在这里我向学地理的学者表示敬意，因为搞地理研究的确太难了。我本人对地理十分感兴趣，在 *Geographical Analysis* 发表过两篇文章，看过很多地理方法方面的文章。我一个主要感受就是地理研究太复杂了。我觉得地理研究一个很根本的问题，就是我们研究的时候常常有信息缺失。昨天卫东讲，研究方法和结论可靠与否是很重要的一个问题。事实上，我们往往在地理推理和分析的时候有信息缺失问题。

我这里给大家介绍几个方面的信息缺失，这样我们在写课题报告和论文的时候需要承认我们的研究中存在哪方面信息缺失，哪方面分析可能是可靠的，哪方面可能是不太可靠的。地理研究中有五方面的信息缺失往往影响研究结论的可靠性。

第一，抽样方面。主要有两点。一是空间相关性。这是我们利用统计方法必须考虑的问题。这一点我觉得美国的 Anselin 做得非常好。他是地理学家，今年四月份当选美国科学院院士，是他解决了空间相关性的统计分析问题。二是抽样的随机性。如果抽样不是随机的话，就有偏好和偏差了。例如我们研究城市的时候往往愿意选好的城市和大的城市，这样“抽样”引起的偏差是非常大的。

第二，尺度转换方面。地理研究推理从大尺度到小尺度、由小尺度到大尺度的时候应当特别慎重。一是分析单元的尺度和研究区域的尺度要区分开，二是研究从公司、城市、区域、国家到全球跨很多尺度（层次）的时候，跨尺度推理容易出现信息缺失。

第三，空间转换方面。地理分析很多研究都是从平面到球面的，当使用适用平面的方法却要在球面上推理的时候，容易有严重的信息缺失。

第四，维度转换方面。信息缺失往往发生在跨维度分析的时候，从点到线、从线到面的时候，这也是容易引起严重信息缺失的一个方面，所以这方面应该注意，尤其是应用一些理论解释城市体系层面的时空演化问题。

第五，区位方面。我觉得区位信息的缺失在地理学界是非常普遍的。很多人认为地理学主要研究区域差异。其实地理学研究有四个方向，区域差异只是其中一个方向，另外三个方向很重要的一个是空间分布。在区位信息缺失的时候我们仅仅研究属性信息（如区域差异）就进行推论是容易引起偏差的，尤其是跟政策有关区域方面的研究，应该注意区位信息缺失的问题。

薛德升：谢谢。我们超时了3分钟，按照计划，我们10点15分结束，我还想使用一点特权，试图把这一节做一个简单总结。从宁老师的报告里获得的启示：第一，人文地理学不是没有人文思想的科学；第二，我们需要注重空间的讨论，我们不光只是区域，将来更多注重空间的讨论，特别是空间的含义。从柴彦威的报告里我们获益的是：基于个体行为的城市地理学研究范式或者研究方法，涉及整个方法体系的构建。从刘云刚的报告里，强调的一个很重要的方面是，需要从观察归纳采用这样一个人文科学的方法。那么，GIS是可以很好地改善具体的要素搜集和精确表达的方法，刘志林给我们提出很好的建议，怎样把中国的地理研究和西方的地理研究很好地结合。最后说一点，讨论里很多人讲到我们国家两方面的研究，两方面的研究都非常重要：一个方面是针对我们国家大的需求方面的，偏重于知识运用，然后在知识运用的基础上加以理论总结，这方面确实对我们地理学争夺国家层面的地位起到非常重要的作用；第二个方面同样重要，有些时候我们确实需要稍微远离一些实践的问题，进行一些理论的思考，进行一些方法论方面的讨论，这样对城市地理学科未来的发展、学科体系的构建会有非常大的帮助。现在是10点20分，我们结束这一节的讨论，借此机会感谢基金委、感谢地理学会、感谢中科院地理资源所，特别感谢卫东教授的团队，感谢各位的光临。

第四部分

社会文化地理学研究方法

主 持 人：唐晓峰　北京大学城市与环境学院
主题发言：周尚意　北京师范大学地理学与遥感科学学院
特邀发言：李蕾蕾　深圳大学传播学院
　　　　　朱　竑　华南师范大学
　　　　　王　彬　福建师范大学地理科学学院
　　　　　孔　翔　华东师范大学资源与环境科学学院

超越西方社会文化地理学的意义与可能性

周尚意

（北京师范大学地理学与遥感科学学院）

首先说一些题外话，呼应沙龙的特征问题。沙龙就是一批“臭味相投”的人，经常在一起讨论他们想说的那些话。沙龙的产品是什么？其产品就是一些思想。这些思想最后能被沙龙之外的人所接受和欣赏，一些人可能不接受思想，但是欣赏有这么一批人。我同意宁越敏老师的一些观点，即沙龙是要对话的，但不同意沙龙一定要有女性参加，尽管我是女性，我认同自己的 Gender（社会性别）。沙龙参加者应不论血统、不论单位，无须打着北京大学著名教授的招牌。一个参加者可能来自很边远的地方，人们不用知道他/她是哪个单位的；沙龙参加者也不论年纪，更不论性别，只要其观点能够引起人们讨论就可以了。所以在这里不分什么“狼狗”、“宠物狗”和“野狗”（呼应王士君教授关于单位分类之“狗论”），不论哪种狗都有话语权，只要其叫声能引起大家注意就可以。

我报告的中文题目是“超越西方社会文化地理学的意义与可能性”，此题目引起很多人的敏感——这么有野心，要超越西方？我这里打出英文标题“Beyond West”，我觉得英文标题的意思可能比中文“超越”一词要好，我本来想表达“在西方文化地理学的外边”的意思，但这么说又太累赘。李蕾蕾在她翻译的《文化地理学手册》一书中用了“超越”的译法，但是我强调的是“在外边”或者“相伴”的意思。这个讨论主题的由来是我们看到，文化地理学研究在中国既有一套中国话语，又有一套西方话语。比如王恩涌先生等在做文化地理学研究的时候，基本按照中国话语形式来做。再比如最近由科学出版社出版的“人文地理学”丛书之一《中国文化地理》，也基本按中国话语来做。在座的唐晓峰先生研究“九州”思想。按西方话语分类，文化区分三类：机能区、形式区和乡土区。“九州”是典型的乡土区，九州的这套话语是非常地方化或中国化的。拿到别的国家，人们不知道“九州”是什么。即便告诉某个外国人“九州”是什么，他也不能很真实地了解九州在中国话语里的意思，不能真实地了解为什么“九州”可以把中国各个民族统一起来，将不同地方统一为一个帝国。这是非常地方化的

周尚意，女，1960 年出生。北京师范大学地理学与遥感科学学院教授，博士生导师。研究领域为人文地理学，主要研究成果集中在社会文化地理学领域。twizsy@163. com。

话语和知识。我们看到中国文化地理学研究者在用中国话语研究的同时,也在积极地学习西方文化地理学研究的话语。

行走在两个话语之间,我们开始困惑,我们是不是在说着不同的话?做不同的事?我们自省:跟着西方是否是邯郸学步,学了别人的,忘了自己的。如果不是,即我们学了西方的走路方式,还可以用自己的走路方式,即今天在台上走猫步,在台下就正常走路了,两种话语并不打架。我们今后努力的方向是走一种"步子",还是两种"步子"?我认为我们可以用两种话语做研究,只要我们最后研究出来的是学科本质需要的东西,即宁越敏老师说的"概念和理论"就可以了。一个学科之所以成为学科,是因为学科有其内部认同的概念和理论。创建概念和理论是否就能成就有中国特色的文化地理学?从沙龙昨天的讨论开始,"中国特色的人文地理学"就一直反复出现。

今天我将从三个方面讨论我要阐述的主题:第一,为什么要超越西方文化地理学,或者说为什么要与西方文化地理学不一样,超越西方文化地理学有什么意义?第二,我们要超越的参照系是什么?第三,超越的可能路径是什么?

第一,为什么要超越西方文化地理学。我有两个理由。第一个理由是:中国作为一个地理学大国,我国文化地理学家作为全球文化地理学家的一部分,一定要对该学科分支有所贡献。这样就不能完全跟着别人走,要走自己的路,要有自己的特点,这是我要说的"超过"的一层意思,即我们要对学科有所贡献。第二个理由是:人文地理学作为人文和社会科学的分支,必须发展地方性知识,尤其像文化地理学,更要发展地方性知识,否则文化多元化就不复存在了。文化的多元化不单表现在不同地方的人说不同的话、吃不同的饭、穿不同的衣服,也表现在我们学科的地方性知识发展,这也是一种多元,所以"地方的"概念和理论也需要梳理。

"超越"(Beyond)这个想法在西方一直受后殖民主义的影响。后殖民主义对文化地理学的影响有两个方面。第一个方面就是用后殖民主义的视角看待文化地理学研究的对象,比如说 D. Gregory 认为文化地理学所要研究的内容包括昔日殖民文化的空间表征、再生产和转型,关注殖民者和被殖民者之间的文化争议以及殖民关系在如今的表征实践、再生产和转型。昨天林初昇教授的发言中提到某些学者,并说他们是非常有名的学者。我觉得在这样沙龙讨论中,我们要隐去 Gregory 是哪个国家和哪所学校的,我们不能因为一个学者来自名校和名刊,比如林教授是港大的,刘卫东先生是某个杂志的编委,我们就给他们带上光环。刚才我念的 Gregory 的那一套表述比较抽象,很多同行说听不懂以前我讲的文化地理学,因为我不举例子。下面我就举一例解释 Gregory 的研究内容。天津老租界区是殖民时期的一个遗产,这个遗产现在被变成一个新的"表征"的空间,在马场道地区改造的过程中,一些原有景观要素被筛选性地保留下来,同时还新增加了一些人造景观。这两个文化景观建造方法都是"表征、再生产以及空间的转型"。研究这种空间的变化是后殖民主义视角的文化地理学研究。这张照片是天津非常有名的一个小楼，它位于老租界区，一个非常富有的商人把价值号称 2 亿的中国古代瓷器收藏品镶嵌在墙上、陈列在屋子里，并把原来的殖民者居住空间变成风格上半中半洋的酒吧，变成了一处休闲的空间。老租界区在建筑功能上、符号上都有新的文化再生产。租界要素文化功能的改变，导致实体要素意义的改变，因此地方性也随之改变了。文化地理学研究地方性(Locality，Placeness)，通常要借助观察景观的变化来观察地方性的变化。景观的新建，以及历史景观的筛选保留过程都属于空间再现的实践。物是人非，文化空间的功能变化了，因此文化空间的评价也要随之变化。后殖民主义对文化地理学影响的第二个方面，就是打破殖民话语对文化地理学的垄断，维护一个地方自己的知识和话语，这是我最终强调的要点。

我们首先看一下英美文化地理学者对全球文化地理学的垄断程度。英美文化地理学界目前对全球的文化地理学的垄断具体体现在三个方面，这也是一位国外学者总结的。第一，英美研究生院是文化地理学的中心地带，培养英美术语的研究学者。刚才柴彦威老师那组是代表留洋系列的，我们这组代表土生土长的"土博士"系列。他们在日本、美国、德国留学，国外的那套话语是什么？与我们在中国学的是不是不一样，如果我们学的都一样，那是不是就不用留学了？(比如)柴老师等采用"时间地理学"这种西方话语来研究中国，就是留洋取来的经。第二个垄断的具体表现是，西方研究基金所资助的文化地理学研究，包括资助对发展中国家的研究，也是资助有西方话语偏好的群体。第三个方面是西方刊物的取向。这里又说到刘卫东老师了，因为他是西方刊物的编委。西方刊物使得发展中国家学者发表的论文也被打上西方话语的深刻标签。我们再看文化地理学刊物的垄断情况。我做了一个统计，文化地理学有 3 个主要英文杂志：*Cultural Geographies*、*Social and Cultural Geography* 和 *Journal of Cultural Geography*。*Cultural Geographies* 期刊名称中的"Geographies"用了复数，意在追求多元和多样的文化？这是一个比较好的刊物。我们看一下我统计的作者国籍分布，可以看到英国、美国的作者是主体。如果他们的视野是全球视野也可以，但是我们再看我统计的刊物文章覆盖的地区，其地区覆盖也是以英国、美国为主。所以，目前该刊物发表的文章的知识产生基础也是英美的经验。因此，我们一定要做出超出他们之外的文化地理学研究。

既然我们要"超越"，那么我们就要看看西方文化地理学已经做到什么程度了？这是我要谈的第二个方面：超越西方的参照系。首先我们看西方文化地理学的发展。W. Norton 对西方文化地理学发展有一个梳理。我们看到北美和英国的文化地理学发展到了 20 世纪 80 年代出现了合流，之后就出现了新文化地理学，现在叫做"社会文化地理学"。我们这个小组之所以叫"社会文化地理学"，也是顺应这样一个学科称呼的变化，这种称呼不是"社会地理学”加“文化地理学”，所以，我们这组没有吸收我国目前做社会地理学的学者加入，例如在座的张小林老师。我们再看一下西方文化地理学的概念和主题。我的同事梁进社教授说，凡是进教科书的概念就像进了 *Bible*，是已经达成共识的概念。文化景观、文化源地、文化区、文化扩散、文化生态和文化整合这些主题大家非常熟了。下面我们再看一下国内翻译出来的第一本外国的《文化地理学》(M. Crang)的目录(在 PPT 上，略)，这本书可以当教科书，也可以称为专著，这些研究主题我不在此说了。

实际上，这些主题都回答两个问题：文化的空间行为和文化的空间归属。一个是文化的实践，比如说唱戏等都是外在的行为；还有一种文化的心理需求，人们需要空间上的归属，我们认同什么样的地方？为什么人们认为天安门是一个国家地标性景观？这些都是心理上的。《文化地理学》一书所有主题都是呼应这两个方面。

《文化地理学手册》由商务印书馆出版以后，我们可以看到其目录展现出来的西方文化地理学研究问题是五花八门的。尽管如此，我们还是可以梳理成上面两类问题。我自己总结，西方已有的理论建设领域大致有四个方面：第一个是空间演进理论；第二个是文化生态理论，文化生态理论我一直不太清楚是不是独属于文化地理学，文化生态学讨论文化和自然环境的关系；第三个是时空行为理论；第四个是地方符号理论。这里的时空行为是不是和柴彦威老师那组的时间地理学一样？也许文化地理学更强调行为的文化分析，我们重点强调文化的空间行为。这里举一例来说明文化的空间演进。时空压缩理论是由 D. Harvey 提出的，目前文化的行为空间也存在时空塌缩现象。北京牛街回族聚居区的原有空间范围不大，现在，回族人口开始分散居住在城市其他地区。这些回族分散居住之后仍然把牛街和牛街礼拜寺作为他们的精神空间或者神圣空间，表面上看回族分布的区域扩大了，但由于交通的便利，形成了时空塌缩，现在以牛街为中心的较大范围的回族分布区与原来小范围的回族聚居区在意义上大致是一样的。文化生态学的理论如或然论和决定论都属于其理论，但是这样层次的理论是否属于文化地理学独有我说不好，我认为该理论的层次高于文化地理学的理论。在时空行为的理论中，文化扩散理论是发展最好的，目前有很多学科的学者共同研究文化扩散理论。最后一个是地方符号理论，它是支持产生地方性理论的，上述这四个方面是我认为目前发展比较好的理论建设领域。

下面我们再看看中国文化地理学的发展。中国文化地理学的发展必须提到这样一位学者：陈正祥先生。感谢我的朋友柴彦威教授在 2004 年给我一次机会，到陈先生出生地浙江乐清。正因为他写的《中国文化地理》一书，从 1984 年我开始走向文化地理学研究之路，当时北京三联书店《读书》的王焱先生约我给陈先生这本书写书评。这里(PPT 里)我们还可以看到陈先生写的《海南岛地理》，在座的朱竑老师也做过海南文化地理研究。中国大陆文化地理学的真正发展是在 20 世纪 90 年代，尽管在 80 年代中期王恩涌先生就开设了文化地理学课程,但真正出现中国大陆自己的研究专著是在90年代。我们看到这里列出的几本代表性的文化地理学研究专著,这几本都是特别典型的中国话语式研究专著。再看一下中国大陆文化地理学教材的建设。王恩涌先生在国外进修时看到美国的一本文化地理学教材(*The Human Mosaic*: *A Thematic Introduction to Cultural Geography*),1991年他根据该教材编写了一本中文教材,并由高等教育出版社出版。到1995年,王先生又增加了一些中国的案例,由江苏教育出版社出版了一本《文化地理学》教材。到2004年,我和在座的几位年轻朋友合写了一本文化地理学教材,我们力图将这本教材编写为一本服中国水土的本土化教材,其中用了大量的中国文化地理学研究案例。但是可以发现,该教材从框架到主题还是西方的话语,只不过加了大量的中国化的案例。由上可见,中国文化地理学研究的确是以两种话语同时开展的。

下面是我要说的第三个问题:我们未来的努力方向以及超越的可能途径。第一个方向是“概念的丰富,理论的推进”。这是核心工作,中国地理学家要为文化地理学学科作贡献。第二个方向是挖掘文化地理学的地方性知识。这两个方向不可偏废。我认为前一个是系统文化地理学所要做的工作,后者是区域文化地理所要做的工作。我设想了一些我们今后可以开展的理论探索领域。

第一,探索满足文化空间认同心理需求的理论。比如说文化区空间要素叠加的理论。我跟梁进社教授在此沙龙之前激烈讨论了一下午,我们讨论到“地儿”(Place)是怎么确定出来的?文化要素空间叠加出来的结果是什么?如何来确定“地儿”的范围?

第二,探索景观符号意义的空间尺度转换理论。这个想法源自昨天陆大道老师和几位老师提到的中科院的研究项目“区域发展路线图”。当时做这个项目时,曾经设想到把“文化的国土”这样一个概念融进区域发展路线图中。当时我的想法是,做国土规划有不同的规划尺度,小尺度区域的文化认同物到大尺度区域上意义就不一样了,因此会出现文化意义的尺度转换。比如说一个住在靠近麦加的穆斯林和住在中国宁夏的回族看待克尔白神庙是有差别的。麦加的穆斯林将克尔白神庙既作为精神的象征,同时还作为宗教活动的实践场所,神庙的文化功能是双重的。而对于中国某个地方的穆斯林而言,克尔白神庙是他一生中要朝觐的一个神圣地方,而不是日常的宗教实践场所。空间尺度不一样,文化要素的区域文化意义就不同了。我们在做小区域文化规划和大区域文化规划时,如何转换文化要素的意义需要在未来探索。

第三,探索我向空间与他向空间的转换理论。举一个例子说明,北京的胡同居住区是一个我向的空间,“我向”空间好与不好,是由居住在这里的人来判断的,因为居住区的一些建设是为了当地的居民居住得更舒适。现在一些居住区改变为旅游区,旅游区是“他向”空间,其好坏是由“他者”判定的。原来的居民开始“卖”(Marketing)自己居住的“地方性”,从而把我向的文化生产变为他向的文化生产，空间变成了消费品。我向空间的文化变成他向空间的文化，这会涉及文化的保持与文化的变迁问题。

第四，探索文化空间行为理论。这方面我思考得不太成熟，比如可以探讨虚拟文化空间和现实文化空间的网络互动。目前我们在做北京同性恋公共空间的研究。同性恋群体是一个亚文化群体，有人质疑为什么在城市允许存在同性恋的酒吧？公园里的同性恋区是否也应该铲除掉？是不是同性恋群体在家里做一些自己喜欢的事情，在网络上彼此聊天就够了，没必要在城市中保留他们自己的公共实体空间？我们的调查就是要回答虚拟空间和实体空间之间的互动关系是什么，文化行为在两个空间是怎么样联系的。此外，像媒体空间和现实空间的网络互动已经有学者做了很多研究。今后像马修军这样的年轻学者可以做这方面的研究。

最后一个理论探索方向是人地关系中的文化机制。我在这里打了一个问号。我始终想不好这是不是文化地理学研究者要独立做的，樊杰等教授也研究人地系统中的文化要素的作用。

下面讲一下第三个要讨论的问题"超越的可能途径"。超越的可能途径说起来特别简单，比如概念的建立途径、理论的推进途径、地方性知识的挖掘途径。具体怎么做？举一个国外文化地理学理论演进的例子可以说明理论演进过程中，什么方法起了作用。蔡运龙老师报告中提到温总理所说的"科技创新，方法先行"。文化地理学文化景观的演进，体现了研究方法的作用。文化景观理论是文化地理学中非常成熟的部分，该理论也在不断地演进发展。传统的文化景观理论来自于索尔，其文化景观的定义是：地球表面被看到和接受到的东西。在这样的概念之下，索尔发展了着眼于人地关系的景观理论，文化景观是人地关系的一种体现。这里再举陈正祥先生做的研究例子，他是留洋的，他脑子里西方话语和中国话语都有，但是他主要还是用中国话语。这张地图是明清虫神庙分布图(PPT 里)，该图是基于3 000种地方志资料画出来的。现在很少有学者下这样的"傻"工夫(去)做一张地图了，因此也不会有人在工夫上超越这张图。林初昇教授说，一些学者做人文地理学研究的方法是Playing with Numbers，其中包括陈正祥先生这种 Playing with Data。当确定了虫神庙的分布后，陈正祥用虫神庙的分布和蝗灾的发生频率的分布做相关分析，从而反映人地关系的类型。这种通过文化景观考察自然环境的做法是比较传统的文化景观理论指导下的研究。在这样的研究中，对文化景观的记录内容主要是庙的实体形式是否存在，以及庙的位置。传统的景观记录还要记录庙的物理特征，例如形状和大小。文化景观的形状也可以反映人地关系，例如约旦干旱地区人工灌溉的圆形农田，在美国内华达州也可以看到这样的农田形式。我们是否可以用圆形的农田反推干旱的自然环境，显然不是。我们需要知道圆形农田景观是否有多种文化意义。

新文化地理学将文化景观的理论向前推进了。新文化地理学和传统文化地理学最大的区别之一就是景观理论的不同。新文化地理学代表人物之一是 D. Cosgrove。今年我去美国参加 AAG 年会,原本计划在会后去拜访他,但是非常遗憾,他在我们去之前的三周病逝了。Cosgrove 认为:文化景观是一种视觉途径,其对应的景观理论我翻译为"互文点理论"(Intertextual Sites)。通过文化景观这个"点",人们对景观要表达的意义进行互换。在这个点上,文化景观的建造者和他者之间进行"互文",景观建造者出于某种建造的实用功能建造了一个文化景观,学者或者是其他的任何人从景观看到的意义很可能与建造者想表达的意义有出入。互文的过程既是文化扩散的过程,也是文化生产的过程。这些说起来是有点抽象。

我还回到刚才列举的陈先生的虫神庙的例子。如果按照新文化地理学景观研究的路子,我们不但要记录虫神庙的物理形态:颜色、大小、形状等,我们还要记录它的"意义"(Meaning)或"意思"。同时还要记录实体要素体现出来的抽象意义,比如天安门城楼面阔九间、进深五间,这种实体特征体现的是封建皇权的"九五之尊",这是一种空间隐喻。在虫神庙的研究中,我们还应该补记意义的信息,第一,各类虫神庙反映当地人对虫神的敬畏程度差异。八腊庙、刘猛将军庙等虫神庙的确在对虫神的敬畏的程度上有差别。也许有些庙内有虫神像,但不是因为它所在地区虫灾频发,而是该庙追求道教神统的丰富性,虫神只是与土地神、灶神、财神……一样被供奉在庙里。有了这种"意义"的记录信息,我们从庙的密度推断虫灾发生频率的空间差异就更为准确。新文化地理学景观互文理论表达意思之一是,任何一个学者对文化景观的理解都不能与建造者的意义完全一致。陈正祥可能只知道某些虫神信仰,而不知道还有其他一些虫神信仰的文化景观,例如他在非汉族地区基本上没有找到虫神庙,据我母亲说在广西的民族地区,也有虫神的崇拜。面对所有的文化景观,陈正祥的"互文"结果是漏了一些可以反映他希望找到的文化景观。意义的记录一定比物理的特征记录更深入,实体要素特征记录虽重要,但其意义的记录更为重要!

下面比较一下不同的文化景观记录过程。我听了前面许多学者谈数据获取和数据处理的技术方法。是否有了好的数据收集方法,有了好的数据处理技术,人文地理学才能发展?数据收集和处理固然重要,但是指导数据收集和处理的思想和方法更为重要。高晓路研究员和北大、北师大、北京联合大学的若干老师正在创立一个北京城市研究的数据共享平台,由联合大学的孟斌老师负责技术和物质保证。在讨论数据共享时我提出,如何让人文地理学的数据标准化,从而实现共享。就好比自然地理学不同学者在不同的地点获取土壤剖面数据,他们有一套刻画土壤的术语,从而可以共享数据。在传统文化地理学研究中,我们记录的文化景观信息是"物理"的、标准的。就像经济地理学记录各个企业的雇员规模、注册资金等信息一样。但是新文化地理学要记录文化景观意义,这样的数据就不能实现"样本比较”的“共享”目的了。记录者记录的文化景观意义是“互文”的结果。新文化地理学更强调景观符号意义和诠释学(阐释学)的空间。昨天苗长虹提到了这个概念。现在有些文化地理学研究扩展到欧氏空间之外,研究拓扑的文化空间,即谈抽象空间中要素的关系,例如宗教文化空间的社会层上下关系。

文化景观理论的这种变化是否是学科进步?从传统文化地理学到新文化地理学是一种学术进步,还是学术的倒退,需要我们评价一下,这种变化是否违背了科学求真的本性。我认为发现客观事物的存在是一种求真,寻求文化对于个体和群体的意义也是一种求真。文化景观理论的变化不违背科学精神,同时也丰富了科学求真的内容。

从文化景观理论演变的例子当中,我们可以看到,理论的发展依靠了一些途径,在文化景观理论演进的过程当中,学科交叉是一个重要途径,新文化地理学采用了语言学中的符号学理论,它将文化景观看成理解文化的一个途径,物理的特征不需要理解,只有符号意义才需要理解。新认识论的引进是文化景观理论演进的另一个途径。新文化地理学引进了建构主义,它认为文化景观如同教科书一样可以被人们阅读,在阅读时,每个人的心理和知识起点是不一样的,所以“互文”的结果也不一样。

我发言最后的结语是:第一,向西方学习认识论与方法论是合理的,人类的知识财富需要共享。在这个层面上,我们可以利用西方话语做文化地理学研究,只要西方话语是合理的。第二,要想建立中国文化地理学的学派,需要有我们自己的研究方法论。只是发现一些地方性的知识,并不能支撑一个学派的地位。(刘)志林提到,中国正处于社会变革的重要时期,有许多新问题需要我们人文地理学家研究,因而很可能像芝加哥学派那样成为一个学派。因为芝加哥学派出现时,芝加哥正面对复杂的城市地理问题,尤其是城市社会地理问题。我刚才与志林讨论,我与她有不同观点。世界上有200多个国家和地区,有千万个城市,每个国家和城市都有其社会变革和动荡的时期,是否每个国家和城市都具备成为一个地理学派的条件?在中国是否还可能出现香港学派、北京学派、南京学派、上海学派?研究对象的唯一性可以帮助我们挖掘地方性的文化地理学知识,但是要成为一个学派,需要在研究方法上有其独特性。芝加哥社会学学派之所以成为一个学派,是因为它有自己的研究方法。法国维达尔学派之所以成为学派,在于它将人地关系的决定论分析方法扭转到或然论的分析方法上。

今后中国文化地理学努力的目标是什么?就是努力做到与西方文化地理学“伴行”,而不是亦步亦趋。希望中国学者能与全球地理学者一起发展文化地理学。谢谢!

从“语言转向”谈“超越”

李蕾蕾

（深圳大学传播学院）

我这个发言题目也是依据我们这个小组的主报告来拟定的，即“从‘语言转向’谈‘超越’”。这个角度实际上把我们的注意力引向一个与我们最密切，可是却没有被我们明确加以重视和研究的一个东西，这就是语言。

我们每个人都在用语言，我正在用语言，我们所有的研究成果都要用语言来表达出来，可是我们对语言有多少认识呢？

语言转向，或者语言的视角，我必须承认是在跟我所接触的有关传播学的研究得到的启发。传播学基本上属于处理语言的一门学科，而我们地理学处理地球的事象、社会的空间关系等事象。传播学和媒体处理的是语言。传播学对于世界的看法，有一个很有意思的观点，你可以对此观点有异议。它认为，例如海湾战争、地震、春节晚会、“9・11”，既是事实，同时又不完全是事实。这些事件是什么呢？这些事件是媒体操纵并且利用媒介语言去建构的一个结果。这样一种对于事实或者世界的认识论，基本上是不认同我们要依靠眼睛去观察，依靠仪器去测量一些事实数据。那么，眼见为实，其实是眼见不为实。科学史上的一个著名例子，就是日心说对地心说的取代。事实是什么，事实，例如所谓的盲人摸象的那头大象，或者苗长虹老师发言中所说的那棵树，或者冰山一角中的冰山这样的一些比喻，其实都是主观的。因此，我们不能用，或者不谈运用所谓科学方法去逼近事实，事实的重要性在于能不能被人们、被社会接受和理解。有的国家、有的人接受全球变暖，有的接受全球变冷。所以，事实是语言建构的结果。你看到的事实是恐怖袭击，他看到的事实是圣战。事实并不重要，重要的是掌握语言的人以及他们用语言对事实的建构和传达，去影响社会、影响人、改变社会。

所以，在从语言这个角度讨论地理学的哲学和方法论，还要跟哲学上的一个术语“语言转向”联系起来。语言转向并不是一个新的东西、新的名词，它很早就有了，它比我们昨天谈的行为转向、文化转向、制度转向（Behavior Turn，Cultural Turn，Institutional Turn）等，都

李蕾蕾，女，1969年出生。深圳大学传播学院教授。主要从事文化产业、工业遗产和工业旅游、文化地理学等方面的教学和研究工作。lill@szu. edu. cn。

要早。

语言转向是哲学发展到一定阶段的产物，转向阶段是 19 世纪到 20 世纪之交。但是语言转向跟文化转向有一定的关系。文化转向是 1990 年之后语言转向转变成文化转向的结果，这个阶段的语言转向才对人文地理学或者地理学产生影响。我这里谈的语言转向实际上指的是后边 20 世纪 90 年代演变为文化转向之后的语言转向。

对哲学来说，语言转向是什么意思呢？它以语言为中心，它是一种方法论。它对哲学影响的直接结果是出现分析哲学和逻辑实证主义。那么，逻辑实证主义，它是一个形式化非常强的东西，西方哲学不管是科学主义哲学，还是人文主义哲学都受到过语言转向的影响。逻辑实证主义、结构主义、符号学等，都既是哲学思潮，同时又有很突出的方法论的性质，因为我们可以运用它们研究很多东西。

逻辑实证主义一般不讲认识论，并且在一定程度上用方法论代替了认识论。这种替代有好处，一方面使方法论得到了重视，但是另一方面也有缺陷，认识论和知识论没有得到发展。那么这样一种方法论直接形成了我们评判自然科学包括社会科学它的论文、它的研究成果是不是规范，以及是不是满足科学标准。所谓科学标准即是否依据逻辑实证主义这样一种方法做出来的。昨天吴绍洪老师呈现了自然科学论文的一般形式。只要用逻辑实证主义做出来的论文，也就是说只要通过抽样推断总体的统计分析方法做出来的论文，不论是社会科学还是传播学的论文，都有一样的结构，都是由引言、数据收集和处理方法、结果、讨论等几个部分构成。

那么，对人文地理学影响最大的应该是人文主义哲学语言转向的那个阶段，包括胡塞尔和海德格尔的现象学哲学和存在主义，以及伽达默尔的解释学哲学，是真正受到语言转向所形成的。

那么，哲学为什么发生语言转向呢？有一个很重要的原因，就是它要反对主体和客体的二元分化传统，怎么样去解决这种二元分离呢？可以去关注语言，因为语言是主体和客体的中介，事实经过了语言的过滤。我们通过对语言功能的扩张，使主体和客体产生一种相互的作用，使主客体融为一体。对语言的重视以及语言转向发展到极端，就是出现了语言的本体论，客体和外部外部事实完全消失了。

当然这一点也成为后来一些人文地理学家对于文化转向和语言转向的一个批评，认为它们走向了非物质性。

那么关于语言，既然语言成了我们关心的焦点，人们对于语言的认识又有哪些呢？一个基本的认识，就是摆脱了过去认为语言是对外部世界的镜像反映这样一种反映论。新的认识认为人类的语言或者话语并不像镜子那样直接反映社会的实体和意义。相反，语言在自身的配置和语法结构中生成意义，因此用语言去描述客观真理，不再客观，人们通过语言描述的客体都是解释者通过语言的建构，包含了解释者的意图和意向，这样的解释是不客观、不必然的。

很多学科受到语言转向的影响，包括历史学。美国历史学家海登·怀特说，历史不是历史学家对过去发生的历史事件的记录，历史"是以叙事散文话语为形式的语言结构"。因此，研究历史还要关心历史研究者所使用的语言、语言结构以及影响这个结构的更大的社会结构。

以语言为研究中心的最突出表现是福柯的知识考古学。就是考察语言。举一个非常Sexy的例子。福柯有一本非常著名的著作，叫《性史》或《性生活史》。性作为人类活动，可以转化为一个地理学问题，性也有空间投影，跟住房、旅游地的开发、城市空间安排等都有关系。可以考察Sex这个词如何在历史过程中逐渐被社会运用并建立起意义的过程，来理解人类社会的空间安排。

德里达更是提出不是"我在说话"而是"话在说我"。语言是主动的而不是被动的，语言是支配者，而不是被支配者，语言具有异化、失真的霸权。海德格尔提出的口号是"语言是存在的家"。

地理学呢，也受到语言转向的影响，后来我们用文化转向取代语言转向是因为文化比语言更广。但基本实质的东西还是关心作为广义语言结构的文化。

那么在这个基础上，我们再来看看，所谓超越的可能性。从论证上来说，有没有可能。这一点要结合知识构成的单元——语言去论证。所有知识都是用语言构成的，语言是知识有效性和可能性的重要条件。我在翻译《文化地理学手册》这本书的时候，注意到其中有一个部分。全书总共有九大部分，最后一部分就是地理学者开始探讨知识的问题。有一个部分叫"知识空间"。西方的文化地理学者认识到知识和语言具有空间化的特点，特别是知识的地方形式。知识的本地形式转化成隐性知识，隐性知识存在于地方尺度，显性知识存在于大的全球尺度。我们一般通过科学方法或者逻辑实证主义的方法所获得的往往只是高尺度和全球尺度的显性知识，可是地方性的知识没有办法通过科学方法来获得，因为隐性知识强调差异，不是代表总体的推断性规律。西方文化地理学家还注意知识下调的讨论，知识可以下调到身体这个尺度，知识可以通过研究者的身体和被研究对象的身体变得灵活起来，这些是鲜活的、具体的、有价值的知识。原住民依靠地方性知识，也能获得比较高的幸福指数。所以，从知识的空间化这一点来看，我们认为超越西方社会文化地理学，从论证上来看是可能的。

那么超越的途径呢？这里提出两个途径，同样是基于对语言的理解提出的。这两天的会议我很高兴听到一些观点，其实很多学者已经提到过，用哈贝马斯的公共领域的话来说，已经达到了通过公开的交流和讨论达成共识这样一种交流效果。

超越的第一个途径就是概念化。我们国家的地理学研究，跟西方的巨大差别可能是我们缺乏概念化，我们有技术、不缺地理技术。概念构成知识，同样是通过语言来实现的。但是如何概念化呢？这个是值得研究的问题。贺灿飞老师的报告里谈到，比方说通过比喻来概念化。林初昇老师对概念化的解释，用调侃的话来说是“文字游戏”(Playing with Words)，文字游戏是很难的。通过访谈方法，我想从语言的角度来说，我们可以借助民间语言和行话把它收编为学术语言。但是用逻辑实证主义的方法很难进行概念化。另外一个超越的途径，是当我们有了概念后，我们必须推广。我们可以构建两个知识版本，一个给圈内的学术共同体看，另外一个是给圈外人看，来实现公共知识分子的角色。还必须关心知识社会学，讨论知识影响力的因素，探讨知识与政治、权力和社会网络的关系，使我们的知识、概念和理论能与别人进行对话，实现超越。谢谢！

从研究案例的特殊性正确看待文化地理学研究中的融合和超越

朱 竑

（华南师范大学）

感谢沙龙提供这么一个难得的与国内最主要的中青年人文地理学者交流的机会。文化地理学的研究在国外已经成为非常主流的一个研究分支，且形成庞大的研究群体，也得到越来越多专家的关注。但是，在国内，如果与城市地理学、旅游地理学等兴旺繁盛的分支学科的情况相比较，文化地理学的研究力量、研究队伍等就相对势单力薄。尽管如此，我们希望通过我们的研究，给大家一些新的启示。我汇报的题目是：从研究案例的特殊性正确看待文化地理学研究中的融合和超越。

我主要从四个方面来谈。第一，缘起：我们的现状；第二，榜样：我们可以学习的样板；第三，做法：我们自己的努力；第四，出路：如何在融合中体现超越。

第一，缘起：我们的现状。

从历年国家自然科学基金资助的文化地理学研究项目来看现状。大概在有了国家自然基金项目以来，过去的 20 多年中，有 40 项文化地理学研究得到资助。

1. 尹泽生，我国西北地区全新世环境变迁与文明兴衰（1987）
2. 司徒尚纪，广东文化地理研究（1991）
3. 王兆明，中国北方的文化整合和分区研究（1992）
4. 周振鹤，现代汉语方言岛的历史地理背景（1993）
5. 陈秀容，亚太地区华侨华人地缘结构与我国外向型经济格局研究（1993）
6. 赵荣，陕西文化景观的区域差异及其空间结构研究（1993）
7. 杨逸畴，塔里木盆地人类生存环境与文明兴衰（1993）
8. 顾人和，苏南吴语区与江淮官话交接两侧的文化景观的比较研究（1994）

朱竑，男，1968 年出生。华南师范大学地理科学学院教授，博士生导师，中国地理学会旅游地理专业委员会秘书长。主要研究方向为文化地理和旅游地理。zhuh@scnu. edu. cn。

9. 金其铭,苏南乡村文化景观类型及其演变研究(1996)
10. 司徒尚纪,岭南广府、客家、福佬民系的历史人文地理比较研究(1996)
11. 张伟然,两湖历史文化区域及其形成过程(1996)
12. 吴宁,川西高寒区传统游牧和现代定居的环境效应及其持续发展(1996)
13. 万晔,泸沽湖—摩梭人特殊人地系统保护和可持续发展研究(1996)
14. 陈秀容,海外华人华侨族群特征及其积聚地域系统研究(1998)
15. 刘沛林,中国南方传统聚落景观的区域比较研究(2000)
16. 张晓虹,14～19 世纪西北地区风俗空间结构与环境效应(2000)
17. 李蕾蕾,文化产业空间研究:新文化地理学与深圳、广州案例(2001)
18. 顾人和,王朗自然保护区外围白马人村落文化景观的地理学研究(2001)
19. 司徒尚纪,粤港澳区域文化综合体的结构、文化扩散和整合研究(2001)
20. 唐晓峰,晋西南汾涑流域早期考古文化的历史地理研究(2001)
21. 周尚意,北京城市文化空间与实体空间的整合研究(2004)
22. 朱竑,海岛型区域文化的形成及发展研究——以海南为例(2004)
23. 曾刚,社会文化环境差异对上海中德企业网络构建的影响(2003)
24. 肖大威,岭南建筑生态地域文化的理论研究(2003)
25. 林琳,广东骑楼建筑的形成演变及空间传播(2003)
26. 段进,中国申报世界文化遗产的村镇空间生长模型研究(2003)
27. 张伟然,长江三角洲地区人地关系发展过程中的佛教因素(2005)
28. 张敏,基于新文化地理学的城市文化空间研究:南京案例(2005)
29. 角媛梅,哀牢山区哈尼梯田景观空间格局与水生态过程及其保护研究及动力机制研究(2005)
30. 陈亚颦,民族文化的旅游展演与重构研究——以云南西双版纳傣族文化为例(2006)
31. 杨文忠,滇西北三江并流区基于民族文化的自然保护模式研究(2006)
32. 朱竑,文化全球化背景下城市文化发展演进的地理学解读——广州案例 (2007)
33. 余压芳,西南传统乡土聚落景观变迁与保护行为的相关性研究(2007)
34. 刘沛林,中国传统聚落景观群系及其景观基因图谱研究(2007)
35. 周尚意,北京社会文化空间演替的结构主义研究(2008)
36. 杨凯,近百年来上海地区河网水系变迁的基本特征规律及相关水乡文化影响研究(2008)
37. 王彬,全球化背景下闽台区域文化演化与文化认同空间的地理学解读(2008)

38. 王云才,传统地域文化景观破碎与孤岛现象及形成机理——以沪宁杭地区为例(2008)
39. 唐雪琼,旅游对云南世居少数民族地区社会文化影响研究——基于女性地理学视角(2008)
40. 詹嘉,景德镇陶瓷文化生态景观的演变(2008)

这样一些项目得到支持,为我国文化地理学的建设起了非常重要的作用。但是在这么多的研究题目里,我们可以有一个大致的总结:

第一,我们的研究整体上呈现的是传统文化地理学研究的内容,40 项国家自然科学基金研究里,文化景观(整体或部门)和区域文化地理学等方面的研究是主流,应该说我们的研究还有很强的内向性特征;第二个特点,现在看起来与西方文化地理学研究可以对话的成果还是比较少。最近一两年才出现一些与国际研究相接轨的研究,如周尚意老师有关北京社会文化空间演替的结构主义研究、王彬关于闽台区域文化演化与文化认同空间的研究等,这样的东西慢慢正在体现出一些积极形势的苗头,即试图在中国本土的文化地理学研究中对西方同行的工作做出一定的响应。

第二,榜样:我们可以学习的样板。

我想说的是新加坡国立大学的副校长、地理学家 Lily Kong 教授。她的研究兴趣主要集中在: Geographies of Religion (包括:Conceptions of Religious Space、Religious Places and Landscape Politics、Religion and the Reconceptualisation of Community);Cultural Economy and Cultural Policy (包括:Geographies of Music、Comparative Asian Cultural Policies and Cultural Industries);Constructions of "Nation" and National Identity (包括:Globalisation, Migration and Renegotiation of Identities、Landscapes and the Construction of "Nations");以及 Constructions of "Nature" and Environment (包括:Women and Constructions of Nature、Culture、Religion and Environment、Urbanisation and Constructions of Nature)。

她所研究的内容基本上集中在两块:一块是文化地理学,另外一块涵盖在文化地理学的宗教地理学。可以认为她是一个比较纯粹的文化地理学研究者。从 1986 年开始,Lily Kong 教授开始发表著作,到 2008 年总共有 120 篇文章发表。从她发表的论文来看,*Transactions, Institute of British Geographers* 有 2 篇,是华人学者里在这个顶级刊物上发表文章最多的。*Progress in Human Geography* 有 3 篇,*Environment and Planning D* 有 2 篇,*Geoforum* 有 3 篇,*Environment and Planning A* 有 2 篇,*Social and Cultural Geography* 有 3 篇, *Political Geography* 有 3 篇,还有大量论文发表在 *Urban Geography*、

Urban Studies、*Singapore Journal of Tropical Geography*、*GeoJournal*、*Journal of Cultural Geography*、*Area*、*Australian Geographical Studies* 等上面。应该说她的大多数的研究成果都是发表在国际地理学最权威的学术刊物上。我想对她的研究做一个总结:第一,研究旺盛的时间非常长且持久。从1986年到2008年,每年大概都有6～8篇的文章发表。第二,研究的成果水平持续高涨。有一个鲜明的特点是"当官不误做学问"。做了大学的副校长,还能够持续有好的研究出来,这跟我们国内有点不一样。第三,大部分的成果都是独著。不像国内我们的情况,做了教授以后,不少的东西都是研究生做的。

从她研究的特点上看,体现出几个特点:大多数的成果所关注的对象和揭示的都是具有新加坡典型、独特的文化事项,而且做很深入的研究,比如国家的认同、文化经济,区域的文化身份等研究话题。从这样的文化话题里体现出的几个特点:第一个,研究的对象一定是典型的;第二个,研究对象具有很好的特殊性;第三个,研究的对象一定是有趣的。这是我从她研究的内容里感受的一些东西。这些也是我们以后的研究里需要学习的。

第三，做法:我们自己的努力。

在过去的两三年里我们在中山大学完成了几个文化地理学的研究。

第一个是有关"深圳福音村的'生'与'死'"的研究。解放前这个村庄里80%以上的人都是信基督教的。大家知道1949年以后没办法信了。1978年以后,基督教又重新恢复了,很多人重新开始信仰基督教。但是改革开放,"三来一补"后,农村地区快速城市化,很多高楼建了起来。原来的农村人都有了钱,成了"二世祖"。这个时候太多的娱乐生活和诱惑,使本地富裕起来的人们慢慢没有人去信基督教了。但与此同时,很多外来打工的人,来到了一个新的环境,需要一个人脉的延续,需要认识这个地方并融入这个地方,这样很多的外来员工又成了新的基督徒。我们针对这个案例进行了一些小小的研究。我们觉得这个案例非常生动、非常中国化、非常典型、非常有趣。

第二个是关于广州行政区变化对地方认同的影响的研究。广州东山区合并到越秀区以后,通过对32个不同类型的人的深度调查,得出很好的结论:因为行政区地名的消失反而激发了他们对文化身份和地方认同感的增强。

第三个是关于在旅游对云南泸沽湖地区民族文化身份的影响的研究,我们本来想去做,泸沽湖旅游发展对摩梭男性的影响。在做这个研究的过程中,我们发现另外一个更加有趣的研究话题。当地有两个民族,一个是摩梭人,另外一个是普米族人。但是所有的普米族人对外都宣称是摩梭人。可以认为在利益的驱动下,他们很愿意成为摩梭人。这样的一些话题我们觉得旅游开发及利益的促使可以对民族文化身份产生影响。

可以总结的是,第一,我们在这些年所做的工作,出发点都是:研究对象要有典型性,或者换句话说,你所关注的对象一定要有趣,如果你的研究对象没有趣味,你所做的研究的学术意义就会打折。所以说我们基本上是在丰富的现实生活里寻找一些有趣的典型的文化形象进行关注。第二，在做中国非常独特的文化地理学研究的过程当中要学习西方研究。为什么？我们希望我们的研究是能够与西方的同行可以进行对话的研究。我们说的东西，他们要能听得懂。我们彼此认同为一个学术圈。他们做的研究，我们也要理解，这样的东西可能也是我们努力过程当中的一些心得体会，即尽量建立与西方相关研究能够对话基础上的研究。

第四，出路：如何在融合中体现超越。

我想引用刘云刚他们最近发表的一篇文章里的一句话，“中国的内生地理学需要用科学的实证方法进行规范、过分强调本土规范就意味着被边缘化，无法共享更多的人类文明成果。”我是想说，现阶段我们要做的工作，更多还是在尊重西方话语的基础上，尽量地把有典型的中国特色的文化实践、文化事项揭示出来或进行案例的研究，把故事背后的原因寻找出来。未来我们要做什么？可能等后来人们越来越好地掌握了外国语言的应用和更好的西方学科规范的技巧后，才能涌现像林初昇教授所讲的 Playing with Words 的好的成果。

我想用这样的结束语来表达我最后的观点。民族的就是世界的，中国的就是国际的。中国人文地理学者们只要把身边鲜活的、具有中国特色的研究案例背后的东西寻找出来、把新的发现展示出来，中国地理学科的价值和意义就会体现出来。希望我们在融合学习的过程当中，体现真正的超越。周尚意老师前面讲了，学术研究无所谓超越不超越，也许最终的结果是，大家都是齐头并进、共同发展。

最后我想说，尽管文化地理学在全球非常热，但是国内，很多年轻学生还是更喜欢旅游地理学、城市地理学等热门的学科，希望大家以后多来关注文化地理学的研究。

从空间行为转向解读“超越”西方文化地理学的可能性及路径取向

王　彬

（福建师范大学地理科学学院）

各位领导各位专家上午好！感谢组委会给我这个机会。我报告的题目是“从空间行为转向解读‘超越’西方文化地理学的可能性与路径取向”。这个题目比较大，我讲的时候会比较具体。前面三位老师（周尚意，李蕾蕾，朱竑）讲的是关于文化地理学具体做的一些事情或地理学流派的一些东西。但是很多老师或者同学听起来有一点浮在上面的感觉，所以我就具体说一下文化地理学研究是不是我们地理学要做的研究？什么是文化地理学？文化地理学研究本质是什么？再一个就是“超越”问题，周尚意老师说了超越并不是我们一定要超过西方文化地理学的研究，而是寻找一个途径，或者寻找一种研究模式，和它（西方）齐头并进的一种方式，这也是“超越”的路径问题。最后我要介绍我自己做的一些工作。

PPT上的这些文字是教科书中关于文化地理学的概念，大家都已清楚了。文化地理学是研究人类文化空间的组合，主要的研究内容涉及文化景观、文化起源与传播、文化与生态环境的关系、环境的文化评估等。这里有一个问题，从这里的概念和内容方面来看，我们会认为文化和环境有没有关系？文化地理学研究的本质究竟是什么，或者说是否回答了地理学的问题，能不能用一句话或者一个词概括其本质是什么？核心是什么？所以我这里做了一个简单的解释，文化地理学的本质是什么？很明显，刚才周尚意老师发问，文化生态是不是文化地理学的特色。我的答案是：它不仅是，而且它也是文化地理学研究的本质的东西，那么文化是怎么产生的？文化生态为什么是文化地理学研究的本质？大家知道，文化是人类活动的累积，也就是我们人类创造的物质文化和精神文化的总和，这个总和，就是人类的活动；生态指代什么？它是我们地理学者借用生物学的概念引用过来的，不是我们地理学的东西，是指环境的东西，这里可以引申为自然环境。所以，文化生态就归结成什么？那就是人和环境的关系。

王彬，男，1975年出生。福建师范大学地理科学学院副教授。主要从事区域文化地理和人口迁移研究。wbinn@163.com。

这就回到人文地理学:人和地的关系建立了,文化地理学研究的本质的东西也就出来了。我们人文地理学者一直都在做此研究,不过时代发生变化了,人也发生变化了。以前的“人”,我们更多地注重集体的研究,现在随着社会的转型,特别是当西方进入后现代社会以来,整体的“人”发现已经被分解成很多亚人群或者小的个体,“人”在发生变化。地理环境也在发生变化,大家知道,原先我们在研究人地关系时更多地注重整个地理单元的研究,但是现在地理环境已变成了不同尺度的空间,或者更小的一个空间,那么人和地都在发生变化。事实上,这些变化并没有影响我们文化地理学研究的本质的东西,还是人地关系。所以,我们的东西还是最终归结到人与地的关系上,无论是案例的研究,还是数据的分析,最终要归结到这个领域,这是我们文化地理学要做的东西。大家听得就比较实在一点。当然,我们如何结合文化地理学研究的本质,去做传统文化地理学和新文化地理学的东西,刚才周尚意老师和李蕾蕾老师分别介绍了新文化地理学研究的一些东西,但是传统文化地理学研究也可以从哲学层面的思维去研究。早期的传统文化地理学主要是通过一些考察、记录来进行,在近代以前,我们可以看出整个“人与地”的研究都是用这个方法做的,基本上也是文化地理的东西,具体研究主要涉及区域文化形成,区域与空间扩散的关系等,文化生态也是对环境的解释。

另外,从新文化地理的角度讲,从哲学思维层面上看,文化地理学的方法论主要是实证主义、人文主义、结构主义和激进主义等。这实际都是一些人文地理学流派,这两天有很多学者在论述,在此不再赘述。但有学者提出这次方法论研讨的必要性的问题,或者说我们还在探讨一些方法层面的问题,是不是太显单薄了?实际上不是这样。我们说一门学科的形成,它有自己的理论体系,有自己的研究方法,而且这个学科还是在发展变化的,我们这个时代有它新的理论、新的方法的出现。我们在这儿探讨这个方法论是推进新的研究方法的应用,也是推进我们人文地理学的发展,所以这些方法除传统方法之外,还有这个时代新出现的方法或技术手段,比如计量方法。文化地理学现在还大量使用社会学方法(如深度访谈的方法)来研究不同尺度文化空间或空间文化的特征,其规模到底是如何变化的?变化程度如何?等等。

另外一个方面是研究对象的空间分析问题,空间分析研究国外在是做得特别多的。周尚意老师发表过一篇文章,指出我们做地理学的研究是在认识空间还是在解释空间?至今还有很多的文章就是通过大量的统计数据计算出来,也就是空间特征用地图表示出来了,最后得出几个小结论 1、2、3、4、5 就出来了。事实上,这类文章或研究依然还是在认识空间。我们只是把这个空间特征表示出来,像是格式化的模子刻出来一样,但是,它为什么形成这样?为什么会这个样子?这里面的机制是什么?我们很多研究者没有去过多地分析,或者说忽视了这方面的问题;我们的研究结论出来之后,对文化地理学理论有没有贡献?有多大贡献？这一领域可能有一些缺失，大家如果是经常看国外的文章，就会发现文章前面的文献综述很长，中间的过程很小，结论也是文章中较多的部分，而我们国内的文章则不同，那就是说我们的研究是不是与学术之脉接轨了？有没有对接起来？所以，从结论上来看，我们国内对地理的研究还是着重于认识空间，而非解读文化的空间特性，现代文化地理学和新文化地理学既是认识空间的特征，也是解释文化空间变化的过程。而我们为什么提出"超越"这个概念呢？主要是因为我们面临的时代跟以前不太一样了，社会进入了转型期了，社会进入后现代的前期了，人和空间都已发生了变化，所以我们才提出来要超越，这种超越是在寻找一种新的本土化的研究，或者说繁荣本土化的文化地理学研究。

为什么可以"超越"？可能性有二。一方面，近代以来西方学术思想和研究范式在中国的传播，像梁启超先生提出的"国家要自强，多以西书为本"，"学子欲自力，多以读西书为功"。其实一个半世纪都是这样做的，我们现在很多人出去学习，也是这个过程中的一部分。可以说，我们目前在此方面已经达到了一个基本的研究层面了。然而，时代已经发生变化，不同于一个半世纪以前了，全球化与本土化在互动，构成了时代的文化动脉。于是，有很多人在呼吁发展本土化东西，就是要把我们本土化的文化研究、地理学研究推陈出新跟世界接轨。另一方面，我们传统文化地理学研究的发展也铺垫了超越的基础。另外还有交叉学科的发展，如社会学、人类学的发展，传统历史学的发展，区域社会史的研究等，实际上都给我们提供了很好的借鉴，所以中国的这种文化地理学发展带来"超越"的机遇。

关于"超越"的路径，如何跟西方超越？如何跟西方对接？一方面是大力开展空间文化或者是文化空间的研究，因为我们现在的时代环境已经变了，研究内容决定所选择的空间要么是小，要么是大。但是，空间选择必须要有典型性，必须要有学术意义。大家知道我们很多人在做这种空间规划方向的横向课题，做了很多。课题结束后，使课题案例做分析，但这种分析有没有意义？大家要思考，这些研究范补充、丰富、扩展了西方的研究，但我们不能不加思考就选择随意的空间研究。比如现在的城市化研究，西方的城市化理论是什么，大家应该明白，主要是通过人口的异地迁移带来的城镇化。我们中国的大规律也应该是这样的。但是也有另外一种方式，比如我们人口不通过户口统计上的迁移，就直接转化成城市人口，这种城镇化模式丰富了国际上的城市化理论（通过大规模的迁移带来的城市化），这就是一种补充，就是学术贡献。另一方面是区域开发过程中的文化空间对比研究，这里边既包括国内不同时期不同空间的文化空间比较研究，如北方和南方、山地和平原、沿海和内地等。再一方面是中外文化空间的比较研究，对于国外文化空间的研究，由于国外已经走过这个路子，我们还是处在一个后现代的前期，或者前进的这种过程，西方走过的路（文化地理学研究）有无借鉴？我们能不能开展对接的研究？它能给我们提供什么成功的经验？这是值得我们探讨的问题。最后一个方面就是我自己在做的东西:其一是人口迁移与区域文化的结构,这是国家和地方资助的一个项目;其二是我选取的闽台文化区域进行研究,实际上它具有独特的区域价值。

谢谢！我的汇报完毕。

解读转型期中国社会文化空间

孔　翔

（华东师范大学资源与环境科学学院）

谢谢会议给我一个向大家学习的机会，我向大家汇报的题目是"解读转型期中国社会文化空间"。这是我最近学习文化地理学的一些体会和思考，请大家指正。

这是我今天演讲的基本思路，主要包括三个方面的内容：首先，西方文化地理学的发展提出了一个非常重要的命题，即解读空间；其次，我想站在地理学或者文化地理学发展的视角，来反思一下解读空间的内涵和它的意义，希望对中国文化地理学的发展或者说超越，有所借鉴；最后，结合转型期中国的特殊语境，提出解读中国社会文化空间的基本思路。

第一部分是关于解读空间与西方文化地理学的发展。刚才周尚意老师已经介绍了传统文化地理学与新文化地理学的问题。我们用非常简单的表格比较一下传统文化地理学和新文化地理学的差异。我想传统文化地理学更多地是把文化当做一种"生活的样式"，更多地在研究文化的空间差异。而新文化地理学是把文化理解为一种价值观，更多地研究空间的文化内涵。就像唐晓峰先生曾经说过的那样，"对地理问题进行文化考察"就成为新文化地理学研究的重要特色。他认为假设任何空间都有它的文化内涵，强调文化是研究视角而不是单纯的对象，在文化转向的背景下也就是要考虑价值观的差别。引用列斐伏尔的一句话就是：空间从来都不是空洞的，它往往蕴涵着某种意义。对文化空间研究的关注同样体现在阿雷恩·鲍尔德温等西方文化学者所著的《文化研究导论》一书中，该书专门用一章来介绍文化地形学，并认为文化除了被解释为其他东西外，应该还可以被解释为一种不同的空间、地点和景观的问题。关于这一点的一个重要标志就是文化研究的语言充满了空间的隐喻。

另一方面，在新文化地理学中，空间也成为了可以被解读的文本。刚才周老师介绍了迈克·克朗的《文化地理学》。该书有一个非常重要的思想，就是认为景观不是像传统人文地理学所定义的风景，而是观看风景的方式本身。因此，应结合社会学与文化理论来对景观进行文化研究，追问景观是如何形成的，及其隐含的意识形态与权力内核。这就是说，景观可

孔翔，男，1975年出生。华东师范大学资源与环境科学学院城市与区域经济系副教授。主要研究领域为地域文化与地方发展以及国际贸易与区域发展。xkong@bs.ecnu.edu.cn。

以被视为可解读的文本，唐晓峰老师在《文化转向与地理学》中认为，景观不再是客观的自在情景，而是要凭主观“阅读”的“文本”，一切符号意义、文本误读、再创作等问题随之而来。

在这些问题中间，我有一个小小的反思，就是说既然“解读空间”已经成为新文化地理学一个非常重要的概念或者说非常重要的任务，那么解读空间这个任务与人文地理学的研究任务有什么差别？我们一般认为文化地理学的主要任务就是解读文化的区域差异性以及解读这种文化区域差异性的形成机制，正如我们刚才提到的《文化研究导论》中所讲的一样，我们是不能脱离文化所标出的空间、充满文化意义的地点以及文化所创造的景观来孤立地理解文化的。因此我们在解读文化空间的时候，解读文化空间的基础就是明确文化的区域差异性。

另一方面，解读空间其实更多地是在探索文化区域差异的形成机制。虽然说在西方解读文化空间的时候，更多是就社会空间、社会存在、社会关系所进行的文化解读，但实际上也说明了为什么会有这种文化的区域差异，而且更多地关注了人和人之间相互作用关系的影响，同时并没有忽略文化区域差异形成过程中人地关系相互作用机制的影响。

我认为解读空间其实对于中国地理学、至少是文化地理学的发展是具有启示意义的。我个人把它归纳为五个方面。第一个方面是拓宽了文化地理的研究视野和应用价值。我们姑且不说它对文化研究的价值和对媒体世界的关注，以及对全球化背景下文化认同和地方感的研究。我想说，它首先注意到“文化是普通的”，因而特别关注文化在微观的、日常的、当下的、在地的层面有具体的、实在的表现。在此方面，我一个非常浅薄的认识：我在做经济学博士的时候，特别注意到经济学家会把社会现实中的很多问题都转变成经济学研究的问题，其实它们本来都不是经济学的。可我们在看地理学研究生的成果时经常有一种感觉，就是本来是地理学而不是经济学或文化学的选题研究生们就愣把它做成了一个经济学的或者是文化学的论文，而不是我们地理学的。所以我们昨天讨论学科地位或者学科价值的时候，我认为我们应该考虑怎么样把传统只能是别的学科研究的东西变成地理学也能研究和有所作为的，那我们的学科就可以更好地为社会服务了。

第二是深化了文化地理学与相邻学科的关系。昨天宋长青先生非常强调对相关学科的贡献。我认为新文化地理学重视生产和解读空间，虽然更多地倾向于与社会学、人类学等其他社会人文领域的学科相交叉，发挥了这些学科对我们地理学研究的辅助意义。但同样我们也会由此发现地理学研究对这些学科发展的价值，例如社会学研究中出现的空间转向。

第三，它凸显了文化主体的作用。昨天陆大道院士讲，在全球变化和人地关系研究中不应将人简单地视为一个普通的影响因素，而应关注人怎么样参与的过程，这非常重要。而新文化地理学在解读空间的过程中就非常重视人、人性，强调了人性的复杂特征，甚至承认每一位个体的意义。

第四是强调亚文化的发展和文化空间的争夺。这个思想在我们追求和谐社会的过程中会有新的更大的意义。

第五是反映了文化地理研究中案例研究的意义。由于文化是根植于地方的、现实生活情境中的、可定位的现象，因此，微观文化地理学和个案研究具有重要价值，而这对我们通过个案研究实现对西方文化地理学的超越或并行提供了非常多的机会或机遇。这也与西方后现代地理学的发展思潮相适应。

在这样的背景下，我还想到，西方对空间的文化解读虽然很重要，但是我们会发现它其实是与后现代思潮的兴起紧密相关的，体现了西方城市发展和后工业化时代到来的这样一种需求，也就是说，西方新文化地理学的兴起需要当代西方的语境，并在这一语境下表现出三个过于关注：

第一是过于关注现代城市景观的解读。而现代城市景观的解读跟西方后工业化和高度城市化这种发展状态是很有关系的。

第二是过于关注社会空间的争夺。我想这可能与西方文化一开始就非常强调主客两分的传统有关，同时也跟西方的民主意识、民主理念有关系，而我们的文化是强调“和合”，在和平时代更多的是强调和谐而非斗争，更多的时候是天人合一，是一种“和合文化”。

第三是过于关注展现权利的文化空间和文化政治学。这可能是与西方总体上的需求已经超越了生存的层次，进入追求更高价值理念的层次有关，而我们应该更多地关注经济空间的解读。

由此，我们会注意到西方新文化地理学其实与中国现阶段发展的语境是不同的，因此，我认为我们需要结合特定的空间和时间进行文化空间的解读。在经济学中，我们会注意到过渡经济学的发展。斯蒂格利茨等诺贝尔经济学奖得主都在这方面进行了大量研究，做了很多贡献，它主要就是研究中国经济转型的特殊道路。那么我想中国能不能结合转型期的特殊语境来解读空间从而发展中国的文化地理学，或者让中国文化地理学有可能和西方并行、超越呢？转型期其实给了我们很多的研究空间，转型的过程乃是大量空间再造、重塑的过程。我们可以将转型期的特征归纳为工业化、城市化、国际化、现代化和生态化等几个“化”，从中可以发现许多值得重点解读的社会文化空间。比如我们在工业化过程中要实现产业结构的升级和转移，从而有产业空间再造的文化解读；我们的城市化、城市改造和大都市发展都会带来不同于西方的文化解读内容；此外，转型期的中国还是一个国际化和现代化的过程，同时又是我们追求生态文明的过程。在这种背景下我们可能会找到非常多的转型期空间解读内容，因为时间关系我想就不在这里一一介绍了。

在此，我想在众多可解读的空间中找一个案例进行简要分析。我想到了上海，上海酒吧可能可以成为一个很好的案例，为什么？因为酒吧其实是中国转型期非常重要的一个新兴的文化空间，酒吧的发展其实是一个舶来物，它是一个国际化的产物，是消费主义发展的表现，跟现代化是有关系的，同时它也因代表了产业和经济升级的方向而受到关注，最后，酒吧还可能成为亚文化重要的空间载体。上海酒吧的发展，其实已经引起一些社会学者的关注，特别是一些上海的学者。《上海酒吧：空间、消费与想象》就是上海社科院学者们完成的一部著作。同时，上海酒吧还展现了上海在城市转型中不同的空间再造机制。总之，酒吧文化空间的解读，在我看来它不仅有助于经济或者产业的发展，同时也有助于社会的和谐。

简单地说，酒吧作为文化空间，它的内涵是变化的，早期酒吧或者咖啡馆作为一种消费空间，是与资产阶级、城市和市场经济的发展联系在一起的，代表着西方娱乐民主化的一个崭新阶段。爱德华·傅克斯认为，在资产阶级时代，酒吧作为消费空间对于无产阶级具有娱乐乌托邦的功能；哈贝马斯说，酒吧或咖啡馆从诞生之日就与公共领域联系在一起；刘易斯·科塞认为，它代表着民主、平等和交往行为的胜利。为什么？因为沙龙的话，需要一个有品位的女性礼仪维护者的控制（呼应宁越敏），同时还需要靠人引见；但是在酒吧，只需要付一个便士同时遵守最起码的行为准则，就可以以平等的身份自由参与争辩、讨论和社会交往。当然酒吧和咖啡馆因为谁都可以发言，所以它也培养了一种包容的心态，不过后来由于成员们开始形成非正式的“俱乐部”，而把人们再度分开，但这种新的分化是以成就、利益和趣味而不是等级为分界的。但是，我想今天的上海酒吧更是一个炫耀性消费的舞台。我们来看一下上海酒吧的发展经历，我不想说衡山路、新天地等别的酒吧聚集地，就说田子坊地区新近兴起的酒吧空间。我今年和周老师去那里调查创意产业发展，发现它周围也有一个酒吧空间。这个空间它本来是居住的，我们可以看到，它是一个没落的居住空间，今天却又成为了消费的空间，是消费主义者活跃的舞台。社会学者对上海酒吧的解读主要分析了三个方面的问题：一是上海酒吧是以非本地化的方式降临的；二是上海酒吧已经培养了本地的消费群体；三是上海酒吧的发展进程与地方文化的重建与认同紧密联系。我想在对田子坊这一案例的进一步解读中分析：它本来是一个居住空间，却因为邻近空间创意产业的发展，成为了酒吧集聚的空间，其中是否存在着经济空间转型对地方文化空间认同的影响，酒吧的发展是否存在着与创意产业发展的空间争夺，等等。

这只是我粗浅的认识，敬请大家批评指正。谢谢！

自由发言

毛汉英(中科院地理资源所):今天很高兴参加这个会。参会的一些教授比我年轻,本来我没时间参加,我本应参加社科院的一个会。我先讲两个问题。第一点,我觉得今天的会很好,上午参加的会,收益很大。前面大家不停地讨论,为什么讨论人文经济地理学方法?我与陆大道院士两个人讨论了大约一个多小时。开始院士们开会不承认有人文地理学,只承认有经济地理学。人文地理学里面除城市地理学以外,现在我不客气地讲很多分支学科的成果在国家层面显示度不够,还没得到国家的充分的认可。这一点我们应该有清晰的认识。原因一方面是我们投入的力量还不够,另一方面就是相当一部分投入所投的研究方向有问题。前面介绍了很多西方的流派,很多的流派、观点,很多的概念很好,我认为我们中国人文地理学也要发展,必须要借鉴西方的一流经验,这是我们认可的。但是我们现在不能限于现在的水平,必须创造出我们自己的特色,特别是文化地理学。讨论中提到了人文主义、结构主义、行为主义,但是为什么我们现在不用实用主义呢?据我了解现在31个省市自治区中,大概有20多个城市把文化创意产业作为其支柱产业。为什么?是因为我们的工业化、城市化发展到了这样的程度。很多省会城市、大中城市之间都有文化差异,需要研究。文化产业未来有很大的发展空间,有很大的发展潜力,我们应该做这方面的工作。我们经济地理学能有今天,因为经过几代人的努力,我们经济地理学为国家经济建设做了大量的工作,得到了国家的认可。我们要借鉴国外人文地理学、经济地理学发展的历程,国外的同事通过大量的工作进行了总结。我想中国的文化地理学不是根据西方文化地理学的模式在做,西方文化地理学是我们借鉴的一个方面,这是我们的发展方向。我想经过几年或者几十年以后,我们的文化地理学成果会被国家领导所认可。

第二点我想讲现在这段时间,我在给博士生讲课的时候讲到,如今是人文地理学发展的最好时机。尽管我经历的时间比较短,我从20世纪50年代开始做研究,我现在还一直在主持课题。我自己感觉到我们人文地理学和经济地理学能有今天,就是跟我们做了大量的经济地理学研究,我们抓住具体问题开展研究,从工作中总结出经济地理学的理论和方法。

刘彦随(中科院地理资源所):各位专家、各位学者,我昨天听下来以后感觉收获非常大,启发也颇多,我想借此机会谈一些感受。

关于学派的综述内容比较多。人文地理学学派众多，其中哪些是对我们今天的地理学理论与方法论创新有借鉴、有价值的内容，我建议作报告的专家能够利用一些杂志作出进一步的解读。把西方国家在不同时代背景下解决具体问题的理论和方法进行综合、系统的梳理，特别是立足国内科学发展的新时代，给我国地理学的学术研究提出新的思路和见解。

学科之间的批判相当激烈。同是地理学者，自然地理学、人文地理学的相互批判是毫无意义的。地理学研究人与环境关系的主题没有变，但是今天的环境，其特质已发生了根本的变化，人类活动强烈影响和驱动下的人文环境，要远比过去相对主导的自然环境研究复杂得多。因此，不仅地理学家内部不应存在排斥与对立，而且，我们还需要学习借鉴经济学、管理学、社会学、信息学等学科在支撑区域发展研究决策中的长处。

学科的价值犹如人生的价值，被社会承认是根本的评判标准。即便是我们人文地理学理论有待创新、方法有待完善，但这并不影响其学科本身的社会地位与价值。学科的生命根植于一个时代的发展进程之中，抢抓机遇、稳住阵地，适应国家和社会日益旺盛的战略需求，做出被国家和社会接受的研究成果，这本应是学科与学者的价值追求。

关于深化地理学的学术研究，应当与中国的发展与国情密切结合。如果举办第五届人文地理学沙龙的话，我建议多一些中国化、实证化的地理学研究，体现中国学术研究群体化的特点。介绍、引进西方的东西，不要在十几年前就引进，到今天还在引进。况且，现在中国的情况和西方的情况也很不一样，我们有那么多科研任务，国家有许多重大、重点项目支持，而且多是项目小组联合作战，这也不同于西方比较多的个性化研究。希望通过学术沙龙的自由讨论，能够推进西方一些有价值的地理学理论的中国化，创新和发展中国特色的人文地理学。

唐晓峰：我们就是要解决怎么突破西方，突破需要介绍西方。我们自己该怎么做？理论上怎么做？请大家讨论一下。

刘志林（清华大学）：周尚意老师，咱们俩没有太大的观点上的差别，我也觉得方法论很重要。对我来说方法论是一个路线图，指导我们回答我们的研究问题。如果没有这个路线图，就不知道研究怎么往下走，也就无法实现理论建构。另外，我想说的是，我在我们院组织了一个青年教师沙龙，其名字就叫“方法论探索小组”，也是强调方法论的重要性。

翁桂兰（美国华盛顿大学）：非常感谢主持人给我这个机会，我是华盛顿大学的在读博士。听了今天早上的讨论有一些想法。第一个想法是关于方法的。很多老师讨论是用数量方法的汇总方法、还是用个体的文本的方法，在这个问题上我比较同意前面几位老师的说法。第一，我们在认识层面上要认识什么样的问题；第二，每个方法都有它的长处，研究文化也可以用数量的方法来研究文化空间，不是说没有其他方法，只能用这个方法研究，而是可以用多种方法共同揭示一个问题的不同侧面。第二个想法是关于方法引进的。很多老师谈到引进。其实我觉得这跟大的时代背景有关。早期的景观学派，当时大家都对文化景观非常好奇，然后到后来有大量的描述。再到后来有了快速城市化背景下的芝加哥学派，以及无序的城市变化背景下的洛杉矶学派，该学派用的是后现代的认识论。我们应该对我们自己有信心，因为中国是一个处于转型期的社会。在这种转型下，这么大的一个国家，应该用不同的方法来研究。

唐晓峰：大家肯定还有很多话要说，但是根据我们的程序，现在请保继刚先生作沙龙总结发言。

总结性评论

精彩的世界与心中的"恋人"

保继刚

（中山大学地理科学与规划学院）

大家好，已经到了吃饭时间，大家再等几分钟。非常高兴这么多人到现在秩序这么良好。实际上我今天做总结发言不称职，因为我昨天没到会，好在会议做了很好的记录，我上午看了一点。

我讲几个问题。第一，这是人文地理学第四届沙龙。沙龙的意义在哪里？沙龙的意义我理解就是，一帮人对过去学术组织方式的不满足，才提出来的一种研讨的形式。沙龙不是精英俱乐部，但实际上也是另外一种类型的精英俱乐部。沙龙没有固定的入会的条件，是对人文地理学还有执著追求的一群人，形成的一种松散的组织，所以我个人相信沙龙会办下去，有办下去的群众基础。

第二，我们这一次的讨论是人文地理学方法论的讨论。最近北京大学蔡运龙教授主持了一个内容庞大的地理学方法项目，原因是说中国科学技术到今天之所以落后，最后大家认为是方法落后，所以科技部就立了一个很大的题目。我们这次沙龙主要在讨论方法，我提出一点不同的意见。我们是方法的讨论还是应该归本到研究的目标与本质的讨论？因为，我认为我们的话语平台是不一样的。比如说昨天香港大学林初昇先生的发言很精彩，他所讲的"Playing with Words; Playing with Numbers"是指在西方研究平台下的文学传统还是数量传统。把这个话拿到今天中国地理学研究里面有两个不同理解。一个理解像刘云刚讲的外生地理学的话语平台，这个平台跟林初昇讲的话语平台应该是一致的；而我们内生地理学的话语平台，也就是以传统的中国式的地理学平台来讲数量传统和文学传统的时候，我们的平台是不一样的。这两个话语平台是没有对话基础的，没有对话基础在于我们追求的目标是不一样的，研究的目的是不一样的。所以，我说目标的不同以及对学术的结果的评价的不同、判断标准的不同、对象的不同使我们今天在这里谈方法应该把这个区分开来。

比如毛教授谈的观点，做学问的目的是为了经世致用，是中国的文化传统。我们的学问

保继刚，男，1964年出生。教授，博士生导师，中山大学地理科学与规划学院院长、旅游学院院长、中山大学旅游发展与规划研究中心主任。主要研究领域为旅游地理和旅游规划。eesbjg@mail.sysu.edu.cn。

就是要得到政府的认可，得不到政府的认可这个学问就不一定是特别好的学问。所以今天的大学，如果社会科学研究得到哪一级领导的批示，可以得到什么级别的奖励，这成了我们今天判断社会科学成果的重要标准，这是中国非常可怜的学术现状。

本来我为沙龙准备了一个很长的论文，后来安排我做总结，我就把我对旅游地理学这30年发展的反思提升到对人文地理学的反思。

我对这30年有个看法，大致可以分为：1989年之前的人文地理学的理想主义的研究阶段；1989年之后到90年代末期是现实主义的阶段；90年代末期到现在是理想主义的理性回归以及现实主义相结合的阶段。

在理想主义阶段，大家注意到1978年拨乱反正之后中国发生了什么事？科学技术是第一生产力。“臭老九”变成工人阶级的一部分，老科学家被摘帽，恢复高考、研究生考试，科学技术大会上郭沫若做了著名《科学的春天》的报告，报告文学《哥德巴赫猜想》的发表，诺贝尔奖得主李政道先生联合80多所美国大学在中国招物理学博士，等等，这些都造就了中国80年代的一次学术研究的理想主义以及学术思想的大解放。

这个阶段地理学的标志之一，是80年代的《青年地理学家》在1985年开始的地理学危机的讨论，被我们很尊敬的老一辈地理学家说你们这帮年轻人不懂，看了一点西方文献就说地理学有危机。陈传康先生替我们说话，青年人认为是理论危机，不是地理学危机，是地理学理论危机。1986年的中国思想大解放，当时北大的讲堂上，什么样的讲座都有，但是没有任何报酬，很多演讲者骑着自行车就来了。这就是中国思想最解放的阶段。

这个阶段造就了今天中国中年地理学家这一代精英。所以，我们说这个时候是比较有理想主义的一个阶段。这个阶段对学术的追赶和反思的精神不是个体的特例，而是整整一代年轻地理学者的共识。还有对中国地理学影响巨大的，是1986年在北京师范大学举办的中国地理学会“第一届青年地理学工作者大会”，以后一直开了下来。

我说的理想主义是指当时的情形下的理想主义，还不是西方所说的纯粹的理想主义，纯粹的科学和技术在历史上形成了为求真理而认识的理想主义价值观。西方学术在其发端时期就确立了对宇宙万物的好奇，这一学术价值的体现是西方科学得以迅速发展的重要文化条件。中国则不然，历史上我们从来没有形成为求知而求知的求真传统，实用理性是中国传统文化所具有的基本特色。所以80年代我们中国的学术界所展示的文化精神显得尤为可贵。虽然这种理想主义怀有民族振兴的目的，但是在那样物质匮乏的时代，知识分子追求真理，献身真理的热情和对学术研究的虔诚之心，具有鲜明的理想主义色彩。

80年代是这样一个时代，但是1989年后一切都变了。1989年后变成什么样了？

我是1989年回到高校教书。这个时期年轻的男教师，一是出国，二是下海。你想想北大当时留校的那些同学现在都在美国打工呢，要不就下海了，要不就出国了，所以留下了一个真空时期。这个真空时期中国社会正好从计划经济向市场经济转型，固有的价值体系打破，新的价值体系来不及建立，崇高的理想已经彻底幻灭，一切都被具体利益所取代。这种利益表现在科学技术是第一生产力，表现在三个有利于：是否有利于提高社会生产力，是否有利于增强社会主义国家的综合实力，是否有利于提高人民的生活水平。这样的思想背景加上分配制度的改革，使得我们做科研可以有提成、有补助、有报酬，一直延续到现在，所以大家都下海。包括在大学，大家都去利用自己有工资的优势到社会抢项目。所以大学形成了一个相对富裕的群体，这就是我们90年代这样一个现实主义阶段。

这个现实主义阶段我们可以用一首歌来阐释，不然说得太严肃了。刘欢唱的一首歌叫做《心中的太阳》，“下雪了，穿棉袄，天晴了，戴草帽……心中有个恋人，身外有个世界，我不知道应该属于哪一个……”心中有个学术，外面有个精彩的可以挣钱的世界，我属于哪一个呢？不知道。那就现实去吧，这就是我们这个时期所谓的现实主义的阶段。这个阶段，我们说中国地理界最重要的是积累了大量的案例，对学科的贡献是对社会的了解程度大大提高。在国家决策层里面，知道这帮人还能干很多事，这是我们对学科的贡献。但是对学术的伤害是很大的，与我们说的“为求真理而求知”这样的东西越来越远。

90年代末期到现在是理想主义的理性回归与现实主义相结合。这个时候党中央的政策也变了，强调建立创新机制以及与时俱进，第一次提出尊重劳动，尊重知识，尊重人才，尊重创造。所以在这样一个大背景下，我觉得更重要的还是一批80年代起来的快步步入中年的地理学家不满足于仅仅赚点钱，不满足于身外的世界，心中还有个学术的“恋人”。这帮人还会走回来做一部分自己心中想做的事。这样的结果就是，在这个时期我们看到重新显示出对建构理论的重视，表现在跨学科研究增多，研究领域获得比较大的拓展，国际交流增多，学科获得的重视程度和支持力度增强，对研究者的吸引力加大，包括国家自然基金委的功劳是功不可没的。

我把这个时期概括为理想主义的理性回归与现实主义相结合。一是这个时期我们地理学的研究所展现出来的研究进展是知识分子内省后的一种觉醒。这种理想主义的理性回归既不同于80年代理想主义的虚无，也不同于90年代现实主义对功利的追逐，而是对现实洞察后的冷静思考以及对理想追求的践行。二是当前正在进行的理性回归并不彻底，并且是十分脆弱，是与现实主义相结合的一种理性回归。因为目前的理性回归仅仅是部分知识分子内省式的一种自我选择，这种选择有多大影响力，能坚持多久，目前来看还存有疑问。

因为中国特殊的“大政府、小社会”的国情，在这样的情况下，我们对今后的发展还不敢说满怀激情、信心和乐观。现在只能说在我们体制的约束下，在我们评价标准的异化下，非独立性研究的这样的一种外围环境下，我们的前景在哪里？前景在于一部分人的坚持与等待大环境的变化，核心群体的自我欣赏。我觉得很重要的一点就是我们这个群体要自我欣赏，互相欣赏。还有知识分子的价值追求，留点文化在人间。

我相信到我们老的时候，我们回顾或者我们的学生回顾我们的时候，一定不是说某老师那时候有多少课题费，有多少个项目。一定不要是这样的。应该追忆的是他在哪点上有学术贡献，影响了我们。

去年在陈传康先生过世10周年，我们在北大给他做学术思想研讨的时候，记不得他做过哪些规划，给家人留下了什么遗产，没有人记得这些。但大家记得当时哪些思想、哪篇文章给我们地理界甚至社会留下了多少影响。所以留点文化在人间是知识分子最终的追求，留点财富给子孙是最愚蠢的。

今天的沙龙，我们从比较老一代的毛汉英老师，地理界为数不多在书斋里玩得很潇洒的人唐晓峰老师，以及当年的希望之星宁越敏老师，现在已经成了我们中年人中较年长的代表，到了刘云刚和刘志林“二刘”为代表的新生代的地理学家，我们都看到了这种追求与进步。所以，对前景还是比较乐观的。

最后有一点感想就是人文地理学30年的社会影响。最近我们中国都在做30年的回顾。我经常看凤凰卫视比较晚的节目，各种人都采访，影响了社会30年的各种人都采访了，我没有看到地理学家。一个方面是凤凰卫视没发现地理学家的贡献，另外，一方面说明地理学家对30年的社会进步的思想性的贡献是否太少了一点，工匠性的贡献很多，但是大的思想性的进步没有产生。所以，人文地理学将来的进步不仅是方法的进步，更应该是中国地理学影响中国发展进程的某种思想的提出。如果这种思想能被大家公认，地理学才真正能得到社会的认可，我认为地理学要得到认可，有两种途径：一种是得到当今领导的认可为社会服务；一种是得到历史检验的思想性的认可成为社会发展思想史的一部分，这样的两种认可才能使地理学有比较辉煌的前景。谢谢！

刘卫东：非常感谢保继刚教授非常精彩的总结。他才来了半天，但是他总结得非常到位。

到此为止本次“华山论剑”就要结束了，我想大家有点依依不舍，但是毕竟还是要结束的。本次“华山论剑”就像刚才保继刚讲的，是大家寻求心中的那个“恋人”。那个“恋人”是什么？就是我们要做的学术研究。我希望通过这两天沙龙的讨论，大家能留下两个印象。第一个印象就是做学问和做实际任务是有区别的。当然，两者是相互影响或相互依赖的。如果一直认为做学问和做实际任务是没有区别的话，我们的学术研究就永远没有发展，没有希望。

第二个印象，如果我们承认我们还是要做一点学问，还是要找那个“恋人”的话，我们就应该明确怎么样做学问。我们做学问应该创造知识,而不是应用知识。我们怎么样创造知识才是有效的?大家要围绕这个想一想。我们讨论了有各种各样的方法论,今天也没有明确的回答。有人倡导实证主义,也有人认可实用主义,政府认可就行了。不论如何,大家要想一想,我们怎么证明自己所创造的知识的有效性。留待以后大家讨论。

第四届人文地理学沙龙
参加人员名单

（不含未正式报名者，按姓氏汉语拼音音序排列）

保继刚	中山大学地理科学与规划学院	教授
蔡运龙	北京大学城市与环境学院	教授
曹有挥	中国科学院南京地理与湖泊研究所	研究员
柴彦威	北京大学城市与环境学院	教授
陈　雯	中国科学院南京地理与湖泊研究所	研究员
陈汉欣	《经济地理》杂志社	常务副主编
陈江龙	中国科学院南京地理与湖泊研究所	副研究员
程叶青	中国科学院东北地理与农业生态研究所	助研
戴俊骋	北京师范大学地理学与遥感科学学院	研究生
戴学珍	中央财经大学管理科学与工程学院	副教授
丁四保	东北师范大学城市与环境学院	教授
杜德斌	华东师范大学资源与环境科学学院	教授
段学军	中国科学院南京地理与湖泊研究所	副研究员
樊　杰	中国科学院地理科学与资源研究所	研究员
封　丹	中山大学地理科学与规划学院	研究生
冯　健	北京大学城市与环境学院	副教授
付　华	首都师范大学资源环境与旅游学院	教授
高松凡	《地理研究》编辑部	编审
高晓路	中国科学院地理科学与资源研究所	研究员
谷人旭	华东师范大学资源与环境科学学院	教授
顾朝林	清华大学建筑学院	教授
郭腾云	中国科学院地理科学与资源研究所	副研究员
何书金	《地理学报》编辑部	编审
贺　娟	中国科学院地理科学与资源研究所	研究生
贺灿飞	北京大学城市与环境学院	副教授

胡智勇	中国科学院地理科学与资源研究所	助研
黄　茜	北京师范大学地理学与遥感科学学院	研究生
黄震方	南京师范大学地理科学学院	教授
金凤君	中国科学院地理科学与资源研究所	研究员
孔　翔	华东师范大学资源与环境科学学院	副教授
冷疏影	国家自然科学基金委员会	研究员
李　琛	北京联合大学应用文理学院	讲师
李　霏	北京大学城市与环境学院	研究生
李　平	商务印书馆	编审
李诚固	东北师范大学城市与环境学院	教授
李东泉	中国人民大学公共管理学院	副教授
李洪省	中国科学院地理科学与资源研究所	助研
李九全	《人文地理》编辑部	副教授
李蕾蕾	深圳大学传播学院	教授
李茂勋	中国科学院地理科学与资源研究所	博士生
李平星	中国科学院地理科学与资源研究所	研究生
李永浮	上海大学美术学院	副教授
梁进社	北京师范大学地理学与遥感科学学院	教授
林初昇	香港大学文学院	教授
蔺学东	气象出版社	编辑
刘　慧	中国科学院地理科学与资源研究所	副研究员
刘春腊	中国科学院地理科学与资源研究所	硕士研究生
刘盛和	中国科学院地理科学与资源研究所	研究员
刘卫东	中国科学院地理科学与资源研究所	研究员
刘文新	中国科学院东北地理与农业生态研究所	助研
刘云刚	中山大学地理科学与规划学院	副教授
刘志林	清华大学公共管理学院	讲师
陆大道	中国科学院地理科学与资源研究所	院士、研究员
陆玉麒	南京师范大学地理科学学院	教授
罗　静	华中师范大学城市与环境科学学院	教授
罗小龙	中国科学院南京地理与湖泊研究所	副研究员
马　静	北京大学城市与环境学院	研究生

马晓冬	徐州师范大学城市与环境学院	教授
孟　斌	北京联合大学应用文理学院	副教授
苗长虹	河南大学环境与规划学院	教授
明庆忠	云南师范大学旅游与地理科学学院	教授
宁越敏	华东师范大学资源与环境科学学院	教授
千庆兰	广州大学地理科学学院	副教授
石敏俊	中国科学院研究生院	教授
宋长青	国家自然科学基金委员会	研究员
宋金平	北京师范大学地理遥感学院	教授
苏荣葵	首都师范大学资源与旅游学院	硕士生
孙　樱	中国科学院地理科学与资源研究所	副研究员
塔　娜	北京大学城市与环境学院	本科生
陶　伟	中山大学地理科学与规划学院	副教授
佟连军	中国科学院东北地理与农业生态研究所	研究员
童　昕	北京大学城市与环境学院	副教授
王　彬	福建师范大学地理科学学院	副教授
王成金	中国科学院地理科学与资源研究所	助研
王开泳	中国科学院地理科学与资源研究所	博士后
王培华	北京师范大学历史学院	教授
王荣成	东北师范大学城市与环境学院	教授
王士君	东北师范大学城市与环境学院	教授
王双怀	陕西师范大学历史文化学院	教授
王兴中	《人文地理》编辑部	教授
翁桂兰	美国西雅图大学	研究生
吴莉萍	北京师范大学地理学与遥感科学学院	研究生
吴绍洪	中国科学院地理科学与资源研究所	研究员
许树辉	广东省韶关学院旅游与地理学院	副教授
薛德升	中山大学地理科学与规划学院	教授
杨　山	南京师范大学地理科学学院	教授
虞孝感	中国科学院南京地理与湖泊研究所	研究员
袁　洋	北京师范大学地理学与遥感科学学院	研究生
曾　刚	华东师范大学资源与环境科学学院	教授

曾菊新	华中师范大学城市与环境科学学院	教授
张　华	北京师范大学地理学与遥感科学学院	讲师
张　雷	中国科学院地理科学与资源研究所	研究员
张　艳	北京大学城市与环境学院	研究生
张宝秀	北京联合大学文理学院	教授
张国友	中国地理学会	秘书长
张京祥	南京大学地理与海洋科学学院	教授
张平宇	中国科学院东北地理与农业生态研究所	研究员
张文佳	北京大学城市与环境学院	研究生
张文忠	中国科学院地理科学与资源研究所	研究员
张小林	南京师范大学地理科学学院	教授
张晓平	中国科学院研究生院	副教授
张占仓	河南省科学院	研究员
赵　莹	北京大学城市与环境学院	研究生
赵作权	中国科学院科技政策与管理科学研究所	研究员
甄　峰	南京大学地理与海洋科学学院	副教授
周尚意	北京师范大学地理学与遥感科学学院	教授
朱　竑	中山大学地理科学与规划学院	教授
朱立君	中国科学院地理科学与资源研究所	研究生
祝炜平	浙江教育学院理学分院	教授